为应急管理立学育人选才

——人才培养与招录制度探索

王宏伟 著

应急管理出版社

·北　京·

图书在版编目（CIP）数据

为应急管理立学育人选才：人才培养与招录制度
探索 / 王宏伟著 . -- 北京：应急管理出版社，2024.
ISBN 978-7-5237-0690-9

Ⅰ. D035

中国国家版本馆 CIP 数据核字第 2024PE6991 号

为应急管理立学育人选才
——人才培养与招录制度探索

著　　者	王宏伟
责任编辑	唐小磊
编　　辑	梁晓平
责任校对	李新荣
封面设计	于春颖

出版发行　应急管理出版社（北京市朝阳区芍药居 35 号　　100029）
电　　话　010-84657898（总编室）　010-84657880（读者服务部）
网　　址　www.cciph.com.cn
印　　刷　北京鑫益晖印刷有限公司
经　　销　全国新华书店

开　　本　710mm×1000mm$^1/_{16}$　印张　14$^1/_2$　字数　263 千字
版　　次　2024 年 10 月第 1 版　2024 年 10 月第 1 次印刷
社内编号　20221213　　　　　　　定价　58.00 元

前　言

2019 年 11 月 29 日，习近平总书记在主持中央政治局第十九次集体学习时强调，应急管理是国家治理体系和治理能力的重要组成部分，承担防范化解重大安全风险、及时应对处置各类灾害事故的重要职责，担负保护人民群众生命财产安全和维护社会稳定的重要使命。要发挥我国应急管理体系的特色和优势，借鉴国外应急管理有益做法，积极推进我国应急管理体系和能力现代化。

任何现代化的关键都是人的现代化。推进应急管理体系和能力现代化，必须为应急管理事业的持续发展源源不断地培养、输送、延揽、招录人才。习近平总书记在主持中央政治局第十九次集体学习时还提出，要大力培养应急管理人才，加强应急管理学科建设。

2003 年，"非典"疫情的暴发推动了应急管理学科建设的发展。此前，我国早就设立了"安全科学""灾害学"等学科，应急管理学科建设的探索早已存在。2020 年，新冠疫情全球大流行，整个经济社会运行转向防疫抗疫的轨道，这再次掀起了一个应急管理学科建设的新高潮。全国本科院校纷纷设立"应急管理""应急技术与管理"等专业，研究生层面在公共管理一级学科下面设立"应急管理"二级学科。不少学校设立了应急管理学院，在 MPA 项目中开设了应急管理专业方向。一时间，百所院校上应急，学科建设与人才培养呈现出"井喷"态势。

客观地讲，应急管理目前还是一个稚嫩的学科，对其发展史、知识体系和方法论的研究尚不成熟。从横向来看，应急管理研究突发事件的应对。但突发事件包括自然灾害、事故灾难、公共卫生事件、社会安全事件，而2018年组建的应急管理部只负责应对灾害事故。作为一个应用性很强的学科，应急管理是聚焦应急管理部的业务，还是对应四大类突发事件，这是一个需要明确的问题。而且，应急管理是一个交叉学科，与政治学、社会学、管理学、地理学、历史学、新闻学、心理学、工程学等学科均相关，其学科边界何在？从纵向来看，应急管理可以分为战略、运行、服务等层次，我们培养的应急管理人才是针对哪一个层面的？这都需要深入思考。

天街小雨润如酥，草色遥看近却无。新冠疫情给人类上了一堂生动的风险课。进入风险社会，我们越来越多地面临高度复杂性、深度不确定性的风险。似乎，以应对风险为使命的应急管理人才需求十分强劲。但是，实践中，政府机关、企事业单位人员招募的目录上却鲜有"应急管理"的字样，这反映出社会对应急管理学科的认知度较低。如此，人才培养与招录、供给与需求之间就存在着一个巨大的鸿沟，造成教育资源的严重浪费，也不利于应急管理学科的长远、持续、健康发展。

2020年，正当应急管理学科建设呈现出"赶海般"热闹时，应急管理部党委办公厅委托我承担了一个课题——《应急管理人才专项培养与招录制度研究》。本书是在该课题研究的基础上形成的。承担这个课题后，我对应急管理大学（筹）、中国消防救援学院和开设应急管理专业的多所高校进行了调研，并以访谈或研讨会等形式对公安、海关等部门的教育进行了调研。不仅如此，学科建设成为应急管理研讨的新热点。在南京大学、西北大学、山东大学、中国科学院大学、中国地质大学等高校举办的学术会议上，我向从事应急管理教学与科研的同行学习，并分享了自己的观点，受益匪浅。尤其是西北大学应急管理学院雷晓康院长组织的应急管理本科专业高校联盟开展了系列学科建设活动，为我近距离观察、分析应急管理学科的成长与困惑提供了一个"窗口"。中央财经大学的李宇环、四川大学的雷尚青、应急管理大学（筹）的杨月巧等老师以及清华大学的在读博士研究生、曾经我的硕士研究生钟其锡参加了课题研究，在此表示感谢。还要感谢在日本、哈萨克斯坦留学的王蒙、孙清颐同学，他们分别是我朋友之子和女儿同学，提供了外文资料翻译服务。更要感谢应急管理部国际合作和救援司的领导和朋友，他们给我提供了宝贵的资料。

初生之物，其形必丑。就应急管理人才培养与招录制度进行专门研究，这应该在全国尚属首次。国外特别是发达国家应急管理专业设置较早，积极推动了应急管理职业化进程，本书对美国、加拿大、俄罗斯等十个国家的经验以较大篇幅进行了介绍，以期达到"他山之石，可以攻玉"的效果。需要说明的是，应急管理学科建设、人才培养与招录制度是一个较新的热点话题，处于动态变化与持续探索之中。本书的观点来自作者的学术研究，并不代表课题委托方应急管理部。书中谬误在所难免，还请各位读者不吝赐教。

本成果受到中国人民大学 2022 年度"中央高校建设世界一流大学（学科）和特色发展引导专项资金"支持，在此表示感谢。

多情却似总无情，唯觉樽前笑不成。本书即将付梓之时，恰逢党的二十届三中全会胜利闭幕。全会通过的《中共中央关于进一步全面深化改革　推进中国式现代化的决定》在"推进国家安全体系和能力现代化"部分提出："国家安全是中国式现代化行稳致远的重要基础。必须全面贯彻总体国家安全观，完善维护国家安全体制机制，实现高质量发展和高水平安全良性互动，切实保障国家长治久安。"有效维护国家安全，必须完善公共安全治理机制，防止公共安全风险演变为国家安全风险。而确保公共安全，又要基于健全的社会治理体系，这体现了寓非常态于常态之中的理念。在大安全大应急框架下，应急管理与公共安全在国家安全与社会治理之间充当着"桥梁"和"纽带"的重要作用。值此进一步深化改革的冲锋号响起之际，大力发展应急管理学科、培养优秀应急管理人才，为以中国式现代化推进强国建设民族伟业保驾护航，其意义十分深远！

王宏伟

于京西时雨园

2024 年 7 月 21 日

目　　录

第一章　新时代新征程
我国应急管理人才的需求

党的十八大以来，党中央、国务院对应急管理工作给予前所未有的高度重视，整合 11 个部门的 13 项职责，组建应急管理部，重塑中国特色的应急管理体系，取得了有目共睹的巨大成就。党的二十大报告提出，从现在起，中国共产党的中心任务就是团结带领全国各族人民全面建成社会主义现代化强国、实现第二个百年奋斗目标，以中国式现代化全面推进中华民族伟大复兴。

党的二十届三中全会通过的《中共中央关于进一步全面深化改革　推进中国式现代化的决定》指出，当前和今后一个时期是以中国式现代化全面推进强国建设、民族复兴伟业的关键时期。推进中国式现代化，必须不断深化改革，这是应对重大风险挑战、推进党和国家事业行稳致远的必然要求。一方面，应急管理改革是全面深化改革的重要组成部分；另一方面，全面改革本身也可能面临风险挑战。中国式现代化呼唤着应急管理现代化不断地将制度优势转化为治理效能，以应对风险挑战。

在百年未有之大变局和中华民族伟大复兴战略全局深度交融互动的背景下，应急管理事业发展要胸怀"国之大者"，贯彻落实总体国家安全观，统筹发展和安全，以高水平安全服务高质量发展。历史昭示人们：人才兴，则事业兴。应急管理现代化要以新时代新征程对应急管理人才的需求为基础，大力培养高素质人才，不拘一格延揽德才兼备的人才，从而夯实防范化解重大风险、有效应对突发事件的基础。

第一节　应急管理学科建设中的基本概念

学科建设是应急管理人才培养的基础。在世界上应急管理学科建设最为先进的美国，一些基本概念也存在着模糊性问题，不同的大学用不同的术语描述其学位项目，如学士学位项目的关键词包括致灾因子（hazard）、紧急事件（emergency）、灾害（disaster）、危机（crisis）等，研究生项目的关键词包括应急管理、灾害科

1

学、灾害管理、应急规划与响应、应急服务、危机与应急管理、消防与应急管理等。不厘清这些概念，就不能界定何为应急管理，也难以界定应急管理学科的范畴与具体项目的侧重点。

一、突发事件的定义

汉语作为一种包容性很强的语言，在表情达意方面具有模糊性。在英文中，与"突发事件"相关联的词汇有事故（accident）、危机、紧急事件、灾害和巨灾（calamity/catastrophe）。它们在损害程度、影响范围、应急资源需求、恢复时间等方面存在着较大的差别。从事故、危机、紧急事件或灾害到巨灾，其损害程度逐渐加深，影响范围逐渐扩大，恢复时间逐渐拉长，可调度资源逐渐减少（表1-1）。

表1-1 相关概念辨析表

指标	分类			
	事故	危机	紧急事件/灾害	巨灾
受伤	很少人	许多人	很多人	几百人/几千人
死亡	很少人	许多人	很多人	几百人/几千人
损失	轻微	较重	严重	特重
扰动	轻微	较重	严重	特重
地理影响	地方	分散	分散/扩散	扩散
资源供给	丰富	足够	有限	稀缺
响应者数量	很少人	许多人	数百人	数百人/数千人
恢复时间	几分钟/几小时/几天	几天/几周	数月/数年	数年/数十年

注：McEntire D A. *Disaster Response and Recovery*：*Strategies and Tactics for Resilience*，2007 John Wiley & Sonsm Inc.，P.3.

但是，上述概念无一可与我们所使用的"突发事件"一词完全照应。根据《中华人民共和国突发事件应对法》，所谓的突发事件，是指突然发生，造成或者可能造成严重社会危害，需要采取应急处置措施予以应对的自然灾害、事故灾难、公共卫生事件和社会安全事件。我们所说的"突发事件"包含以下两层含义：第一，在我国，突发事件主要包括四大类，即自然灾害、事故灾难、公共卫生事件和社会安全事件；第二，突发事件具有突发性、公共威胁性和紧急性三大基本特征。

二、致灾因子、风险与灾害的区别

汉语中，"灾害"一词有着"因灾为害"的意思。这里的"灾"，就是指"致灾因子"，即对人的生命、健康、财产构成威胁的自然、技术、生物、人为现象。换言之，致灾因子分为四大类：自然致灾因子、技术致灾因子、生物致灾因子和人为致灾因子。这是我国将突发事件分成四大类的依据。

"风险"是潜在的威胁，即一个事件发生的可能性。致灾因子是风险的必要条件。但是，风险的高低还要取决于脆弱性。致灾因子与脆弱性的乘积为风险。将风险管理与应急管理对立起来的观点是错误的，因为风险削减既是应急管理的重要阶段，也是贯穿应急管理生命周期始终的一个活动。

人们不能彻底消灭风险，而只能与风险共存。与风险共存的条件是，风险被控制在一定的范围内或一定的程度和水平，可以为经济社会所承受。当风险超出或即将超越经济社会的承受能力，人们就要采取干预措施，这就是应急行动。

灾害就是风险超出人们的承受能力后对经济社会造成严重损失的事件。在英文中，"disaster"同时具有"灾害"和"灾难"的含义，甚至严重的公共卫生事件、社会安全事件后果也被称为灾难。而在汉语中，"灾害"主要指自然灾害。

三、何为应急管理

我国把应急管理也称为"突发事件应急管理"。似乎，应急管理很好界定，就是应对突发事件的管理活动。但是，这种过于简单化的解释不能展现应急管理的独特规律。

现代社会的应急管理是综合性应急管理（comprehensive emergency management, CEM）。它是美国政府在应急管理过程中摸索出来的一套行之有效的系统性风险应对模式，体现出整合性与协调性特征。2007年，维恩·布兰查德编写、出版的《应急管理与相关术语、定义、概念、缩略语、组织、项目、指导、执行命令与法律指南》收录了对于综合性应急管理的多种解释。其中的两个解释为：

（1）综合性应急管理就是一种管理应急计划与活动的整合性方法，包括所有的四个应急阶段（减缓、准备、响应与恢复），包括各种类型的紧急事件与灾害，包括各个层次的政府和私有部门。

（2）综合性应急管理意味着在所有的应急活动阶段中，整合所有的行动者，应对所有类型的灾害（NGA，1978）。

可见，应急管理的综合性有三重含义，是一个"工"字形结构：第一，就应急管理的主体来说，它包括政府、军队、非政府组织、企业和个人等，体现了全社会共同参与的原则；第二，就应急管理的客体来说，它包括自然风险、技术风险与人为风险，涵盖了自然灾害、事故灾难、公共卫生事件和社会安全事件四大类，体现了"全风险"的原则；第三，就应急管理的过程来说，它包括预防、处置和恢复重建等阶段，体现了"全阶段"的原则。简言之，"综合性应急管理"的特点就是全参与、全风险、全过程。

首先，应急管理所提供的是一种公共产品即公共安全，具有效用的不可分割性和受益的非排他性。应急管理是各国政府的一项重要职能。成功的应急管理应该能够调动全社会的人力、物力和财力，构成一个应急管理的网络，实现全民共同参与，形成自救、互救与公救并存的局面。

美国学者威廉·沃指出："我们拥有一个由公共机构、非营利组织和私人企业组成的全国性网络，它可以在自然和技术灾害发生的事前、事中和事后提供各种服务。这个网络包括 FEMA 及其在各州和地方的相应机构，应急响应部门（如消防、应急医疗服务、搜救单位等），美国红十字会及其他非营利组织，地区及地方的慈善机构和公民组织，可以提供从应急规划、废墟清理到心理咨询等各种服务的企业。……现役或预备役军队及国民警卫队能够提供医疗救护、临时住宅和食品，开展心理咨询。各级国民警卫队和执法部门帮助灾民进行疏散，维持治安。"① 美国的应急网络不仅体现了应急主体的多元参与性，也体现了应急主体的多元合作性。

在政府再造的过程中，随着政府由"统治"向"治理"的转变，应急管理逐渐改变了自上而下的"指挥—控制"模式，权力分散化、组织扁平化的特征更加突出。在美国，尽管联邦应急管理署（FEMA）位居美国应急管理体系的核心，但其主要职责是"为国家的风险减缓或响应行动进行协调、动员和指导"②。维持改革最重要的举措就是打破各级政府和公私部门的界限，密切与小企业局、运输部等联邦部门的合作关系，建立由政府与企业组成的公私伙伴关系。

在美国，FEMA 曾推出一个以社区为基础的全新灾害减缓计划，即"影响工程：建设抵御灾害的社区"。它要求建立包括各利益相关者在内的伙伴关系，识别并减少风险。商业部门首次被融入伙伴关系的范畴，体现了全民参与的思想。这个工程的目的是：把风险及风险规避决策纳入社区日常决策中，促进社区经济

---

① Waugh Jr W L：*Terrorism*, *Homeland Security and the National Emergency Management Network*, *Public Organization Review*：*A Global Journal*，2003，No. 3，P. 376.

② Schneider S K：*Reinventing Public Administration*：*A Case Study of the Federal Emergency Management Agency*，*Public Administration Quarterly*：Spring，1998，Vol. 22，No. 1，P. 40.

的可持续发展，保护自然资源，确保公民的生活质量。这个计划受到了社区的欢迎，也得到了国会的认可，并取得了良好的减灾与防灾效果。在中国，我们在应急管理过程中，也不能忽视公私伙伴关系的建设。

其次，应急管理的对象不是单一风险，而是多种风险。应急管理所管理的对象包括自然灾害、事故灾难、公共卫生事件和社会安全事件四类事件。应急管理要建立以政府为核心和主导的应急管理网络，将政府、市场与第三部门的力量协调起来，形成一种强大的合力，应对不同类型的风险。

在经济全球化进程加速发展的今天，由于科学技术的突飞猛进和人类生活方式的急剧转变，影响公共安全的新矛盾、新问题日益增多，风险的不确定性增强。同时，由于人类社会的联系越发密切，各类风险的扩散性及相互渗透性提高。在各种突发、频发的自然风险、技术风险与人为风险面前，那种"撞击—反射"式、分部门、单灾种的灾害管理往往会顾此失彼，呈现出捉襟见肘、无能为力的窘态。因此，以综合性为根本特征的应急管理更符合经济全球化时代的风险特征。

最后，应急管理是一种"全阶段"管理。也就是说，无论应对任何一种风险，政府都要调动全社会的力量，经过减缓、准备、响应与恢复等阶段，完成突发事件的应对与管理。这四个阶段涵盖了应急管理者在事前、事中、事后的行为。其中，减缓是四个阶段的核心，因为应急管理的最高境界就是使风险消弭于无形之中。

世界一些国家为了有效地进行应急管理、对各种风险进行综合性的应对，在国家层面纷纷成立了专门的常设机构，如美国的国土安全部、俄罗斯的紧急情况部等。中国自 2005 年起，从国务院到地方政府都成立了应急办，履行值守应急、信息汇总和综合协调的职能。应急管理的根本特征在于综合性，其功能和作用是不可替代的。因此，必须赋予应急管理部门与其综合协调职能一致的权力。

应急管理突出整合性与协调性，不仅要强调事后的响应与恢复，更要强调事前的预防；不仅强调单灾种应对，也强调多灾种的综合应对；不仅要突显政府的力量，也要体现政府、企业与第三部门力量的组合。

突发事件要实现常态与非常态的结合。在常态下，要做好突发事件的预防与准备工作；在非常态下，要有效地进行处置、妥善地进行恢复。我国的突发事件应对遵循预防为主、预防与应急相结合的原则。因此，要本着未雨绸缪的精神，实现预防与应对、常态与非常态的整合。

突发事件的发生与演进是一个动态的过程。以上对于突发事件的分类和分级是静态。在实践中，从性质上看，突发事件有可能由一类突发事件而引发另一类突发事件，如 2008 年南方低温、雨雪、冰冻灾害引发了关键性基础设施崩溃的技术灾难，自然灾害导致了事故灾难；从地理区域上看，突发事件可能扩散到一定的行政管辖区域之外，引起扩大升级。此外，随着突发事件信息的逐渐清晰，伤亡人数与损失程度有可能上升，最初所判定的响应级别有可能被修正。

在应急管理的过程中，一定要贯彻整合思想：第一，从应对对象来看，应急管理要调整、覆盖各类突发事件，体现协调应急、合作应急的思想，避免水平的碎片化；第二，从应对层次来看，要建立不同层级政府之间的合作机制，避免纵向的碎片化。

综合性应急管理是一个"大应急"的概念。在 2018 年机构改革中，我国新组建的应急管理部门实际上只负责应对或指导应对常发、频发、高发的自然灾害与技术灾难两大类突发事件，并不是"全灾种"的。但是，应急管理部门的工作理念和方法日益朝着综合性、全要素、全过程方向发展。

第二节　新时代新征程呼唤应急管理人才

中华民族伟大复兴不是轻轻松松、敲锣打鼓就能实现的，必须发扬斗争精神。习近平总书记强调，我国发展进入战略机遇和风险挑战并存、不确定难预料因素增多的时期，各种"黑天鹅""灰犀牛"事件随时可能发生。我们必须增强忧患意识，坚持底线思维，做到居安思危、未雨绸缪，准备经受风高浪急甚至惊涛骇浪的重大考验。新时代新征程呼唤大批应急管理人才脱颖而出、各展其才，为确保中华民族伟大复兴号巨轮行稳致远作出卓越的贡献。

一、应急管理面对的挑战

在性质上，应急管理属于新兴学科、交叉学科。钱学森曾经说过："什么叫新兴学科？新兴就是需要。"[1] 应急管理学科建设源于实践的需要，也应着眼于满足实践的需要。

从应急管理部的业务来看，防灾减灾救灾、安全生产和应急救援都存在着诸多短板和弱项。我国是一个自然灾害多发、常发、频发、高发的国家，灾害种类多、发生频次高、影响范围广、造成损失重是我国的基本国情。我国应针对以下"短板"实施关键性的战略举措：一是全社会没有树牢减负为正、绿色发展的理

---

① 刘潜：《安全科学和学科的创立与实践》，化学工业出版社 2010 年版，第 52 页。

念，统筹发展和减灾的工作还不扎实、深入；二是应对极端天气灾害、复杂性巨灾的应急模式尚不完善，还处于摸索之中；三是社会公众的参与意识不足，渠道不畅通。未来，我国应牢固树立"减灾也是发展"的理念，在源头上削减灾害风险；锚定复杂性、极端性突发事件，强化底线思维，探索非常规突发事件的有效应对模式；增强全社会防灾减灾意识，畅通公众有序、有效参与的渠道。

同时，我国安全生产正处于爬坡期、过坎期，重特大生产安全事故时有发生，危化、矿山、建筑、交通等重点行业的安全生产形势依旧严峻，实现"从根本上消除事故隐患、从根本上解决问题"任重道远。新技术、新产业、新业态带来的新兴风险与建筑、基础设施老旧风险叠加、耦合，安全生产面临巨大挑战。一方面，我们要持续推进安全生产风险专项整治，加强重点行业、重点领域安全监管；另一方面，要立足长远，推动安全生产体制的持续深化改革。目前，我国安全生产风险专项整治主要采取"运动式治理"模式，聚焦解决安全生产领域的突出问题。客观地说，它发挥了治标作用。治标是为了治本，是为了给治本赢得时间。未来，我国要摸索规律、总结经验，推动专项整治向常态、长效治理转变，并固化形成制度。

我国加强安全生产重点行业、领域安全监管，落实"党政同责、一岗双责、齐抓共管、失职追责"和"三管三必须"，监管体系网络进一步织密织牢。但是，安全生产占用了应急管理部门的绝大部分时间和精力，且生产安全问题主要是经济发展的衍生问题。因此，要发挥相关机构保险、工伤预防、环境保护等方面的职责以及行业协会、企业联合会等作用，形成齐抓共管的强大合力。同时，以保障安全生产与增收增值相统一为切入点，调动企业安全生产的积极性和自觉性，落实企业主体责任。这样，应急管理部门可扮演相对超脱的监察角色，进而从具体而微、异常繁重的监管工作中解放出来，着重关注对国泰民安更为重要的复杂性、系统性风险问题，如城市关键基础设施运行安全、产业链供应链安全等。

2018年改革以来，我国组建国家综合性消防救援队伍，并以之为主力军、国家队，形成了较为完整的应急救援体系，处置突发事件的能力不断提升。但是，我国应急救援力量完成急难险重任务的能力还不强，特别是重大突发公共事件处置保障能力还有待进一步加强，突出表现在物资保障难以应对峰值需求。而且，我国还没有建立起强韧、高可靠性的应急物资供应链，难以保证做到关键时刻"不掉链子"。

此外，我国在队伍建设方面存在的弱点是：国家综合性消防救援队伍、企业专业救援队伍、社会救援力量之间的协调整合不够，联演联训、联调联战机制不健全，急需磨合、完善。航空应急救援能力薄弱，这是一个必须大力补齐的短板。再者，我国幅员辽阔，应加快构建区域性应急救援中心并配备精干的救援力量，以缩小救援服务的半径，提高救援服务的效率。

二、新时代新征程应急管理的新使命新任务

党的二十大报告对安全问题十分重视，列专章论述"推进国家安全体系和能力现代化，坚决维护国家安全和社会稳定"，其遵循的逻辑是：国家安全体系和能力—公共安全治理—社会治理。我们认为，应急管理未来要履行新使命新任务：一是作为担当部门，牵头完善公共安全体系；二是应急管理被纳入国家安全体系，要成为贯彻落实总体国家安全观的重要抓手；三是强化应急管理能力建设，必须夯实社会治理的基础，防止风险隐患演变为突发事件。换言之，应急管理处于链接国家安全和社会治理的桥接位置。新定位预示着新职能，新职能必然会对人才素质和能力提出新的要求。

党的二十大报告提出，以中国式现代化全面推进中华民族伟大复兴。应急管理要以中国式现代化理论为指导，走好中国特色应急管理新路子。第一，中国式现代化是人口规模巨大的现代化，其艰巨性和复杂性前所未有。中国应急管理发展要借鉴国际先进经验，并发挥自身独特的政治和制度优势，着力健全具有中国特点的应急管理体系，不断深化应急管理改革，提升应急管理能力，进而将制度优势转化为治理效能。第二，中国式现代化是全体人民共同富裕的现代化。突发事件可能造成社会公众生命、健康与财产安全蒙受损失。不同社会群体的脆弱性不同。面对同一突发事件，承受能力各异。应急管理在提供公共安全服务的过程中，要体现公平正义的理念，巩固脱贫攻坚的成果，防止脆弱性人群因灾致贫、因灾返贫。第三，中国式现代化是物质文明和精神文明相协调的现代化。应急管理应注重受灾公众的心理干预，维护公众心理健康，并通过多样化、分众化的宣传手段，弘扬民族在巨灾大难面前百折不挠的精神，从而增强民族自信心和凝聚力，实现转危为机、化危为机。第四，中国式现代化是人与自然和谐共生的现代化。应急管理要更加强调尊重、顺应、保护自然，以绿色减灾、可持续发展从根本上降低自然灾害风险，同时注意避免生产安全事故的环境影响。第五，中国式现代化是走和平发展道路的现代化。应急管理要加强国际合作，大力推动共建"一带一路"高质量发展，积极参与国际人道主义救援，为落实全球发展倡议和全球安全倡议作出新的贡献。

此外，根据党的二十大报告，应急管理部门还要在以下几个方面完整、准确、全面地把握自身定位：

（1）让总体国家安全观落地生根。报告在"健全国家安全体系"部分中提出，完善风险监测预警体系。这里主要指的是国家安全风险监测预警体系。突发事件监测预警体系是国家安全监测预警体系的重要组成部分，并为构建国家安全监测预警体系提供借鉴和经验。此外，公共安全是国家安全的重要表现。公共安全体系与大应急管理体系都包括灾害事故应急体系、公共卫生应急体系、社会治安防控体系等。应急管理部门在应急体系"大厦"中扮演着"承重墙"的角色。

（2）构建大安全大应急框架。公共安全无处不在，维护公共安全是全政府、全社会的共同职责。2018年改革后，新组建的应急管理部主要以五个高层次议事协调机构为抓手，协调应对自然灾害、事故灾难两类突发事件。从这个角度来看，构建大安全大应急框架，将给应急管理发展带来新的发展机遇。这个框架主要是指一系列制度、规则、法律、预案等的集合，而并非实体的机构设置。应急管理部门在构建大安全大应急框架的过程中，要发挥牵头抓总的作用，将改革过程中形成的经验向更广范围扩散，进而发挥自身的综合优势和其他部门的职能优势，形成共同维护公共安全的强大合力。

（3）落实推动公共安全治理模式向事前预防转型。党的十八大以来，特别是应急管理部组建后，按照"两个坚持、三个转变"的要求，我国在防灾减灾救灾、安全生产方面积极推动应急管理实现从事后救援救助向事前风险管理转变，取得了巨大的成就，更有能力扛起防范化解重大安全风险的责任。但是，就整个公共安全体系而言，一些部门、地方防范化解重大风险的意识较弱、能力不强，以至于某些重大突发事件未能被消灭在萌芽之中。未来，我国应全面、整体推动公共安全治理模式关口前移，将突发事件消弭于成灾之前，真正做到"下好先手棋，打好主动仗"。

三、应急管理事业发展的人才瓶颈

党的十八大以来，新时代应急管理事业以改革创新为驱动力，发展日新月异，急需德才兼备的高素质人才提供有力的支撑。新一轮机构改革后，我国应急管理事业开启了崭新局面，急需打造一支正规化、专业化、职业化的应急管理队伍。但是，应急管理事业发展却遭遇一系列突出的瓶颈制约。

一是应急管理部门缺少职业保障力。应急管理部门不是普通的政府部门，担负着为党和人民守夜、防范化解重大安全风险的职责，尤其是应急救援队伍一年365天、每天24小时应急值守，随时可能面对极端情况和生死考验，牺牲很大、奉献很多。目前，应急管理部门没有适应自身职业特点的专门保障制度，职业吸引力较低，难以留住人才。

二是应急管理部门现有人员素质急需提升。2018 年的机构改革以安监为基本盘、基本面组建应急管理部门。这导致原安监部门人员占比较高。特别是，一些地方只是进行了安监"翻牌式"的改革。与此同时，地方应急改革还存在"转事不转编，转编不转人"的现象，越是到基层，"事多人少责任重"的现象就越为突出。过去，许多人主要从事企业安全生产监管、执法。改革后，新职责、新业务需要他们去面对社会公共安全风险。这些人在综合性应急管理中容易出现"不会干"的本领恐慌，但又不肯走出老观念、老业务的舒适区。这在很大程度上，妨碍了应急管理改革各项政策的深入贯彻与执行，也不利于应急管理事业的创新发展和长久发展。机构改革以来，应急管理部门将信息化工作与深化改革一体谋划、一体推进。信息化工作与应急管理业务全方位对接，实现了从数字化、网络化到智能化、智慧化的发展。但是，应急管理部门人员整体的信息化素养普遍不高，对 5G、大数据、云计算、物联网、人工智能等技术应用不了解，存在着不同程度的"恐高症"，制约着以信息化推进应急管理现代化的进程。

三是基层应急管理人才极其匮乏。基层是大国应急管理的底气和底色。但是，基层应急管理能力十分薄弱，其主要的原因之一是应急专业人才极其匮乏。《中共中央 国务院关于加强基层治理体系和治理能力现代化建设的意见》中提出：增强乡镇（街道）应急管理能力。强化乡镇（街道）属地责任和相应职权，构建多方参与的社会动员响应体系。健全基层应急管理组织体系，细化乡镇（街道）应急预案，做好风险研判、预警、应对等工作。建立统一指挥的应急管理队伍，加强应急物资储备保障。每年组织开展综合应急演练。市、县级政府要指导乡镇（街道）做好应急准备工作，强化应急状态下对乡镇（街道）人、财、物支持。但目前我国基层应急管理、技术、救援型人才严重缺乏，难以对"第一道防线"形成有力支撑。特别是，我国广大乡村急需大批应急管理专业人才，助力应急管理能力的提升，衔接好精准扶贫与乡村振兴。目前，基层应急管理人才匮乏主要有两方面原因：第一，基层工作艰苦、责任重大、待遇低下，难以吸引人才；第二，我国普通高等教育没有专门面向基层开发人才培养项目。

四是应急专业技术人才不足。我国正处于工业化、信息化、城镇化、农业农村现代化同时快速发展阶段，传统风险与新兴风险交织，重特大自然灾害和生产安全事故时有发生，呼唤着大批专业化应急技术人才兜住安全的底线。但是，应急专业技术人才的供给远远落后于经济社会发展引致的风险应对需求。一个有说服力的例子是：危险化学品安全风险管理难的一个重要原因是劳动力专业素质低，特别是有专业知识背景的安监人员占比较低。据有关机构估算，2020 年，全国范围内安全监管、安全服务、安全技术应用人才缺口达 43 万人。应急管理体制改革后，灾害防治技术、消防工程技术、应急救援技术等领域的专业化人才配备严重不足，与应急管理事业的发展需求不相适应。

应急专业技术人员的供给主要依靠高等教育。但是，高等教育对应急专业人才的有效供给不足。以职业教育为例，全国共有 1388 所高职高专院校，开设有应急管理类专业的院校数量少，在校生人数少。而且，应急管理类专业大部分属于所谓的"冷门"专业，不为大众所接受。普通高等院校培养的应急相关专业学生难以入行，因为招生与招录没有实现有效对接。

五是与应急产业发展相匹配的人才不足。应急管理人才是多维度、多层次的。多年来，我国十分重视应急产业的发展，目的是提升应急管理的技术、装备水平。《中华人民共和国国民经济和社会发展第十三个五年规划纲要》谋划"十三五"应急产业发展时提出，把应急产业培育成为新的经济增长点。2013—2019 年中国应急产业市场规模不断扩大，2019 年约为 1.3 万亿元。但是，我国应急科技起步较晚，自主创新能力不强，高端救援装备、搜救装备、监测装备等进口比例在 70% 以上。特别是，在关键核心部件和针对极端复杂环境的智能成套装备等重要方面仍受制于人，事前预防装备和技术也相对薄弱，亟需原始创新、集成创新和引进消化吸收再创新，推动监测预警和应急处置与救援等技术的研发应用。科技创新、装备升级，人才是关键。目前，作为战略性新兴产业，我国应急产业发展的突出问题是：管理与技术不兼容、不衔接。产业界仅仅把应急作为经济生长点，而不掌握应急管理发展的真正需求。既懂管理又懂技术的高端人才凤毛麟角、一将难求，影响了有针对性的研发。

美国社会学家英格尔斯在《人的现代化》一书中说："一个国家，只有当它的人民是现代人，它的国民从心理和行为上都转变为现代的人格，它的现代化政治、经济和文化管理机构中的工作人员都获得了某种与现代化发展相适应的现代性，这样的国家才可真正称之为现代化的国家。否则，高速稳定的经济发展和有效的管理，都不会得以实现。即使经济已经起飞，也不会持续长久。"诚然，国家现代化的基础是人的现代化。人才是应急管理事业发展的重要战略性资源。站在统筹"两个大局"、推动中华民族伟大复兴的高度，着眼贯彻落实总体国家安全观、提升公共安全治理水平，我国应急管理改革发展必须破解人才瓶颈难题。只有这样，应急管理才能以高水平安全服务高质量发展、以新安全格局保障新发展格局，才能够护佑中华民族伟大复兴有效应对风高浪急、波涛汹涌的挑战。

第三节　应急管理人才的分类与能力

人才是经济社会发展的第一资源，也是一项事业兴旺发达的基础性保障。根据《现代汉语词典》，人才的含义是："德才兼备的人；有某种特长的人。"所谓的应急管理人才，就是指具有一定的专业知识或专门技能，能够在突发事件预防与应对中发挥作用、作出贡献的高素质人士。从世界应急管理来看，职业化是一个必然的发展趋势，对应急管理人才素质提出了严格的要求。应急管理的人才需求是多层次的，不同层次的人才所需的能力也有所不同。

一、应急管理职业化

英文中，"职业化"是 professionalization。Profession 与 vocation 之间的区别何在？"在英语的翻译中，许多人将'专业'翻译成 vocation，这个词泛指所有的职业，表示一定职业的从业人员所必备的'谋生手段'。……还有人用 profession来指代'专业'，强调'专业性职业'的高渗性，如教授、医生、律师等职业。"[①] 可见，profession 更加强调专业技能，更加凸显社会地位，而绝非仅仅局限在"谋生手段"。

"职业化是社会分工、经济发展的必然选择，是国际化的职场规则。简单地讲，职业化就是工作状态的标准化、规范化、制度化，即在合适的时间、合适的地点，用合适的方式，说合适的话，做合适的事，使从业人员在知识、技能、观念、思维、态度、心理上均符合职业规范和标准。"[②] 职业化意味着制度化、规范化和标准化，经常表现为从事一种工作要具备、遵从专业化的职业素养、职业技能和职业行为规范。应急管理职业化要求应急管理从业人员要具备：①理论知识基础；②入行所需的教育；③特殊的承诺。在职业化背景下，一个人要从事应急管理工作，就必须做到德才兼备：一是要经过培训和教育系统掌握相关理论知识和技能，并通过相关考试获得从业资格；二是必须遵循特定的行为规范，表现出为公众提供公共服务的高尚品格。

根据国际经验，应急管理职业化要经过一系列步骤。以美国为例，应急管理职业化经过了五个阶段：

---

① 李峻，谢晖：《学科发展视野中的大学学术组织管理模式创新研究》，光明日报出版社 2018 年版，第 32 页。

② 贺电，张兆瑞，钟新文，等：《公安教育创新论》，中国人民公安大学出版社 2014 年版，第 15 页。

第一，使应急管理成为一项具有良好声誉的全职工作。美国 1979 年组建了 FEMA，专门负责应急管理工作。此外，企业、社会组织、志愿机构也有一大批专职的应急工作者。

第二，发展应急管理教育。"职业化是通过发起、开发、执行组织培训而产生的，目的是让个人经过认证而成为应急管理者。"① 美国至少有 150 个不同的学术项目开展应急管理教学、科研工作，其中以特拉华大学的灾害研究中心、科罗拉多大学的自然致灾因子中心为样板。美国 FEMA 还有自己的应急管理学院（EMI），培训应急管理实践者。应急管理学院在艾米斯堡的校园中开发了 100 多门不同的课程，推出了大约 200 门的自修课程，允许实践者在网上自学。此外，美国还有一个官方的应急准备培训伙伴联盟，即国家国内备灾联盟（NDPC），该联盟由 7 个机构组成：国内准备中心（亚拉巴马），新墨西哥采矿与技术学院的核能材料研究与测试中心，路易斯安那大学的生物医学研究与培训全国中心，德特萨斯农工工程拓展服务国家应急响应和搜救训练中心，国家核安全局/放射性、核培训中心（内华达），夏威夷大学国家灾害准备培训中心，地面交通应急响应国家中心（科罗拉多）。截至 2015 年，国家国内备灾联盟已经为美国培训了 230 万名各级应急响应者。

第三，形成专业联合会。专业联合会的重要作用是：强化应急管理职业在劳动分工中的角色地位，提升其影响力，防范外部挑战。在国际和国家层面上，美国分别成立了国际应急管理师协会（IAEM）和国家应急管理协会（NEMA）。前者成立于 1953 年，在世界范围内有 9000 多个成员，主导注册应急管理师（CEM）项目。后者是美国各州应急管理机构负责人的专业联合机构，主要聚焦于通过战略伙伴关系、创新性项目、协作性政策来提升应急管理职业水平，具体目标是：加强与国会、联邦机构的关系；与对应急管理产生影响的组织和个人建立战略伙伴关系；解决应急管理问题；汇聚全国最具远见卓识的演讲者和应急管理人员，每年召开两次年会。

第四，通过立法保护应急管理职业。例如，佛罗里达州 1951 年制定了《民防法》，1974 年又颁布了《州应急管理法》，以立法的形式拓展、明晰了应急管理的责任。

第五，确立伦理规则。伦理规则确立的目的是，维系社会公众的信任，提升职业效能，调节内部冲突或竞争。例如，IAEM 的《伦理和专业行为规范》提

① Jennifer Wilson, Arthur Oyola-Yemaiel: *The Evolution of Emergency Management and the Advancement towards a Profession in the United States and Florida*, *Safety Science*, 2001, Vol. 39, P. 123.

出，应急管理者要遵守法律和规范，勤勉、负责地工作，遵守尊敬、承诺、职业精神三个原则。

职业化有助于提升应急管理者的职业荣誉感、吸引力，有助于提高应急管理人才的考核、识别，有助于应急管理职业的尊崇度和社会影响力，为推动应急管理教育朝着理论与实践相结合的方向发展注入了动力。2021年12月30日，国务院印发《"十四五"国家应急体系规划》，明确提出：加强应急管理学科专业体系建设，鼓励高校开设应急管理相关专业。加强综合型、复合型、创新型、应用型、技能型应急管理人才培养。加强应急管理智库建设，探索建立应急管理专家咨询委员会和重特大突发事件首席专家制度。鼓励各地依托现有资源建设一批应急管理专业院校和应急管理职业学院。目前，我国应急管理还没有实现职业化，主要表现在三个方面：一是对应急管理人员所掌握的理论知识尚无明确的规定；二是对从事应急管理工作的人员没有教育背景、培训的要求，资格认证体系还未建立起来；三是对人员招录虽然凸显政治要求，但还没有出台具体的应急管理人员伦理规范。此外，我国目前尚没有一部应急管理人员法，对应急管理这样一份特殊职业在价值追求、业务技能、纪律作风、精神面貌等方面进行具体的约束。从总体上看，我国应急管理人才需求不明确，培养与需求之间不对接，距离为应急管理现代化提供有力支撑还存在不小的差距。不过，2024年6月28日，新修订的《中华人民共和国突发事件应对法》公布。其中第四十条第二款规定："专业应急救援人员应当具备相应的身体条件、专业技能和心理素质，取得国家规定的应急救援职业资格，具体办法由国务院应急管理部门会同国务院有关部门制定。"这昭示着应急管理职业化的未来发展方向。

二、应急管理人才分类

目前，我国对应急管理人才分类还没有明确的规定，但曾进行过一定的探索。例如，2011年6月，国家减灾委员会印发的《国家防灾减灾人才发展中长期规划（2010—2020年）》将防灾减灾人才分为四类：科研与教学人才、工程与技术人才、专业救援（灾）人才和行政管理人才。我们认为，根据岗位行使职能、管理对象、使用工具、所需技能的不同，可将需要专项培养的应急管理人才分为三大类：应急管理决策型人才、应急管理技术型人才和应急管理救援型人才。

（1）应急管理决策型人才是指在应急管理的不同阶段，使用计划、组织、领导、协调、控制等管理手段，对应急管理相关活动作出决策的管理型人才。其主要职责是：事前制定应急预案，规划预警流程，对我国应对自然灾害综合风险与减灾能力进行调查评估。事中负责发布灾害信息、现场及相关物资协调保障、突发事件的应急救援等工作。事后主要负责灾后重建规划、对已发生的突发事件及时起草相关法律法规草案和规章、安全事故调查处理及自然灾害类突发事件的调查评估等工作。这类人才主要是综合型、复合型人才。

（2）应急管理技术型人才是指利用专业性知识、技术、设备，为应急管理的相关决策提供数据支撑及方案支持的管理型人才。其主要职责是：从专业技术的角度，对可能会发生的突发事件进行预判，或充分应用相关领域内的技术分析工具和专业技术知识发现或减小已发生突发事件所带来的负面影响。这类人才主要是创新型人才。

（3）应急管理救援型人才是指在突发事件发生实施解救行动整个过程的专业型人才。其主要职责是：在突发事件中，尽可能地运用救援知识和救援技术进行搜救，减少灾害造成的人身威胁和财产损失。这类人才主要是应用型、技能型人才。

可见，应急管理人才涉及管理、技术、实操等多维度，彼此相互补充、支持。但需要注意的是，人才区别于人力资源，人才是人力资源中德才兼备、素质优良者。

三、应急管理人才能力要求

培养目标是应急管理学科人才培养路径中的第一步，确立应急管理活动中所必备的各项能力，以此为范本对有志于应急管理领域的人们进行相应的教育与培训。美国应急管理学者纳伊姆·卡普库在回顾相关文献的基础上，确定了应急管理能力分析的四个层次：深度、范围、性质和类型[1]。

第一个层次是能力的深度，包括认知、操作和专业知识。认知水平包括对特定能力所包含的知识、技能和能力的理解[2]。

第二个层次是能力的范围。在较小的范围内，应急管理人员的能力可能仅限于科学/学术知识库。在更大的范围内，应急管理人员在执行其工作时需要对心理、社会政治环境和现实有额外的了解。在最大范围内，即实施和应用阶段，应急管理人员将他们的专业领域与社会背景相关的能力结合起来，并提供他们的服务[3]。

---

[1]　Kapucu N：*Developing Competency-Based Emergency Management Degree Programs in Public Affairs and Administration*，*Journal of Public Affairs Education*，2011，Vol. 17，No. 4，P. 501-521.

[2]　Barbera J A，Macintyre A G，Shaw G，et al：*VHA-EMA Emergency Response and Recovery Competencies Survey*，*Analysis*，*and Report*，http：//training. fema. gov/EMIWeb/edu/EMCompetencies. asp.

[3]　Woodbury G L：*Critical Curriculum for Emergency Management Leaders：Three Essential Themes*，*Journal of Emergency Management*，2005，Vol. 3，No. 2，P. 72-92.

第三个层次是能力的本质。影响这一水平的因素有四个：核心能力、批判性理解、综合解决方案和批判性研究。核心能力是技术人员和从业人员履行应急管理职能所必需的。批判性理解指的是管理人员从整体角度解决手头的问题，并指导低层职能所需的重要理解。综合解决方案要求高级决策者制定综合解决方案，并在整个应急管理领域进行根本性变革。批判性研究涉及相关应急管理学者的重要研究，他们根据过去的经验开展研究和调查，为实践工作奠定基础。

第四个层次是能力的类型，可分为知识和技能两种形式①。这是对能力类型进行分类的最直接的方法，有助于简化理论框架和进行系统分析。前者认为应急管理者应该知道什么，后者总结了他们应该做些什么来有效地履行他们的职责。

应急能力对应急管理者的素质提出明确的要求。而且，随着时代的演进，世界各国都对应急管理者提出了不同的能力素质要求。美国提出，面向 2030 年的应急管理职业化要求应急管理人员具备 3 大类 13 小类的核心能力：一是个人能力，包括掌握应急管理理论、知识，辩证的批判性思考能力，遵从职业操守的能力，持续学习的能力；二是知识素养，包括科学素养、地理信息技术素养、社会文化知识素养、技术导向素养和系统思维素养；三是对外建立和维护关系的能力，包括灾害风险管理、社区动员和参与、协作治理和领导力等，领导力涵盖早发现、态势感知、有效决策、协作、有效沟通、厘清权责和危机学习能力。

根据各类型应急管理人才的实际需要，可从政治态度、身体素质、心理、专业技能四个方面对应急管理人才构建我国胜任力模型（表 1-2）。

表 1-2 新时代应急管理人才的胜任力模型

胜任力类型	胜任力名称	解 释
应急管理人才基本素质	政治鉴别力	从政治高度对应急事件进行鉴别、分析、判断，保持坚定的政治定位，秉持为人民服务的宗旨
	抗压能力	对突发事件能够有充足的心理压力和负性情绪的承受与调节能力
	逻辑思考力	在短时间内沉着冷静地对突发事件作出反应，形成相对完整的行动策略
	应急响应力	突发事件发生后，对国家或部门战略决策作出响应，并按计划快速执行应急行动
	统筹协调力	具备全局意识，与其他各相关主体间做好衔接沟通的相关工作

---

① Brown A: *Disaster/emergency Management Core Functions and Competencies*，http://training.fema.gov/EMIWeb/edu/EMCompetencies.asp.

表 1-2（续）

胜任力类型	胜任力名称	解　释
应急管理决策型人才	预案编制力	具有前瞻意识，对所有可能发生的危险状况，明确有关人员在紧急状况下的职责，能够对突发事件的预防、预备、响应、恢复有整体思维
	监管执法力	对应急管理不同阶段的人员进行动态监督，依法把控突发事件管理的各个环节并及时作出处罚
	指挥决策力	运用号召力、沟通力、影响力等领导方式，对突发事件进行科学决策，有力地推动决策的执行
	分析判断力	对不同规模的突发事件进行分析预判，并有针对性地作出决策
	危机学习力	及时对新时代复合型突发事件进行组织学习，将危机学习内容融入对突发事件的治理中
	舆论引导力	在新媒体时代大背景下，公众对突发事件的关注度大幅提升，必须在突发事件发生后及时发挥和实现引导力，避免不正当言论短时间内快速发酵
应急管理技术型人才	大数据分析力	运用大数据相关技术，对规模巨大的数据进行分析，为应急管理决策提供支撑
	调查评估力	对各类型突发事件开展情况调查和数据统计，对综合风险与减灾能力进行调查评估
	智能化设备使用力	运用先进科学技术及相关设备对相关突发事件进行分析
	预判力	综合专业性数据对可能到来的突发事件进行判断，并向上级及时提供判断分析的相关报告
应急管理救援型人才	实战力	通过不断开展演练活动来提高自身在实际救援活动中的作战实力
	现场处置力	对突发事件发生现场进行初步评估，灵活、及时地控制现场发生的各种突发情况
	组织活动力	具备较好的现场组织和局面控制力，能够有效地开展现场救援行动，对遇险人员起到引导作用
	信息传递力	灵活熟练地编制和使用相关的救援记录和文件，充分利用通信工具交换现场信息
	紧急医疗救护力	救援过程中能够初步判断伤员情况，并有针对性地开展急救

国情不同，应急管理体制不同，应急管理者的素质要求也不同。我国新时代应急管理人才应具备的基本素质包括：首先要有政治判断力、政治领悟力、政治执行力，须明确参与应急管理工作的初衷和目标，提高工作责任感，强化服务意识。

作为应急管理决策型人才，对于应急管理的不同阶段需要有基本的指挥决策力，确立好战略定位，对突发事件进行科学与研判，充分理解目前突发事件的影响扩散趋势。在当今网络舆情社会中，决策型人才还应具备舆论引导力，进行恰当的事态研判，充当舆论引导的作用。

应急管理技术型人才所需具备的个人能力，主要包括扎实的大数据分析力、调查评估力、智能化方法使用力、预判力，做到能够短时间内与相关管理部门进行沟通协调。以大数据背景下应急管理情报分析人才为例，在面对突发事件应急管理技术型人才需要高效地对大数据进行收集并处理，并通过海量数据分析快速向相关部门形成情报支持，支撑相关部门作出应急决策。对于应急管理技术型人才而言，能够充分运用信息监测、信息传播、数据挖掘、信息集成相关的技术和具备对突发事件的发生机理、发展规律、后果评估、影响因素方面进行深度分析的能力至关重要。[1]

灾害发生后的环境往往是复杂、危险的，应急管理救援型人才必须要有熟练的实战力，做到平战结合，对复杂的突发事件现场环境具有灵活的现场处置力、组织活动力和信息传递力，熟练掌握救援相关的专业技术，向其他相关部门及时传递现场信息，能够在救援现场与其他救援队伍形成良好的救援协作。

第四节　应急管理人才工作的遵循与目标

党的二十大报告明确指出，教育、科技、人才是全面建设社会主义现代化国家的基础性、战略性支撑。必须坚持科技是第一生产力、人才是第一资源、创新是第一动力，深入实施科教兴国战略、人才强国战略、创新驱动发展战略，开辟发展新领域新赛道，不断塑造发展新动能新优势。新时代新征程，应急管理人才工作以需求为导向，有效对接供给与需求。在实践中，要以习近平总书记的相关论述为根本遵循，锚定形成新质应急能力、服务国家高质量发展的主要目标。

一、习近平总书记相关重要论述

国家发展靠人才，民族振兴靠人才。党的十八大以来，习近平总书记对人才

---

[1]　刘春平：《应急管理知识体系与人才培养途径》，《中国应急救援》，2010 年第 6 期，第 4-6 页。

强国、教育发展特别是公共安全与应急管理教育作出了一系列的重要论述，为建立应急管理人才专项培养与招录制度提供了根本遵循。

一是关于人才强国。成就千秋大业，人才是关键。人才是各项事业发展的第一资源。人才兴，则事业兴。2021 年 9 月 27 日，习近平总书记在中央人才工作会议上的讲话强调："在百年奋斗历程中，我们党始终重视培养人才、团结人才、引领人才、成就人才，团结和支持各方面人才为党和人民事业建功立业。党的十八大以来，党中央作出人才是实现民族振兴、赢得国际竞争主动的战略资源的重大判断，作出全方位培养、引进、使用人才的重大部署，推动新时代人才工作取得历史性成就、发生历史性变革。"作为国家治理体系和治理能力的重要组成部分，应急管理建立人才专项培养与招录制度，是实现人才强国战略、提升应急管理现代化水平、破解制约应急管理发展的瓶颈性问题的必然要求。

党的十八大以来，以习近平同志为核心的党中央站在中华民族伟大复兴的历史高度，将发展作为第一要务、将创新作为第一动力、将人才作为第一资源，大力实施人才强国战略。2016 年 3 月，中共中央印发《关于深化人才发展体制机制改革的意见》，提出"坚持党管人才、服务发展大局、突出市场导向、体现分类施策、扩大人才开放"等原则，致力于在人才发展体制机制的重要领域和关键环节上取得突破性进展。

2021 年 9 月 27 日，中央人才工作会议在北京召开。会议指出，必须坚持党管人才，坚持面向世界科技前沿、面向经济主战场、面向国家重大需求、面向人民生命健康，深入实施新时代人才强国战略，全方位培养、引进、用好人才，加快建设世界重要人才中心和创新高地，为 2035 年基本实现社会主义现代化提供人才支撑，为 2050 年全面建成社会主义现代化强国打好人才基础。同年 11 月26—28 日，中央军委人才工作会议召开。习近平总书记发表重要讲话，强调：强军之道，要在得人。人才是推动我军高质量发展、赢得军事竞争和未来战争主动的关键因素，对实现党在新时代的强军目标、把我军全面建成世界一流军队具有重大现实意义和深远历史意义。在实现"两个一百年"奋斗目标的进程中，应急管理扮演着为人民守夜、为党和国家事业发展保驾护航的重要角色，必须重视人才工作。

二是关于教育发展。教育是人才培养的重要环节。习近平总书记在不同场合对我国教育发展作出了一系列的重要论述，为我国发展应急管理教育、培养应急管理人才提供了根本遵循。

2018 年 9 月，习近平总书记在全国教育大会上提出教育立德树人的总目标，强调"要努力构建德智体美劳全面培养的教育体系，形成更高水平的人才培养体系。要把立德树人融入思想道德教育、文化知识教育、社会实践教育各环节，贯穿基础教育、职业教育、高等教育各领域，学科体系、教学体系、教材体系、管理体系要围绕这个目标来设计"。

2021年4月19日，习近平总书记在清华大学考察时强调，我国高等教育要立足中华民族伟大复兴战略全局和世界百年未有之大变局，心怀"国之大者"，把握大势，敢于担当，善于作为，为服务国家富强、民族复兴、人民幸福贡献力量。他指出，建设一流大学，关键是要不断提高人才培养质量。要想国家之所想、急国家之所急、应国家之所需，抓住全面提高人才培养能力这个重点，坚持把立德树人作为根本任务，着力培养担当民族复兴大任的时代新人。习近平总书记还提出，要用好学科交叉融合的"催化剂"，对现有学科专业体系进行调整升级，推进新工科、新医科、新农科、新文科建设，加快培养紧缺人才。同时，要增强学科设置的针对性，加强基础研究，加大自主创新力度，并从我国改革发展实践中提出新观点、构建新理论，努力构建中国特色、中国风格、中国气派的学科体系、学术体系、话语体系。

2022年4月25日，习近平总书记在考察中国人民大学时指出，高校是我国哲学社会科学"五路大军"中的重要力量。当前，坚持和发展中国特色社会主义理论和实践提出了大量亟待解决的新问题，世界百年未有之大变局加速演进，世界进入新的动荡变革期，迫切需要回答好"世界怎么了""人类向何处去"的时代之题。要坚持把马克思主义基本原理同中国具体实际相结合、同中华优秀传统文化相结合，立足中华民族伟大复兴战略全局和世界百年未有之大变局，不断推进马克思主义中国化时代化。加快构建中国特色哲学社会科学，归根结底是建构中国自主的知识体系。要以中国为观照、以时代为观照，立足中国实际，解决中国问题，不断推动中华优秀传统文化创造性转化、创新性发展，不断推进知识创新、理论创新、方法创新，使中国特色哲学社会科学真正屹立于世界学术之林。哲学社会科学工作者要做到方向明、主义真、学问高、德行正，自觉以回答中国之问、世界之问、人民之问、时代之问为学术己任，以彰显中国之路、中国之治、中国之理为思想追求，在研究解决事关党和国家全局性、根本性、关键性的重大问题上拿出真本事、取得好成果。要发挥哲学社会科学在融通中外文化、增进文明交流中的独特作用，传播中国声音、中国理论、中国思想，让世界更好读懂中国，为推动构建人类命运共同体作出积极贡献。

根据习近平总书记的重要讲话精神，培养应急管理人才，必须发展应急管理教育，特别是应急管理的高等教育，首先要以立德树人为根本，培养有志于、有能力防范化解阻滞、中断中华民族伟大复兴历史进程的重大安全风险的应急管理人才。其次，发展应急管理教育要面向国家重大战略需求，"想国家之所想、急国家之所急、应国家之所需"，必须扎根中国大地，回答"中国之问、世界之问、人民之问、时代之问"。还有，应急管理是交叉学科，可以借助国家发展新工科、新医科、新农科、新文科的东风，为国家培养紧缺人才。

习近平总书记从群众路线的角度，强调全社会公共安全与应急管理教育的重要性，强调："公众参与对维护公共安全、应对和预防安全风险非常关键。要坚持群众观点和群众路线，拓展人民群众参与公共安全治理的有效途径。要把公共安全教育纳入国民教育和精神文明建设体系，推动安全教育进企业、进农村、进社区、进学校、进家庭，加强安全公益宣传，健全公共安全社会心理干预体系，积极引导社会舆论和公众情绪，动员全社会的力量来维护公共安全。"①

在唐山大地震40周年之际，习近平总书记视察唐山时指出，防灾减灾救灾事关人民生命财产安全，事关社会和谐稳定，是衡量执政党领导力、检验政府执行力、评判国家动员力、体现民族凝聚力的一个重要方面。他强调，提高全民防灾抗灾意识，全面提高国家综合防灾减灾救灾能力。② 2019年11月29日，习近平总书记在主持中央政治局第十九次集体学习时明确提出，大力培养应急管理人才，加强应急管理学科建设。此外，习近平总书记亲自关心应急管理大学建设，提出中国要有自己的应急管理大学。

三是关于应急队伍建设。2015年11月10日，习近平总书记在中央财经领导小组第十一次会议上指出，"要加强城市安全监管，建立专业化、职业化的救灾救援队伍。"③

2018年11月9日，习近平总书记在人民大会堂为国家综合性消防救援队伍授旗时对两支队伍提出"对党忠诚、纪律严明、赴汤蹈火、竭诚为民"的"十六字方针"，成为应急管理全系统必须遵守的指针。

2019年11月29日，习近平总书记在主持中央政治局第十九次集体学习时对应急管理人才队伍建设提出要求，强调"要加强应急救援队伍建设，建设一支专常兼备、反应灵敏、作风过硬、本领高强的应急救援队伍。要采取多种措施加强国家综合性救援力量建设，采取与地方专业队伍、志愿者队伍相结合和建立

---

① 中共中央党史和文献研究院：《习近平关于总体国家安全观论述摘编》，中央文献出版社2018年版，第144页。

② 《习近平总书记的唐山八小时："弘扬抗震精神，为中国注入强大精神力量"》，央广网，http：//news. cnr. cn/native/gd/20160730/t20160730_522834696. shtml。

③ 习近平：《论把握新发展阶段、贯彻新发展理念、构建新发展格局》，中央文献出版社2021年版，第57页。

共训共练、救援合作机制等方式，发挥好各方面力量作用。要强化应急救援队伍战斗力建设，抓紧补短板、强弱项，提高各类灾害事故救援能力。要坚持少而精的原则，打造尖刀和拳头力量，按照就近调配、快速行动、有序救援的原则建设区域应急救援中心。要加强航空应急救援能力建设，完善应急救援空域保障机制，发挥高铁优势构建力量快速输送系统。要加强队伍指挥机制建设，大力培养应急管理人才，加强应急管理学科建设。"这为新发展阶段我国应急管理人才培养工作擘画了基本方向。

新冠疫情暴发之后，2020年4月10日，习近平总书记在中央财经委员会第七次会议上强调"要从顶层设计上提高公共卫生体系在国家治理体系中的地位，充实中央、省、市、县四级公共卫生机构，加强专业人才培养和队伍建设"[1]，对包括突发公共卫生事件应急管理人才和队伍在内的公共卫生队伍建设提出了要求。

总之，习近平总书记在人才强国、教育发展与应急队伍建设等方面都作出了重要指示，为制定应急管理人才培养与招录的指导性原则、设定培养目标、建立人才的素质能力结构、设计主要培养路径与保障措施提供了根本遵循、指明了发展方向。《"十四五"国家应急体系规划》提出，完善应急管理部门管理体制，全面实行准军事化管理。在应急管理部门，全面准军事化的依据是：第一，符合国际应急管理惯例、有利于国家交往，因为世界上许多国家的应急管理脱胎于民防；第二，有利于应急统一指挥，强化令行禁止的意识；第三，培养应急管理人员的职业荣誉感和归属感。实行准军事化管理的前提是要认识到应急管理部门与普通的政府部门不同，职能、任务、使命、要求都有特殊性，需要特殊的待遇和专门的编制。准军事化管理必然要求对应急管理人才进行专项培养与招录。

二、满足以高水平安全服务国家高质量发展的需要

应急管理人才工作事关应急管理政策执行力，事关应急管理事业的长期健康发展，事关公共安全与国家安全，是新时代应急管理体系与能力现代化建设中的重要一环。2018年以来，国家自上而下构建了以综合应急管理部门为龙头的应急管理新体制，为回应新时代风险挑战，开创应急管理新时代奠定了坚实的基础。应急管理体制改革转型之际，又遇到了新冠疫情在全球的暴发与蔓延，为响应现实关切和国家重大战略需求，教育部公布20所高校作为首批"应急管理"

① 习近平：《论把握新发展阶段、贯彻新发展理念、构建新发展格局》，中央文献出版社2021年版，第349—350页。

二级学科试点单位，探索培养应急管理领域的高层次研究与实践人才。一些高校自主设立了应急管理二级学科。

党的十九届五中全会召开后，应急管理部在动员部署会上明确提出健全人才保障体系。《"十四五"国家应急体系规划》提出，加强专业人才培养。具体措施包括：建立应急管理专业人才目录清单，拓展急需紧缺人才培育供给渠道，完善人才评价体系。实施应急管理科技领军人才和技术带头人培养工程。加强应急管理智库建设，探索建立应急管理专家咨询委员会和重特大突发事件首席专家制度。将应急管理纳入各类职业培训内容，强化现场实操实训。加强注册安全工程师、注册消防工程师等职业资格管理，探索工程教育专业认证与国家职业资格证书衔接机制。依托应急管理系统所属院校，按程序和标准筹建应急管理类大学，建强中国消防救援学院。鼓励各地依托现有资源建设一批应急管理专业院校和应急管理职业学院。加强应急管理学科专业体系建设，鼓励高校开设应急管理相关专业。加强综合型、复合型、创新型、应用型、技能型应急管理人才培养。实施高危行业领域从业人员安全技能提升行动，严格执行安全技能培训合格后上岗、特种作业人员持证上岗制度，积极培养企业安全生产复合型人才和岗位能手。提升应急救援人员的多言多语能力，依托高校、科研院所、医疗机构、志愿服务组织等力量建设专业化应急语言服务队伍。

立足新发展阶段，我国经济社会发展格局发生重大调整，突发事件风险形势日益严峻，应急管理工作面临新的更大的挑战，需要找准我国应急管理事业与人才培养工作的新定位。2020 年 9 月 22 日，习近平总书记在教育文化卫生体育领域专家代表座谈会上的讲话中明确指出，"人力资源是构建新发展格局的重要依托。要优化同新发展格局相适应的教育结构、学科专业结构、人才培养结构。"[①]构建我国应急管理事业的新发展格局，势必要求优化应急管理人才培养教育结构、学科专业结构及人才培养结构，在新发展理念的指引下，结合我国突发事件形势与人才培养需求，统筹谋划应急管理人才培养、招录与队伍建设战略。只有培养与招录更多的高素质应急管理人员，才能塑造维持高水平安全的能力，才能以高水平安全服务高质量发展。

构建新发展格局，实现高质量发展，首先要贯彻新发展理念。高质量发展是贯彻新发展理念的发展。习近平总书记指出，"创新之道，唯在得人。"[②] 创新发

---

① 习近平：《论把握新发展阶段、贯彻新发展理念、构建新发展格局》，中央文献出版社 2021 年版，第 399 页。

② 习近平：《论把握新发展阶段、贯彻新发展理念、构建新发展格局》，中央文献出版社 2021 年版，第 278 页。

展要求应急管理人才培养更加关注高精尖新兴领域，更加注重建立以变应变、创新求变的应急思维。当前，我国及世界其他国家面对的风险挑战越发具有高度的复杂性与深度的不确定性，相应生成的突发事件从性质上看具有非常规性甚至超常规性。习近平总书记在十九届三中全会上的讲话中指出，我国是灾害多发频发的国家，必须把防范化解重特大安全风险，加强应急管理和能力建设，切实保障人民群众生命财产安全摆到重要位置。随着经济快速发展，突发事件的关联性不断加强，灾害、事故、公共卫生与社会安全事件不断发生连锁反应，使得单一突发事件影响加剧，形成风险复合体。为此，应当充分发挥科学技术创新对复合型、非常规突发事件防范应对的赋能作用，大力培养应急高精尖技术领域的战略科技人才，同时在应急管理人才培养与队伍建设的过程中，摒弃"以不变应万变"的经验思维。

协调发展要求应急管理人才培养更加注重人才队伍的组织领导与综合协调能力建设。与以往突发事件相比，随着各个行政领域之间人口流动性和贸易交往程度增强，复合型突发事件出现频率及影响范围增加，突发事件脱域化特征日趋明显，跨界协调能力十分重要。此外，多元主体参与突发事件治理要求应急管理者具备较好的协调素质与能力。

绿色发展要求应急管理人才培养更加注重风险意识建构、筑牢预防为主的理念。党的十八大以来，习近平总书记反复强调风险管理与综合减灾，并亲自擘画自然灾害防治九大工程，强调人与自然和谐共生。自然灾害防灾减灾与绿色发展是相辅相成的，绿色发展可以从源头上削减自然灾害的风险。要避免"大自然的报复"，就必须将应急管理的链条前伸、再前伸，让预防为主的理念落地生根。在人才队伍建设中，应急管理部门要将预防为主的治理理念贯彻在素质能力界定中。

开放发展要求应急管理人才培养更加具有国际眼光，借鉴国外应急管理人才培养先进经验。我国应急管理人才培养应当在充分考虑自身实际的基础上，积极引进国外前沿理论课程、实践方式方法，借鉴其人才培养总体设计思路，优化人才培养模式，并不断提升我国应急管理队伍国际人道主义救援能力。

共享发展要求应急管理人才培养拓展培育供给主体结构，不断扩大社会参与、深化全民应急教育。在迈入后工业社会进程中，打造全社会共同参与的应急管理新格局是应对高度复杂性、深度不确定性风险的重要举措。社会蕴藏着应对巨灾的庞大力量和丰富资源，且社会公众的支持与配合是维护社会基本运行功能的必要条件。应急管理者要有为了人民、依靠人民的情怀与素养，善于组织、动员社会力量与资源，形成巨大的应对合力。

总之，新发展理念进一步为新发展阶段应急管理人才培养提出了新要求。我国应急管理人才培养走进新阶段，这对提升我国应急管理能力，防范和化解重大风险，维护公共安全和社会稳定具有重要的意义，更对培养什么样的应急管理人才，如何培养以及培养后的人才招录等问题提出了新的研究期待。在现阶段，我国应急管理人才培养与招录制度建设尚处于探索期，在制度设计与实施执行方面仍存在诸多"短板"与不足，加快完善我国应急管理人才培养与招录制度势在必行。

三、对应急管理人才建设的新思考

在革命、建设、改革历程中，中国共产党高度重视人才工作。毛泽东说："世间一切事物中，人是第一个可宝贵的。在共产党领导下，只要有了人，什么人间奇迹也可以造出来。"[①] 正是依靠人才，中国战胜了一个又一个重大风险挑战，不断从胜利走向胜利。邓小平强调："要发展就需要人才，不用人才不行。要鼓励用人才，出人才。"[②] 正是因为善用人才，中国保持了经济长期发展和社会长期稳定的两大奇迹。继江泽民提出"人才是第一资源"后，胡锦涛指出："牢固树立人才资源是第一资源的观念。……要充分发挥人才资源开发在经济社会发展中的基础性、战略性、决定性作用"[③]。在党的二十大报告中，习近平总书记提出："教育、科技、人才是全面建设社会主义现代化国家的基础性、战略性支撑。必须坚持科技是第一生产力、人才是第一资源、创新是第一动力，深入实施科教兴国战略、人才强国战略、创新驱动发展战略，开辟发展新领域新赛道，不断塑造发展新动能新优势。"习近平总书记创造性地将人才、教育、科技、创新问题统筹考虑，对我们系统性思考应急管理人才建设具有重大的指导意义。

从世界现代化潮流来看，人类经历了两次大转型：第一次是从农业社会向工业社会转型，引发了"三千年未有之大变局"；第二次是我们正在经历的从工业社会向后工业社会、信息社会或曰知识社会转型，引发了"百年未有之大变局"，新冠疫情加速了大变局的演进。对于中国而言，我们要实现的是"并联式"现代化，即同时要完成第一现代化和第二现代化。农业社会的风险是简单而确定的，工业社会的风险是低度复杂、低度不确定的，后工业社会的风险是高

---

① 毛泽东：《毛泽东选集》（第四卷），人民出版社 1991 年版，第 1512 页。

② 中共中央文献研究室：《邓小平年谱（1975—1997）》（下），中央文献出版社 2004 年版，第 1337 页。

③ 中共中央文献研究室：《十六大以来重要文献选编》（上），中央文献出版社 2004 年版，第 574 页。

度复杂、高度不确定的。应急管理凭借在工业社会积累的经验处理工业社会残留的风险是有效的。但是，在面对后工业社会高度复杂、高度不确定的风险时，既有的陈旧经验就显得无能为力，想象与创新是应急管理新的要求。所以，应急管理必须不断深化改革，向创新要效能。改革发展任务越是艰巨繁重，越需要强大的智力支持。

当前，新一轮产业革命和技术革命给人类社会带来了前所未有的巨大影响。特别是，信息高技术的发展对全球生产、生活方式产生了颠覆性效应，重新塑造着未来的世界。没有信息化，就没有现代化。但是，没有网络安全，就没有国家安全。在信息普遍应用的背景下，人们必须刷新对突发事件的认识。例如，随着网络物理空间的出现，受信息技术驱动的关键基础设施受到外部供给的可能性更大，并会引发一系列多米诺骨牌效应。因此，未来的信息技术不再是对应急管理的简单"点缀"或"加持"，它将会重塑应急管理的整个流程。管理与技术的"联姻"是应急管理现代化最完美的结合方式。

无论是应急管理人才，还是应急技术人才，都需要教育培养。1995年5月，中共中央、国务院作出《关于加速科学技术进步的决定》，第一次提出"科教兴国战略"，提出要"全面落实科学技术是第一生产力的思想，坚持教育为本，把科技和教育摆在经济、社会发展的重要位置"。党的十八大以来，党中央站在实现中华民族伟大复兴的高度，提出实施教育强国战略。党的二十大报告提出，加强基础学科、新兴学科、交叉学科建设，加快建设中国特色、世界一流的大学和优势学科。作为新兴学科、交叉学科，应急管理学科建设肩负重要的责任，即为党育兴党兴国之人、为国育扶危定倾之才，进而为实现民族复兴、强国伟业作出贡献。

第二章　我国应急管理人才培养的现状与问题

人才建设必须以需求为牵引，实现供给与需求的均衡。在需求侧，新时代新征程对应急管理事业发展提出了新的更高要求，同时也召唤大批德才兼备的贤能之士投身于应对风险挑战的伟大事业中来。在供给侧，人才培养和人才招录是两个重要的环节：前者关系到能否培养足够的应急管理现代化所需之才，后者关系到能否把高质量的人才延揽到应急管理事业之中。

第一节　我国应急管理学科建设历程

人才培养离不开学科与教育发展。自中世纪大学产生后，学科一直是大学的细胞。1992年，国家技术监督局发布的《学科分类与代码》（GB/T 13745—1992）将学科界定为"相对独立的知识体系"。作为知识的分支（discipline 或 branch of learning），学科是科学研究发展的产物，在我国主要指"学术科目"或"教学分类"。学科的渊源可以追溯到古希腊，从柏拉图到亚里士多德将人类对自然和社会笼统的认识加以分类，形成哲学、数学、医学、法学、逻辑学、物理学、天文学等学科。随着现代科技、社会的快速演变，知识不断细化、交叉，学科分类越来越具体。

一般而言，一个独立学科要有独特的研究对象、严谨的理论体系和专门的研究方法。"就大学和科研机构工作而言，学科指在整个科学体系中学术相对独立、理论相对完整的科学分支，它既是学术分类的名称，又是人才培养的基本单位。就存在形式而言，学科是教师和科研人员从事教学、科研工作等的实体或载体，具有从事人才培养、科学研究等工作的专门的人员队伍和条件设施。"[①] 学科是大学赖以生存和发展的基础、核心竞争力的决定因素。

作为一个平台，学科承载着大学的三大职能：培养人才、发展科学和服务社

---

① 王涛：《学科建设论》，高等教育出版社2015年版，第1页。

会。其中，学科建设的重要内容之一即人才培养。专业是学科人才培养的载体，学科是专业持续发展的基础。从我国高等教育应急管理学科发展历史，我们可以回顾应急管理人才培养的历程。

现代应急管理是综合性的应急管理，具有全主体、全阶段、全风险的特点，涉及经济社会发展的各个方面。应急管理学科具有明显的跨学科特征。理学、气象学、工程学、社会学、新闻学、心理学、人类学、公共管理、国际关系、政治学、管理学、公共卫生、经济学、信息学等都与应急管理有着交叉和重叠。应急管理本身是多学科交叉融合的学科，因此课程内容覆盖社会学、工程学、管理学、经济学、地理学和物理学等方面的内容，具有综合复杂及操作性强等特点①。应急管理学科具有明显的复合性与交叉性，课程设置也有自身的独特之处。美国应急管理专业一般会涉及公共管理、公共卫生、政策服务、心理学、护理学、公共政策、火灾预防等多方面的课程，传授 GIS、社会网络、SPSS 等多种技术应用。在培养体系上，应急管理学科理论与实践并重，尤其强调实践的重要性。因此，高校会与政府、研究机构、社区或社会组织进行合作，使学生有机会亲临可能存在突发事件风险的现场②。

"专业"与"学科"是不同的概念，其关系是："学科侧重知识分类，而专业强调课程的组织形式；学科的核心目标是对知识的探寻、传承与创新，以学术性作为其本质特性，而专业的目标范畴相对要小而且和社会的实际需求密切相关，侧重对各级各类专门人才的培养，以满足社会和学生个人的发展需要；再者，两者的主要构成要素存在较大差异，学科的构成要素是知识单元，专业主要包括培养目标、课程体系和从事专业的人；划分学科的基本原则是知识体系的发展逻辑，而知识发展往往呈现出树状态势，因而，学科的发展会顺着知识的发展逻辑进行，而专业的划分是以社会劳动的领域或者岗位差异为原则的……学科是专业发展的基础，专业是多门学科知识的选择组合。专业是学科承担人才培养的平台，两者相互依存的关系是以课程为媒介来实现的。"③ 我国应急管理学科建设与专业发展历史短暂，更是存在着诸多尚未解决的难题，理论积淀不够，理论与实践区隔度小，没有形成独特的研究方法等。我国应急管理学科的发展大致可

---

① Cwiak C L：*Body of Knowledge Report：FEMA Emergency Management Higher Education Program*，Fargo，2011.

② Kapucu N：*Developing Competency-Based Emergency Management Degree Programs in Public Affairs and Administration*，*Journal of Public Affairs Education*，2011，Vol. 17，No. 4，P. 501—521.

③ 李峻，谢晖：《学科发展视野中的大学学术组织管理模式创新研究》，光明日报出版社 2018 年版，第 33 页。

以分为以下三个阶段。

一、萌芽阶段（1978—2002 年）

应急管理的目的是维护公共安全。而安全是经济社会发展的横截面问题，涉及多个领域。例如，《学科分类与代码》（GB/T 13745—2009）中涉及安全的学科"有一级学科安全科学技术（620），有信息与系统科学相关工程与技术（413）下的二级学科信息安全技术（41320），有心理学（190）下的三级学科安全心理学（1905510），有计算机科学技术（520）下的三级学科数据安全与计算机安全（5201060），有管理学（630）下的三级学科应急管理（6304420），有社会学（840）下的三级学科职业安全卫生科学技术（8407443）"[1] 等。在此，我们只对与应急管理部门业务相关的安全科学和灾害学的演进进行梳理。

我国安全科学学科脱胎于劳动保护的母体。新中国成立后，原劳动部设立劳动保护局和劳动保护科学研究所。劳动保护工作就是保护劳动者在生产过程中的安全和健康。高等院校设立劳动保护系，学科名称为"劳动保护科学"。例如，"1957 年西安矿业学院开办矿业通风与安全专业，1958 年北京劳动保护学院设立劳动保护系，创办安全技术和工业卫生本科专业"[2]。

改革开放后，我国高等教育得以恢复与全面发展。"1978 年，北京市劳动保护科学研究所（'文化大革命'前属劳动部）通过北京市科委报教育部批准，招收研究生……当时的招生专业方向及其名称允许自定，于是按已有的'噪声控制、工业防尘、工业（化学）防毒、电气安全、个体防护和情报信息'（在 1982 年招生时定位'安全系统工程'）六个专业方向规划招生。"[3] 钱学森给我国安全科学创始人刘潜复信说："劳动保护工作可以分为两大方面：一是劳动生产设备及其体系的安全运转，不出爆炸，不出火灾等等。……二是生产设备与人如何做到高效能的安全生产。这就涉及劳动者、人，也就是联系到人的生理和心理。"[4] 刘潜从中捕捉到"安全运转"和"安全生产"两个方面，得出"安全"概念，并积极推动"安全科学"学科的发展。

1980 年，国务院颁布了《中华人民共和国学位条例》，开始实施学位制度。在很长一段时期，我国学科目录中没有"应急管理"的字眼，只是有应急相关

---

① 黄超，李继红：《公共安全管理学二级学科论证及学科建设研究》，中国法制出版社 2018 年版，第 3 页。

② 何学秋，等：《安全科学与工程》（上），中国矿业大学出版社 2008 年版，第 13 页。

③ 刘潜，赵云胜，李生友：《安全科学导论》，气象出版社 2014 年版，第 7 页。

④ 刘潜：《安全科学和学科的创立与实践》，化学工业出版社 2010 年版，第 275 页。

专业。但是，我国开展的安全科学和自然灾害学的探索为应急管理学科的建设奠定了良好的基础。

1981 年，国务院学位委员会拟定了一份《高等学校和科研机构授予博士和硕士学位的学科、专业目录（草案）》，其中包括试办二级学科"安全技术与工程"，其一级学科为"地质勘探、矿业、石油"，学科门类为工学。同时，在医学学科门类下设立一级学科"公共卫生与预防医学"，下面设有"环境卫生学（含卫生工程学）""劳动卫生职业病学""生物武器损伤医学防护学""核武器损伤医学防护学""生物武器损伤医学防护学"等。1983 年，国务院学位委员会公布了《高等学校和科研机构授予博士和硕士学位的学科专业目录（试行草案）》，取消了"安全技术与工程"二级学科，在一级学科"地质勘探、矿业、石油"下设立了"采矿工程（含安全技术）"。1984 年，教育部将安全工程本科专业列入《高等学校工科专业目录》。

1986 年，中国矿业大学首次获得了安全技术及工程学科硕士、博士学位授予权，我国在安全科学领域形成了从学士到博士的完整学位教育体系。到 20 世纪 80 年代末，我国已经有 42 所院校设置安全工程、卫生工程与技术专科或本科。1990 年，《学位授予和人才培养专业目录》进行了修改，设立二级学科"安全技术及工程"，其一级学科为"地质勘探、矿业、石油"。

1992 年，我国颁布的《学科分类与代码》（GB/T 13745—1992）中，安全科学技术被列为一级学科，学科代码为 620，包括安全科学技术基础、安全学、安全工程、职业卫生工程、安全管理工程 5 个二级学科和 27 个三级学科。

自古以来，我国由于国土面积大、地形地貌复杂、气候种类多样等原因，深受自然灾害影响。我国作为世界上灾害最为严重的国家之一，素有"三岁一饥、六岁一衰、十二岁一荒"之说。自然灾害种类多、分布广、发生频率高、对人民生命财产安全以及自然环境影响大，使得我国必须高度重视灾害发生的原因及规律，提升防灾减灾意识，增强预防和应对灾害的能力。自新中国成立以来，中国共产党和中国政府始终高度重视防灾减灾救灾工作，积极开展重大的抗灾救灾和灾后恢复重建工作，多次有效地处理和应对重大自然灾害。构建新时代中国灾害学科理论体系，既是建设自然灾害防治体系的必要途径，更是适应中国式现代化要求下灾害管理的必然要求。

我国灾害学研究可以追溯到 20 世纪 20 年代。彼时，国内兴起了具有现代意义的灾害学研究，并且呈现出自然科学与人文社会科学协同发展的良好态势，竺可桢、邓拓、潘光旦、蒋杰等杰出学者不断涌现，吸收自然科学与人文科学两者所长，并综合运用了天文学、地理学、生物学、历史学、社会学、人口学、人类学、心理学等多学科理论和方法，多角度分析中国灾害的成因、规律以及救灾度荒的实践，甚至对中华民族的民族特性和制度变迁进行了别具一格的探讨，展现出中国灾害学研究的宽广视野。[①]

新中国成立后，党和国家高度重视国家对灾害的应对，积极推动灾害学科发展。在不同学科的努力下，结合当时的民情国情科学发展，对中国历史上规模较大的地震、水灾、气候灾害、疾病灾害等重大灾害的史料进行系统分析，综合探索各种灾害的形成原因、分布规律、应对之策。尤其在气候灾害方面，竺可桢等人通过对我国历史时期气候变化和气象灾害的长期探索，形成《中国近五百年旱涝分布图集》，奠定了现代中国气候变化研究的基石；在地震研究领域，众多学者努力揭示我国历史地震灾害演变发展规律及地震危险区空间分布轮廓，发现了地震等灾害的集中性群发现象，提出旱震关系原理，为国家经济建设规划、工业建设选址和工程抗震级别的确定提供了可靠依据，也为地震中长期预报等工作开辟了新路；在公共卫生和疫病防治领域，屠呦呦等对青蒿素的研发和运用，不仅造福国人，更泽及世界。[②] 1975 年 6 月，在辽宁海城地震后，经教育部批准，国家地震局在兰州地震大队地震地质队的基础上，成立国家地震局天水地震学校。这就是今天防灾科技学院的前身。

从 20 世纪 70 年代末起，中国兴起"系统热"，其中系统科学、信息科学迅速上升为显学，几乎所有学科领域都在介绍、引进研究系统的思想和方法，所以灾害研究也顺应当时的潮流，兴起了灾害学方法论的研究。一般系统论的原理和方法其实代表了人类认识世界的一种新的科学范式，它与牛顿、笛卡尔时代以来形成的那些旧的科学范式有着本质上的差别。不同点在于：旧的范式依据的是分析的思维模式，一般系统论则依据综合的思维模式；旧的范式采用的是机械的还原的研究方法，而一般系统论则采用有机的整体的研究方法；旧的范式所注重揭示的是事物的各个部分和各个过程之间的单线因果关系，以及影响事物局部发展的规律，而一般系统论则注重揭示的是事物各个部分和各个过程之间的结构、组织关系，以及影响事物整体发展的规律。[③] 国际灾害学界将"灾害学习"作为一个重要的概念或范畴提出来，并从政策制定、人类行为、危机管理或组织学习等不同的角度各自展开研究。

---

① 夏明方：《中国灾害史研究的非人文化倾向》，《史学月刊》，2004 年第 3 期，第 16-18 页。

② 夏明方，宋儒：《与灾害共处——在灾害学习中推进中国灾害学理论体系的构建》，《中国人民大学学报》，2019 年第 33 卷第 3 期，第 152-162 页。

③ 任鲁川：《用一般系统论的观点看灾害》，《东方论坛·青岛大学学报》，1997 年第 2 期，第 76-80 页。

改革开放，灾害学更加突出强调多种学科和多种灾种的综合研究，倡导"自然灾害综合研究"，或者引进国外脆弱性、易损性、恢复力等灾害学理论，从致灾因子、成灾体、孕灾环境等学术概念出发，构建"区域灾害系统"研究框架；或引入风险科学、公共危机理论，倡导建设中国灾害风险科学，开展"综合风险防范"研究；随着信息技术的发展，灾害学出现众多研究分支和研究路径，中国灾害学理论体系得到进一步发展。

出于对联合国在 20 世纪 80 年代末发起的减轻自然灾害与可持续发展国际战略行动的积极响应，中国政府作为其中的有机组成部分，需要进行防灾减灾战略的重大转变。而要想成功完成这场转变，需要把自然灾害对人类的挑战转化为人类有效的应战，进而维护和促进社会与文明的可持续发展，其中一个关键的中间环节就是如何从过去与现实的灾害事件和灾害体验当中，总结经验教训，增强风险意识和防灾意识，也就是向灾害学习的过程。此时，有学者试图将相对分散的研究整合起来，把灾害学习看作是一个融知识获取、知识转换、知识吸收、知识创造为一体的完整过程。1983 年，我国学者倡议建立综合研究自然灾害的自然灾害学，并对灾害学研究作了初步分析。1984 年，我国学者再次对灾害学作出了系统的阐释："灾害学是研究大自然对人类危害、并设法使之减轻的学科。"1986 年，我国乃至全世界全面兴起了灾害学，我国创办了《灾害学》杂志，独立发表了一系列相关研究成果。具体到我国而言，我国的灾害学实际诞生于 20 世纪 80 年代，我国学者综合提出灾害系统和灾害学的概念，引进翻译了国外灾害学者著作。

进入 20 世纪 90 年代后，中国灾害研究走向高潮，成果颇丰，如着手建立灾害学的学科体系，并且按这种体系组织撰写灾害学系列的丛书，探讨灾害系统论等。1989 年，史培军等人指出，灾害是自然系统与人类物质文化系统交互作用的产物，认为我国灾害研究虽然成绩可喜，但相较国外的研究情况，还是显得力量分散，与国际水平相差较远。[①] 同年，卢振恒提出要对灾害进行系统综合研究，加强各学科之间的横向联系和综合渗透。[②] 潘怀剑等人则从灾害理学、灾害工学、灾害法学、灾害保障四个方面梳理了我国灾害学的发展情况，认为灾害研究应着眼于我国减灾事业和可持续发展。[③] 大力倡导开展"自然灾害综合研究"

---

① 史培军，虞立红，张素娟：《国内外自然灾害研究综述及我国近期对策》，《干旱区资源与环境》，1989 年第 3 期，第 163-172 页。

② 卢振恒：《灾害学综合研究概述》，《地震学刊》，1989 年第 1 期，第 66-72 页。

③ 潘怀剑，田家怡，窦慧：《我国现代灾害科学研究回顾与展望》，《滨州教育学院学报》，2001 年第 1 期，第 77-80 页。

的马宗晋、高庆华等学者则十分重视对灾害综合研究进展的分析总结。2001 年，高庆华、苏桂武指出，自然灾害综合研究已将灾害研究从单一灾种扩展到多灾种，主张开展灾害社会属性的探讨；2003 年，高庆华等人又在前文基础上进一步明确了"自然灾害研究向系统科学方向发展，减灾向综合性、社会化方向发展"的大趋势。①

在我国学科设置中，国家决策起着决定性作用。从世界范围来看，学科设置的方式主要有两类："一是以美国为代表的间接控制模式，大学的学科设置与专业划分权力在大学，教育行政部门提出的学科专业目录只具有统计作用。二是以苏联和我国为代表的直接指导模式，由国家提出统一的学科专业目录，学校根据自己的情况确定学科的设置。前者是非强制性的，国家主要通过经费投入、政策倾斜等手段来发展某些学科；而后者更多地表现为一种直接的、强制性的干预。"② 学科是一个知识体系，学科建设是知识生产的过程。我国灾害学相关专业地位较低，如在自然地理学下面设立自然灾害学，在土木工程下面设立防灾减灾与灾害防护工程。在很大程度上，这是因为灾害学过于强调对致灾因子的研究，弱化了灾害学专业学科建设的意义。

二、第一次高潮（2003—2018 年）

应急管理学科建设明显受国家战略需求的驱动。进入 21 世纪后，美国发生的"9·11"事件表明，人类面临的风险越来越具有高度的复杂性和不确定性。风险与经济社会发展如影随形，难以断然切割。人们不能再从偶然性的视角去关注突发事件，而必须寓非常态于常态之中。2003 年，我国发生"非典"事件，再次印证了上述判断，催生了"一案三制"（预案和体制、机制、法制）应急体系，也推动了应急相关学科建设。

2006 年，国务院发布《国务院关于全面加强应急管理工作的意见》，提出在大专院校、科研院所加强公共安全与应急管理学科、专业建设，大力培养公共安全科技人才。同年，国务院发布《国家中长期科学和技术发展规划纲要（2006—2020 年）》，首次将"公共安全"列为单独领域进行研究和规划。2011 年 3 月，国务院学位委员会、教育部发布的《学位授予和人才培养学科目录（2011 年）》设立了一级学科安全科学与工程。2013 年，国务院学位委员会第六届学科评议

---

① 高庆华，刘惠敏，马宗晋：《自然灾害综合研究的回顾与展望》，《防灾减灾工程学报》，2003 年第 1 期，第 97-101 页。

② 庞青山：《大学学科论》，广东教育出版社 2006 年版，第 127-128 页。

组编写的《学位授予和人才培养一级学科简介》在一级学科安全科学与工程下面设立了 5 个二级学科：安全科学、安全技术、安全系统工程、安全和应急管理、职业健康安全。至此，我国学科目录中出现"应急管理"的身影。

2011 年，国务院学位委员会、教育部发布《学位授予和人才培养学科目录（2011 年）》，公安学成为一级学科。同年，中国人民公安大学成立公安学临时学科评议组，提出设立二级学科 11 个，包括公安基础理论、公安管理学、治安学、侦查学、犯罪学、公安情报学、国内安全保卫学、边防管理学、涉外警务学、警务指挥与战术、警卫学等。

从上述两个一级学科来看，一个侧重物理安全（safety），一个侧重社会安全（security）。前者主要服务于企业安全生产监管，后者主要服务于公安部门的犯罪侦查打击。毕业生从事安监、公安工作的目标较为明确，渠道也比较通畅。严格地说，这不是综合性应急管理最为紧缺的复合型人才。

受"非典"和汶川地震两次重大突发事件的驱动，在研究生培养方面，国内一些重点高校也逐步依托"公共管理""管理科学与工程""安全科学与工程"等学科开展了应急管理方向的研究生课程教学。2009 年，国务院新闻办公室发布《中国的减灾行动》白皮书，在表述中国减灾的主要任务时，强调"加强减灾科技支撑能力建设"，其中提出"加强减灾学科建设和人才培养，建设综合减灾的人才培养基地"。2014 年 8 月 27 日，教育部、国家安全监管总局联合印发《教育部 国家安全监管总局关于加强化工安全人才培养工作的指导意见》（简称《指导意见》），提出："鼓励高校根据需求在现有本科专业和研究生学科内设置化工安全方向。鼓励高职高专院校根据需求建设以化工安全和危险化学品安全管理为特色的专业或扩大现有专业招生规模。有关高校要定期组织开展化工安全人才需求调研，面向化工安全生产需要，培养安全意识强、具备一定安全生产知识和能力的高素质劳动者和各级专业技术后备人才。有条件的高校要通过定向培养、校企联合培养等方式，招收具有化工安全实践经验的人员，培养一批既懂化工又懂安全的复合型人才。"为了完善化工人才标准，《指导意见》提出要"制订化工安全相关一级学科博士和硕士学位基本要求、本科专业类教学质量国家标准和高职相关专业教学标准"，化工相关专业将安全知识教育细化到具体的课程和教学环节，将安全意识培养融入教学全过程。《指导意见》具有以下显著特点：

一是特别强调实践性，突出理论和实践相结合，要求化工专业教师任课前应有至少 3 个月的化工厂实践经历，鼓励教师到化工企业挂职或合作科研等；有关高校要主动加强与企业的合作，校企共同制订培养目标、共同开设相关课程和编写教材、共同实施培养过程、共同评价培养质量；企业要鼓励经验丰富的工程技术人员和管理人员担任学生导师、开设化工安全管理和事故案例分析等方面的课程或讲座；确保学生到化工企业实习实训的时间，探索完善化工厂跟班实习与毕业设计（论文）相结合的模式；鼓励有关高校建设化工安全方向的虚拟仿真实验教学中心、与企业共建校外实践教育基地；支持企业与获得化工安全相关专业研究生入学资格的学生签约，保留学籍先到企业工作1~2年；通过"卓越工程师教育培养计划"，支持化工安全相关专业的人才培养模式改革；通过"现代职业教育质量提升计划"，支持相关专业实训基地建设。二是推动化工安全职业化，完善化工安全相关专业认证标准，积极推进化学工程等领域工程硕士专业学位与化工安全职业资格认证的有机衔接，修订完善注册安全工程师、注册化工工程师标准。三是强调培养与招录的一体化，要求大中型化工企业要编制化工安全中长期人才队伍建设规划，小型化工企业要制订从业人员录用计划。要将化工安全操作人员、专业技术人员等人才培训和招录工作前移，主动与有关高校合作开展顶岗实习、现代学徒制、"订单式"培养、"预就业"等试点工作。鼓励企业采取减免实习费用、定向奖学金或助学金、帮助偿还助学贷款等方式吸引学生到企业工作。鼓励企业对到条件艰苦和安全生产关键岗位工作的毕业生，给予一定的岗位津贴和特别补助。此外，化工企业要严格按照法规标准的要求配备专职安全生产管理人员，建立有效的人才激励和使用机制。要根据本企业实际情况，明确化工安全从业人员必须具备的学历和专业要求，把是否具备相关化工安全知识和技能作为招聘的重要条件。涉及"两重点一重大"（重点监管危险化工工艺、重点监管危险化学品、危险化学品重大危险源）的化工装置、设施的操作人员要逐步实现从化工安全相关专业毕业生中聘用。支持化工重点地区特别是新兴化工行业发展较快的地区成立化工职业院校，引导化工企业招生与招工结合，实行校企联合招生、联合培养。

"非典"疫情之后，综合性应急管理研究成为显学。清华大学于2004年依托公共管理学院建立应急管理研究基地，在公共管理学科中开展应急管理方向的科学研究与研究生培养；南京大学于2005年建立社会风险与公共危机管理研究中心，并将社会风险治理作为主要科学研究和人才培养方向；中国人民大学于2005年在MPA研究生教育中设立"公共安全与应急管理"方向；武汉理工大学于2005年起在管理科学与工程一级学科博士点下设置公共安全与应急管理二级学科博士点，开展硕士、博士、博士后培养工作；北京师范大学于2006年建立减灾与应急管理研究院，主要以地理科学和灾害科学为基础；四川大学于2011年建立灾后重建与管理学院，将灾害恢复与重建作为重点领域，结合灾害科学开展相关研究与研究生教育。其中，与现代综合性应急管理需求最为相近的是依托公共管理学科建设的教育项目。这些项目多利用名牌院校自身二级学科的自主权创设，有相关学科作为依托。毕业生即便不能在应急管理部门就业，也有其他较广的发展空间。

我国高校在本科生培养方面纷纷设立应急管理相关专业。专业是指高等学校或中等专业学校根据社会专业分工的需要设立的学业类别。① 专业设置既要考虑学科知识，也要考虑社会用人需求。"专业"与"学科"的关系密切，但也有不同之处：前者更侧重教学，后者更侧重科研；前者侧重培养本科生等应用型人才，后者侧重培养硕士、博士等创新力较强的高层次专门人才。

2003年，防灾技术高等专科学校（2006年更名为防灾科技学院）设置城市应急救援辅助决策技术专科专业，此专业是我国高等教育体系中第一个以"应急"为名的专业。2004年，受印度洋海啸冲击效应影响，河南理工大学经教育部批准开设我国第一个公共安全管理本科专业，并于2005年开始招生。2005年，防灾技术高等专科学校在专科专业的基础上，依托公共事业管理设置公共事业管理（应急管理）专业，并于2006年开始招生。2008年，暨南大学开设了行政管理（应急管理方向）专业，并于2009年正式挂牌成立了全国首家应急管理学院。此外，中国劳动关系学院于2005年、华北科技学院于2017年也相继开展了应急管理方向的本科培养工作。但是，由于社会分工尚未进化到将应急管理列为单独的职业，招生与就业不接轨，许多本科生学非所用。

应急管理学科与专业建设受现实需求的影响，表现出明显的波动性。2008年汶川地震后，教育部在本科专业目录中设立"行政管理（危机管理方向）"专业。2012年后，教育部对《普通高等学校本科专业目录（1998年颁布）》进行修订，取消了应急管理和公共安全管理两个目录外专业。由于应急管理研究的热点不再，本科专业目录中"行政管理（危机管理方向）"修改为"行政管理"。2013年，河南理工大学和暨南大学两个相关专业停止招生，后暨南大学开始在公共事业管理（应急管理）专业方向下招生。2015年，四川大学—香港理工大学灾后重建与管理学院新设立的应急管理本科专业开始招生。这一时期，电子科技大学、华南农业大学、中国刑事警察学院等也开设了应急管理专业方向。

面对21世纪的风险，各大学纷纷成立应急管理研究基地、中心、研究院等平台，主要开展应急管理课题研究或在职培训。2006年，经民政部和教育部批

---

① 湖南安全技术职业学院，重庆安全技术职业学院，江苏安全技术职业学院：《高职院校泛安全专业体系建构与实践创新》，海南出版社2018年版，第19页。

准，在北京师范大学设立减灾与应急管理研究院。国家行政学院设立了应急管理培训中心。

截至 2012 年，美国高校设置应急管理专业的有 257 所，设置国土安全和防御恐怖相关专业的有 131 所，设置公共卫生及医疗专业的有 31 所，设置国际减灾与人道主义救援专业的有 16 所，设置其他相关专业的有 30 所。相比之下，我国应急管理人才培养体系建设经过多年努力，应急管理教育体系、培训机制等建设有了较大进步，但应急管理本科教育仅在防灾科技学院、暨南大学和河南理工大学等少数学校开展，应急管理研究生教育始终处于试点阶段。应急管理"小众学科"的特点没有得到根本改观。

值得一提的是，2011 年 6 月 6 日，经中央人才工作协调小组办公室同意，国家减灾委员会印发了《国家防灾减灾人才发展中长期规划（2010—2020 年)》（简称《规划》），提出：以实施人才强国战略为统领，以防灾减灾事业需要为导向，以人才队伍专业化建设为主线，将人才队伍建设作为提高国家综合防灾减灾能力的重中之重，全面加强防灾减灾人才队伍建设，重点培养防灾减灾急需紧缺人才，为维护人民群众的生命财产安全和经济社会发展提供强有力的人才保证。其中，科研与教学人才是其中的一类。《规划》提出，建设从事自然灾害形成机理、发生过程、时空分布、防御对策等科学研究的科研人才队伍，以及从事培养自然灾害、防灾减灾工程、紧急医疗救援、灾害管理等学科人才的教学人才队伍。同时，将防灾减灾高等教育作为重点工程，把防灾减灾人才培养纳入高等教育体系。充分利用高校的减灾研究与学科建设，从学科、学位和专业等方面培养多层次防灾减灾研究及应用型人才，实现人才的可持续培养；加强防灾减灾学科体系建设，制定适合我国多层次防灾减灾人才培养目标的课程设置和教学标准。

但是，《规划》并没有立足培养与招录的一体化机制设计，只是泛泛而提"实行科学的防灾减灾用人制度"，仅对防灾减灾教育具有一定的引导作用。其中提到，建立防灾减灾职业资格制度，提高防灾减灾人才管理的规范化水平，对灾害管理、监测预报、紧急救援等专业人才实行职业准入制度，设立灾害评估师、灾害信息师等执（职）业资格序列。

这一时期，安全科学学科也得到了进一步发展。2009 年修订和颁布的《学科分类与代码》（GB/T 13745—2009）中，安全科学技术一级学科（学科代码：620）内容增加到 11 个二级学科和 50 多个三级学科。2011 年，安全科学与工程正式成为我国研究生教育的一级学科。2013 年，国务院学位委员会第六届学科评议组组织编写的《学位授予和人才培养一级学科简介》将安全科学与工程一级学科下的二级学科明确为 5 个：安全科学、安全技术、安全系统工程、安全与应急管理、职业安全健康。"我国开设'安全科学与工程'类本科专业的高校已有 160 多所，全国有硕士点 52 个、博士点 27 个，每年招收本科生、硕士生、博士生分别约为 6000 名、1200 名和 220 名，高层次专业化人才队伍已具规模。"[①]

三、第二次高潮（2018 年至今）

党的十八大后，以习近平同志为核心的党中央对国家安全和公共安全高度重视，进行了一系列的战略部署，为应急管理事业长远发展塑造了更高、更广的平台。但是，党和政府重要文件中出现"应急管理"字眼的频率曾一度降低。例如，2016—2018 年的政府工作报告中，2016 年提到"突发事件"1 次，但没有提到"应急"；2017 年，既没有提到"突发事件"，也没有提到"应急"；2018 年，提到"应急"1 次，但没有提到"突发事件"。于是，许多从事应急管理研究的学者"落荒"了，这反映出应急管理研究以科研项目为导向的应景性缺憾。

2015 年，国务院学位委员会批准设立卫生应急管理二级学科硕士点（专业代码：1004Z3），隶属于一级学科公共卫生与预防医学。其培养目标是：以国家特殊需求为导向，以现代危机管理理论知识为引领，以公共卫生、基础医学、临床医学等相关学科理论知识为支撑，培养具有扎实的公共卫生危机理论基础、突出的危机应对管理能力和较强的研究创新能力，能够在国家应急管理及相关机构从事卫生应急管理的高层次、复合型、应用型人才。卫生应急管理的主要研究方向包括：卫生应急管理理论与政策研究、公共卫生危机预防与应对、公共卫生脆弱性评估与预警。

2018 年国家机构改革，我国整合 11 个部门的 13 项职责，组建应急管理部，带动了应急管理研究与学科建设的回潮。特别是，2019 年 11 月 29 日，习近平总书记在主持中央政治局第十九次集体学习时强调，大力培养应急管理人才，加强应急管理学科建设，为应急管理学科建设注入了强劲的动力。同年，我国普通高等学校本科专业新增了应急管理专业（专业代码：120111T）。这个新增特设专业属于管理科学与工程类。2020 年初，新冠疫情暴发，激发了应急管理学科建设的热潮。研究生、本科生教育都把应急管理作为新的增长点，学科建设呈现雨后春笋般的增长。

[①] 国家自然科学基金委员会工程与材料科学部：《安全科学与工程学科发展战略研究报告（2015—2030）》，科学出版社 2016 年版，第 5 页。

第二节　应急管理专业普通高等教育的现状

学科是时代的产物。新冠疫情的暴发作为推动我国应急管理专业教育快速发展的一个焦点性事件，引发了学科建设的热潮。虽然新冠疫情是公共卫生事件，但我国应急管理此轮学科和专业建设却主要聚焦于灾害事故，即应急管理部门的业务。一方面，应急管理学科建设短期内出现一个跃进式发展的热潮，可喜可贺；另一方面，应急管理学科建设存在不顾条件、一哄而上的弊端，其未来长远发展令人担忧。

一、普通高等院校的学科建设

2012年，教育部修订了本科专业目录和专业设置管理规定，进一步扩大和落实了高校本科专业设置自主权，支持有条件的高校依法自主设置应急管理领域相关专业。除已设置的安全工程、火灾勘查、消防工程、救助与打捞工程、抢险救援指挥与技术等相关专业外，2018—2019年，支持南京信息工程大学、华北科技学院增设防灾减灾科学与工程专业。

2020年2月，武汉理工大学申报的应急管理本科专业成功获批，这是我国首个教育部批准设立的应急管理本科专业，每年招生80人。同年，河海大学、中国地质大学（武汉）、暨南大学、华北科技学院、防灾科技学院、河北科技大学、山西财经大学、沈阳化工大学、盐城学院、南京师范大学、江西理工大学、济南大学、潍坊医学院、齐鲁师范学院、广西警察学院、云南经济管理学院、西北大学、青海师范大学、石河子大学等19所高校应急管理专业获批。到2021年，全国共有34所院校设立了应急管理本科专业，见表2-1。另外，西北大学牵头成立了应急管理本科专业高校联盟，经常召开学科建设研讨会。

表2-1　设立"应急管理"与"应急技术与管理"本科专业的院校

序号	专业名称	院校名称	专业设立年份
1	应急管理	武汉理工大学	2019
2		暨南大学	2020
3		河海大学	2020
4		中国地质大学（武汉）	2020
5		西北大学	2020
6		南京师范大学	2020

表 2-1（续）

序号	专业名称	院校名称	专业设立年份
7		石河子大学	2020
8		青海师范大学	2020
9		山西财经大学	2020
10		济南大学	2020
11		沈阳化工大学	2020
12		沈阳建筑大学	2020
13		江西理工大学	2020
14		华北科技学院	2020
15		防灾科技学院	2020
16		河北科技大学	2020
17		盐城工学院	2020
18		潍坊医学院	2020
19		齐鲁师范学院	2020
20	应急管理	广西警察学院	2020
21		云南经济管理学院	2020
22		中国矿业大学	2021
23		湘潭大学	2021
24		南京信息工程大学	2021
25		山西师范大学	2021
26		内蒙古科技大学	2021
27		南京工业大学	2021
28		集美大学	2021
29		湖南工商大学	2021
30		西华大学	2021
31		山西警察学院	2021
32		长春科技学院	2021
33		武昌理工学院	2021
34		西南财经大学天府学院	2021
35		华北科技学院	2019
36	应急技术与管理	防灾科技学院	2019
37		河南理工大学	2019

表 2-1（续）

序号	专业名称	院校名称	专业设立年份
38		西安科技大学	2019
39		中国地质大学（武汉）	2020
40		中国劳动关系学院	2020
41		太原科技学院	2020
42		黑龙江科技大学	2020
43		盐城工学院	2020
44		安徽理工大学	2020
45		滁州学院	2020
46		湖南科技大学	2020
47		重庆科技学院	2020
48		西南科技大学	2020
49		新疆工程学院	2020
50		石家庄铁道大学	2020
51		长春工程学院	2020
52	应急技术与管理	西华大学	2020
53		贵州师范大学	2020
54		中国矿业大学（北京）	2020
55		中国地质大学（北京）	2021
56		山西大同大学	2021
57		大连科技学院	2021
58		吉林建筑大学	2021
59		南京工业大学	2021
60		常州大学	2021
61		常熟理工学院	2021
62		山东工商学院	2021
63		武汉工程大学	2021
64		成都大学	2021
65		北京师范大学	2021
66		太原工业学院	2021
67		湖南工学院	2021

《普通高等学校本科专业目录（2020年版）》将应急技术与管理的专业代码规定为082902T。它是2018年新增的国家控制布点专业，属于安全科学与工程类，授予工学学位。到2021年，全国共有33所院校设立了应急技术与管理本科专业，见表2-1。2021年2月，教育部公布《2020年度普通高等学校本科专业备案和审批结果》，中国地质大学（武汉）、中国劳动关系学院、石家庄铁道大学、太原科技大学、长春工程学院、黑龙江科技大学、盐城工学院、安徽理工大学、滁州学院、湖南科技大学、重庆科技学院、西南科技大学、西华大学、贵州师范大学、新疆工程学院、中国矿业大学（北京）等16所高校通过了应急技术与管理专业的审批，加上先前已经招生的太原理工大学、辽宁工程技术大学、华北科技学院、防灾科技学院、河南理工大学、西安科技大学、吉林建筑大学，规模十分可观。中国劳动关系学院还牵头成立了全国应急技术与管理本科专业高校联盟，为联盟成员搭建交流的平台。

此外，2020年5月，教育部办公厅印发《关于在普通高校继续开展第二学士学位教育的通知》，指出将重点支持高校在国家急需的相关领域增设第二学士学位专业，支持高校依托"双一流"建设学科，增设第二学士学位。其中包括公共卫生与预防医学、应急技术与管理等。同年，中国科学技术大学、中国民航大学等16所高校开展了安全工程专业第二学士学位教育，沈阳航空航天大学开展了消防工程专业第二学士学位教育，河南理工大学、西安科技大学开展了应急技术与管理专业第二学士学位教育。

2020年3月，国务院学位办下发通知，授权部分高校在公共管理一级学科下自主设置"应急管理"二级学科的硕士点和博士点。已获批设立"应急管理"硕博点的有北京大学、清华大学、中国人民大学、吉林大学、哈尔滨工业大学、复旦大学、同济大学、上海交通大学、南京大学、浙江大学、厦门大学、山东大学、武汉大学、华中科技大学、中南大学、中山大学、华南理工大学、四川大学、重庆大学、西安交通大学、兰州大学等21所学校，均为"双一流"高校。北京航空航天大学自设了应急管理研究生专业。不仅如此，全国238所设立公共管理硕士（MPA）项目的高校中，分别有47所、17所高校开设了"危机管理"和"应急管理"的课程。

截至2024年4月1日，设立"应急管理"本科专业的高校有47所，设立"应急技术与管理"本科专业的高校有46所。辽宁工业大学、华北科技学院、南京工业大学、山东科技大学、中国消防救援学院、山西工学院6所院校还设立了"应急装备技术与工程"专业。

此外，2023年4月教育部公布了新的《普通高等学校本科专业目录》，增设了"安全生产监管"专业。华北科技学院开设了这一专业。

在此轮学科建设中,应急技术与管理、应急管理两个本科专业的建设院校普遍存在基础、实力薄弱的问题,985、211院校凤毛麟角。其积极申办应急管理本科教育,表现出一个明显的倾向,即将新学科作为生长点,推动学校学科建设转型升级,招生数量较大,动辄一届数十人。而研究生层面的设点院校则均为"双一流"院校,基础雄厚,实力强大。与本科院校办专业不同,这些院校大多没有建立实体化的教学科研单位,而只是依托以往的中心、平台、基地,招生数量少,多为个位数,表现出对人才出路的谨慎和担忧。

二、应急管理学院的建立

"学科组织是学科结构的物质载体。"① 大学、学院、学系以及从事教学科研的其他机构都是学科组织。2019年以来,许多高校陆续加入应急管理学院建设的队伍中,以打造应急管理科研高地、培育社会亟需的应急管理人才等为共同目标。许多地方高校与当地应急管理部门共建,以凸显理论与实践相结合的特点(表2-2)。江苏等地也作出规划,未来将建设多所应急管理学院。

表2-2 2019年来国内高校成立应急管理学院情况②

序号	创建时间	学校名称	学院名称
1	2019年6月25日	西华大学	应急学院
2	2019年7月15日	山东科技大学	安全与应急管理学院
3	2020年6月10日	西北大学	应急管理学院
4	2020年6月28日	中国矿业大学	应急管理学院
5	2020年9月2日	上海交通大学	应急管理学院
6	2020年11月21日	南方科技大学	公共卫生及应急管理学院
7	2020年11月27日	北京邮电大学	应急管理学院
8	2021年1月12日	中国科学院大学	应急管理科学与工程学院
9	2021年4月14日	北京师范大学	国家安全与应急管理学院
10	2021年5月19日	南京工业大学	应急管理学院

2020年3月,教育部学校规划建设发展中心公布了"应急安全智慧学习工

---

① 庞青山:《大学学科论》,广东教育出版社2016年版,第10页。

② 《应国家之急,这些高校已出手!》,软科,https://mp.weixin.qq.com/s/Oy-Z4GK-UfQKqmHky XWn7w。

场（2020）"暨应急管理学院建设首批试点学校名单，全国共19所高校入选，助力国家应急管理体系建设。19所试点高校集结了国内应急管理专业教育更为优质的资源，以国家需求为其发展导向，成为国家防范化解重大风险、抗御重大自然灾害、防控重大公共卫生突发事件等方面的重要智库（表2-3）。但是，由于种种原因，第二批院校至今没有选定。

表2-3 "应急安全智慧学习工场（2020）"暨应急管理学院建设首批试点学校名单①

序号	学校名称	省市
1	滁州学院	安徽
2	大连交通大学	辽宁
3	防灾科技学院	河北
4	华北科技学院	河北
5	河北工程大学	河北
6	济南大学	山东
7	集美大学	福建
8	吉林建筑大学	吉林
9	昆明理工大学	云南
10	辽宁石油化工大学	辽宁
11	辽宁工业大学	辽宁
12	南京信息工程大学	江苏
13	沈阳化工大学	辽宁
14	太原理工大学	山西
15	西安科技大学	陕西
16	西北大学	陕西
17	中国矿业大学	江苏
18	中国海洋大学	山东
19	浙江安防职业技术学院	浙江

高校接踵而至成立应急管学院，为培养应急管理专业人才提供了较高的平台。但是，"先建系，后建院"更符合教育发展的规律。学科建设的规律一般规

---

① 《应国家之急，这些高校已出手！》，软科，https：//mp. weixin. qq. com/s/Oy－Z4GK－UfQKqmHky XWn7w。

则是：先有一个学科，然后才有一个专业，有一个系、一个学院。高等学校内的学院设置要同时具备以下条件："第一，规模条件。学院不宜过小，要有一定数量的教师和学生。第二，实力性条件。学院要有较强的师资队伍和其他办学基本条件，尤其高层次大学的学院应有若干个二级学科博士点。第三，适应性条件。学院的学科覆盖面要有利于学科的交叉融合，要能适应科学技术和社会经济的需要。第四，发展（前瞻）性条件。学院的设置必须是学校发展战略中的棋局，要能面向社会经济的未来需要。第五，生态性条件。学院是学科生态链上的一个环节，学院设置要充分注意它的学科生长性、适应性和持发性，新机体的存活要有新的机制，这是需要通过'组织再造'而非简单合并就能做到的。"① 许多高等院校内设立的应急管理学院就是在公共管理等学院上面加挂牌子，难以满足以上标准。还有，一些地方职业学院以应急管理实现华丽转身，"翻牌"成为地方应急管理学院。

现代大学专业、系、学院的分化是学科自然发展的结果，而不是拔苗助长。之所以反其道而行之，其主要原因在于：整合更广范围的资源，支撑应急管理学科发展和专业建设。当然，其中也有贪大求洋、跑马圈地的不良动机。值得注意的是，2022 年 6 月 11 日，具有雄厚研究实力的南京大学政府管理学院设立了应急管理学系。先设系、后设学院，这符合教育发展的规律。

目前，教育部的学科目录中尚没有"应急管理"一级学科。根据国务院学位委员会、教育部《学位授予和人才培养学科目录设置与管理办法》的规定，一级学科原则上按学科属性进行设置，须符合以下基本条件：具有确定的研究对象，形成了相对独立、自成体系的理论、知识基础和研究方法；一般应有若干可归属的二级学科；已得到学术界的普遍认同。在构成本学科的领域或方向内，有一定数量的学位授予单位已开展了较长时间的科学研究和人才培养工作；社会对该学科人才有较稳定和一定规模的需求。可见，按照常规生长渠道，新生的应急管理难以在短时间内跻身一级学科，因此可以先将应急管理二级学科纳入国家安全学一级学科之下。

2018 年 4 月 9 日，教育部印发《关于加强大中小学国家安全教育的实施意见》，提出将国家安全学设为一级学科。同时，依托普通高校和职业院校现有相关学科专业开展国家安全专业人才培养。教育部遴选一批有条件的高校建立国家安全教育研究专门机构，设立相关研究项目。同年 8 月，教育部、财政部、国家

---

① 胡建雄，等：《学科组织创新——高等学校院系等学科结构的改革研究》，浙江大学出版社 2001 年版，第 5 页。

发展改革委印发《关于高等学校加快"双一流"建设的指导意见》，提出要加强国家战略、国家安全、国际组织等相关急需学科专业人才的培养。

2020年8月，"交叉学科"成为继哲学、经济学、法学、教育学、文学、历史学、理学、工学、农学、医学、军事学、管理学和艺术学之后的第14个学科门类。

2020年9月28日，为了将国家安全教育纳入国民教育体系，教育部印发《大中小学国家安全教育指导纲要》，指导大中小学系统、规范、科学地开展国家安全教育。这份文件明确提出了国家安全教育的目标，科学设置了教育教学的整体架构和主要内容，提出了各学段具体的教育内容要求。

2020年12月30日，国务院学位委员会、教育部发布《关于设置"交叉学科"门类、"集成电路科学与工程"和"国家安全学"一级学科的通知》（学位〔2020〕30号），按照《学位授予和人才培养学科目录设置与管理办法》的规定，经专家论证，国务院学位委员会批准，决定设置"交叉学科"门类（门类代码：14）、"集成电路科学与工程"一级学科（学科代码：1401）和"国家安全学"一级学科（学科代码：1402）。

2021年4月14日，总体国家安全观研究中心挂牌成立，秘书处设在中国现代国际关系研究院。这一机构的设立，有利于国家安全学科的发展。

目前，我国获得"国家安全学"一级学科博士学位授权点的单位有10个：北京大学、清华大学、复旦大学、吉林大学、北京师范大学、南京大学、国防大学、中国人民公安大学、西南政法大学、中国现代国际关系研究院；硕士学位授权点有4个：陕西师范大学、外交学院、中共中央党校（国家行政学院）、国际关系学院。"国家安全学"一级学科下设4个二级学科：国家安全思想与理论、国家安全战略、国家安全治理、国家安全技术。

党的二十大报告将应急管理放在推进国家安全体系和能力现代化视角下考量。同时，国家安全和应急管理同为交叉学科。所以，将应急管理作为国家安全学二级学科是适当的。但是，2024年2月，教育部公布了2023年度普通高等学校本科专业备案和审批结果，并发布了2024年本科专业目录，新增"国家安全学"本科专业。值得关注的是，北京师范大学还成立了国家安全与应急管理学院。

三、应急管理系统内部院校的学科建设

中国消防救援学院是我国第一所专门的消防救援本科院校，是应急管理部直属的唯一"国字号"高等院校，是应急救援主力军培训基地。学院前身为武警

警种学院。2018 年 9 月 30 日学院整体转隶应急管理部。同年 12 月 29 日，学院更名组建为中国消防救援学院。学院设置 16 个内设机构和 17 个院属单位，全日制在校生发展规模 7000 人，主要承担国家综合性消防救援队伍初级指挥员培养、干部学历教育、继续教育、在职培训，应急管理和消防救援科学技术研究、决策咨询及相关交流合作等工作，担负重大应急救援机动增援任务。但是，中国消防救援学院的学员曾经"入校即入队"，上学有补贴，毕业就是公务员。学生因不具备就业竞争的压力，缺少进取的动力。另外，作为从军校转隶到地方的院校，其动力、活力、创新力都有待于进一步提升。2023 年，该学院首批转隶后的学员毕业，因制度接轨问题，产生了部分学员的就业波折。更为重要的是，消防相关学科专业在公安学、公安技术等一级学科下。在机构改革后，原消防部队成建制转隶到应急管理部，消防业务范畴和研究领域发生巨大的变化。教育部组建的相关专业类教学指导委员会无法继续为消防学科类发展提供专业指导，这导致消防学科建设、专业发展和科学研究丧失了专业的支撑平台，给中国消防救援学院申请本科专业、申报硕士点和博士点、申请一流课程和专业建设带来了较大的困难。同时，继续留在警察大学的传统消防优势学科也面临所培养人才难以进入应急管理领域的担忧。

我国消防本科生的培养院校主要包括中国人民警察大学、中国消防救援学院和四川警察学院。其中，中国消防救援学院于 2018 年成立，前身为武警警种学院。2004 年开办本科教育，2008 年获得学士学位授予权。其开设的消防指挥、消防工程、救援技术、安全工程等专业为支撑应急管理的相关专业，分散隶属于五花八门的一级学科之下。这些专业可以分为管理、安全、救援技术、化工、地矿、水利、农林、气象等 8 大类型，涉及 19 个一级学科、31 个专业。以消防专业为例，二级学科过于分散，没有形成独立的学科和专业体系。根据《学位授予和人才培养学科目录》和《普通高等学校本科专业目录》，与消防相关的二级学科或专业涉及消防指挥、抢险救援指挥与技术、消防工程、火灾勘查、核生化消防、通信工程、飞行器控制与信息工程、机械工程、车辆工程、化学安全工程、安全科学与工程、安全防范工程等，主要隶属于公安学、公安技术、安全科学与工程、机械工程、信息与通信工程、化学工程与技术、航空宇航科学与技术等一级学科或专业类。

按照党中央的统一部署，应急管理部正在积极推动华北科技学院和防灾科技学院两所院校整合，组建应急管理大学。2021 年 2 月 23 日，应急管理大学筹建工作领导小组第一次全体会议召开，确定"要办一所专业性、具有应急管理特色的一流大学"的目标。目前，相关工作正在有序推进过程中。未来，这所院校要靠特色、优势和特殊性取胜，应设计、实施培养录用一体化的机制，确保精心培养的学生能够为应急管理事业服务。

2020 年 9 月初，应急管理大学（筹）的应急管理技术与管理学院开设应急技术与管理、防灾减灾科学与工程 2 个新专业，各有 2 个班，人数 118 人。同时，以"3+1"模式开设应急管理、城市安全、应急管理信息化等 3 个专业方向，3 个班，择优遴选大四学生 104 人，3 年在校学习，1 年实践学习。安全监管学院以"3+1"模式，开设矿山安全监管、危险化学品安全监管、矿山救援指挥等 3 个专业方向，遴选大四学生 88 人，目的是加强理论与实践的结合。但是，受就业机会约束，这些学生毕业后并不能到应急管理事业单位和基层一线就业。专项培养在实施，但专项招录却没有制度跟进，影响应急管理大学主体专业的成长与发展。

公安院校曾对学科建设进行自我反思："公安院校建设完全是在我国高等教育迅猛发展和公安实践需要的总体要求下的被动回应，其发展路径可以表述为，在没有一级学科的情况下设置专业和学系，其后果是公安院校缺乏学者和学术，专业教学近似于职业训练，公安高等教育除了为实践部门培养层次不高的劳动力，无法通过学术和理论影响来服务公安工作，公安高等教育失去独立性地位，始终处于公安行政机构的指令和限制之下，院校内部则自动形成了行政办学模式。"① 现在，应急管理、应急技术与管理分属于不同的一级学科。作为应急管理系统的院校，中国消防救援学院和应急管理大学（筹）重要的职责是为中国应急管理事业发展提供智力支撑和人才保障。如果站位过低、缺乏高精尖人才而只能为应急管理系统提供低层次的劳动力，那是比较遗憾的。

四、应急管理相关专业的职业教育

职业教育的目的是培养高素质技术技能人才，使受教育者具备从事某种职业或者实现职业发展所需要的职业道德、科学文化与专业知识、技术技能等职业综合素质和行动能力。尽管与普通教育是不同的教育类型，但职业教育也是国民教育体系的组成部分。职业教育是开发应急管理人力资源、培养技术技能型人才的重要手段。2022 年 4 月，新修订的《职业教育法》强调，职业教育与普通教育地位同等重要，且可以相互融通。职业教育在应急管理人才培养中的作用不容忽视。

2021 年，教育部组织对《普通高等学校高等职业教育（专科）专业目录》（简称《目录》）进行了修订，形成了《高等职业教育专科新旧专业对照表》（简

---

① 吴跃章，等：《公安学学科建设研究》，中国人民公安大学出版社 2013 年版，第 391 页。

称《对照表》)，《对照表》采用专业大类、专业类和专业三级分类，共设置 19 个专业大类，99 个专业类，744 个专业。其中，安全类归属于资源环境与安全大类，有 8 个专业，分别是安全技术与管理、化工安全技术、工程安全评价与监理、安全智能监测技术、应急救援技术、消防救援技术、森林草原防火技术、职业健康安全技术。

未来，高等职业教育应该与普通高等教育在应急管理人才培养方面形成错位发展的局面。而且，同一类型的高等院校也应加强协调，避免同质化、单一化发展，推动形成相互补充、各具优势、美美与共的人才发展格局。

第三节　应急管理专业的教学与培养环节

培养目标的设定、课程的设置和教学实践是人才培养的三个重点环节。我国应急职业教育更偏重于技能培养，在此不作论述，而主要针对普通高等教育的情况进行研究。

一、培养目标的设定

应急管理二级学科具有交叉性、实践性，应急管理职业对政治素养、身体素质、纪律约束等方面具有特殊的要求。这些都要反映到应急管理人才的教育培养目标之中。

对研究生培养而言，国务院学位委员会办公室委托国务院学位委员会公共管理学科评议组研究编制了《"应急管理"二级学科指导性培养方案》(简称《培养方案》)。试点应急管理二级学科的各高校首先明确了应急管理二级学科研究生的通用培养目标：培养为社会主义现代化建设服务，德、智、体、美等全面发展，较高综合素质的应急管理领域高层次专门人才。研究生必须具备较扎实的基础理论、系统的专业知识和熟练的实验技能，并积累一定的实践经验，了解应急管理领域研究与发展前沿以及解决该领域相关问题的先进技术方法和现代技术手段，具有较好的独立科学研究能力，有志于从事应急管理理论与实践工作。

其中，博士研究生培养的目标是：①掌握中国特色社会主义理论体系，自觉践行社会主义核心价值观，遵守宪法和法律，德才兼备，具有良好的政治素质和道德品质，遵循职业伦理和职业道德规范；具备深厚的理论基础及学科融合的知识背景。②全面掌握本专业领域的知识基础，具备深厚的政治学、管理学素养，对于应急管理领域的交叉、前沿学科有深入理解与把握；具备系统思维能力，能够从事应急管理理论研究与教学工作。③掌握前沿技术方法，能够综合运用大数据分析、人工智能等技术开展风险分析与应急管理体系设计等工作。④熟练掌握一门外语；能够熟练地运用该门外语阅读本专业的文献资料，具备良好的写作能力和国际学术交流能力。

硕士研究生的培养目标是：①掌握中国特色社会主义理论体系，自觉践行社会主义核心价值观，遵守宪法和法律，德才兼备，具有良好的政治素质和道德品质，遵循职业伦理和职业道德规范；②具有本专业领域的知识基础，熟练掌握应急管理领域法律法规及分析技术，具有较强的调查研究能力和写作能力；③具备风险分析及突发事件全过程管理能力，能够胜任不同行业的风险分析与应急管理工作；④具有突发事件处置、应对能力，能够从事风险分析、减灾防灾规划编制、预案编制与应急演练组织策划等工作；⑤掌握一门外语，并能熟练地应用于专业学习。

相对于研究生，本科阶段的培养目标情况较为复杂、多样，涉及不同类型的高校，也涉及不同办学层次的高校，其培养目标所指向的人才类型主要分为两类：一类是管理型人才，另一类是工程技术型人才。

培养管理型人才的院校专业包括防灾科技学院应急管理学院下设的公共事业管理（应急管理方向）专业，暨南大学公共管理学院/应急管理学院下设的公共事业管理（应急管理方向）专业，武汉理工大学安全科学与应急管理学院下设的应急管理专业等。其注重培养能够在各级政府应急管理部门和企事业单位从事公共事业管理、应急管理实际工作的专门人才。其中，防灾科技学院与暨南大学重点强调公共事业管理、应急管理综合能力的构建与应用型人才的培养，武汉理工大学重点强调数据科学、人工智能在应急管理方面的应用知识与技能的培养。

培养工程技术型人才的院校专业包括太原理工大学安全与应急管理工程学院、昆明理工大学公共安全与应急管理学院、西安科技大学安全科学与工程学院下设的安全工程专业，太原理工大学、华北科技学院、防灾科技学院、西安科技大学下设的应急技术与管理专业，华北科技学院应急技术与管理学院下设的防灾减灾科学与工程专业，以及西安科技大学的消防工程专业。此类专业强调培养特定行业领域的高素质应用型工程技术人才。

二、课程的设置

就研究生培养而言，多数试点高校将相关课程分为必修课程、选修课程、实践课程。其中：必修课程包括公共必修课程、专业必修课程、专业基础课程；选修课程包括公共选修课程、专业选修课程、高阶选修课程；实践课程主要针对硕士研究生开设，要求学生从应急预案与演练、突发事件模拟与仿真、突发事件现场管理三门课程中任选一门或若干门。这些课程的设置主要依据国家的研究生培养方案、学科建设的参考方案、本校的公共管理一级学科培养方案和学科建设方向，因而既有共同的英语、政治、基础理论课程，也有各个高校的特色课程，且学分差异较大。表2-4展示了《培养方案》中设置的研究生培养课程大纲。

表2-4　应急管理二级学科硕博课程体系①

层次	课程类型		课程名称
博士	学位课程	公共必修课程	马克思主义与当代中国
			博士外语
			学术道德与学术规范专题
		专业必修课程	公共组织理论
			公共政策理论
			应急管理理论
			风险分析与管理
			应急管理方法与技术
	专业选修课程		高级质性研究方法
			危机领导力专题研讨
			冲突与治理专题研讨
			风险评估高级专题研讨
			应急法制与预案专题研讨
			组织研究和应急能力建设专题研讨
硕士	学位课程	公共必修课程	第一外国语
			中国特色社会主义理论与实践研究
			自然辩证法概论
			论文写作与学术规范
		专业基础课程	公共管理学
			公共政策
			应急管理概论
			风险管理理论与实践
			应急管理政策与法律
			应急管理方法与技术

① 《关于"应急管理"二级学科指导性培养方案征求意见的函》（学位办便字〔2020〕0308号）。

表2-4（续）

层次	课程类型		课程名称
硕士	选修课程	公共选修课程	减灾、防灾与救灾管理
			事故灾难管理
			公共卫生应急管理
			社会冲突与治理
			风险分析与沟通
			风险评估
			中外应急管理体制比较
			危机领导力
			危机心理干预
			危机公关与舆情治理
			防范和应对恐怖主义
		高阶选修课程	应急管理经典选读
			政治学专题研究
			宪法与行政法
			当代中国政府与政治
			公共经济学
			社会学专题研究
	实践课程		应急预案与演练
			突发事件模拟与仿真
			突发事件现场管理

2023年5月28日，国务院学位委员会公共管理学科评议组发布了《关于通报公共管理学一级学科下属二级学科指导性目录及学科简介（2023年）的通知》，明确应急管理作为公共管理的二级学科，主要研究方向包括应急管理基础理论、应急管理政策制定与执行、风险管理与预防准备、应急响应与应急处置、恢复重建与危机学习，为学科健康、长久发展奠定了基础。对本科生培养而言，我国目前开设应急管理相关本科专业的院校开设的课程（附录一）表现出两个特点：一是突出强调所依托的一级学科要求；二是凸显学校自身的特长与优势。总结来说，其课程可以分为四大类：第一类是学科基础课程。包括高等数学、大学物理、大学英语、运筹学等。第二类是通用通识教育课程，即专业基础课程。包括应急管理理论、相关法学、灾害学、安全管理学等。第三类是专业教育课

程。包括应急决策理论与方法、灾害防治理论与技术、应急预案编制与演练、工程力学、流体力学与流体机械、工程热力学、传热学、电工电子技术、灾害风险评估等。第四类是技术技能教育课程。包括计算机编程、人工智能、大数据、机器学习与模式识别、应急技术与装备等。

三、教学实践

应急管理是一个理论与实践密切结合的学科，对教学实践要求较高。对研究生培养而言，《培养方案》鼓励培养单位与各级党政机关或应急管理部门、企事业单位应急管理部门合作，为研究生提供实习或挂职机会。应急管理大学（筹）借助部属院校的优势，延续安全生产领域的做法，采取了高年级学生到应急管理实践部门顶岗的做法。

为强化研究生发现和解决应急管理实践中实际问题的能力和田野工作意识，培养单位可探索实施博士研究生的"双导师"制度。除校内博士生导师直接负责指导博士研究生科研工作和论文写作外，培养单位应为博士研究生另行聘请应急管理实务部门人员作为"第二导师"，指导博士研究生挂职、实习活动，参与指导博士研究生学位论文。上海交通大学还邀请上海市应急管理部门的干部走进课堂，以言传身教的形式缩小理论与实践之间的差距。

相对而言，应急管理系统内院校更强调实践能力的养成。中国消防救援学院应急管理专业本科人才培养方案要求，本科生的实践教学坚持学以致用、理论联系实际、重在提高综合素质的原则，强化专业核心能力训练，提高学员实战能力和分析解决实际问题综合能力。实践教学活动主要包括课内实践（如实验、实训、上机操作、案例教学、参观、调查等）、课外训练、科研活动、调研实习、认识实习与实战化训练、专业实习（专业综合实训）、毕业实习、专业综合演练、社会实践等。其中：

（1）调研实习在第一学年暑假进行，共2周，不计学分。组织学员深入国家综合性消防救援队伍、社会单位，了解队伍、社会热点问题，培养爱国情怀和服务社会意识。

（2）认识实习在第二学年暑假进行，共8周，计2学分。组织学员到基层队伍锻炼，加深对国家综合性消防救援队伍性质、职能、任务的认识。

（3）专业实习结合遂行抢险救援任务适时展开，锤炼学员应急救援能力和灾害事故处理能力。

（4）毕业实习从第四学年寒假开始，共12周，计4学分。学员带着毕业论文（设计）研究任务到基层队伍开展抢险救援实践、应急救援指挥、队伍教育管理等工作。

（5）实战化训练结合学年教学任务统筹安排，一般每周安排 1 天时间，用于组织战备训练、应急拉动和综合演练等活动，每学年计 1 学分，共 4 学分。

（6）专业综合演练在毕业前进行，共 3 周，计 1 学分。由学员综合运用所学专业知识和技能，开展岗位任职能力专项训练。

（7）社会实践主要包括参加安保、社会调查、志愿者服务、勤工俭学等活动。

第四节　我国应急管理人才培养存在的问题

就目前情况来看，我国应急管理人才缺少国家层面的总体设计和规划，基本上处于各自为战的自由探索阶段。应急管理学科建设存在仓促上马、准备不足的弊端，所培养的学生能否满足应急管理事业快速发展之需，有待于进一步检验。

一、应急管理学科发育不成熟

科学研究是学科发展的基础。但是，"并不是所有的研究领域或问题最后都能发展成为新的学科。学科是科学研究发展到成熟或相对成熟阶段的产物。一般认为，科学研究发展到成熟而成为一个独立的学科的标志是：独立的研究内容、成熟的研究方法、规范的学科体制"[1]。按照这个标准，应急管理还不是一个成熟的学科。

目前，学术界对于应急管理这一学科究竟该怎样命名存在各种争议。国际上存在应急管理（emergency management）、灾害管理（hazards management/disaster management）、风险管理（risk management）、危机管理（crisis management）等多种说法。从各国开设的培训项目与学位来看，美国和澳大利亚高校更倾向于使用应急管理（emergency management），加拿大高校更倾向于使用灾害管理（hazards management）[2]。一般来说，应急管理学科的命名受到翻译和文化差异的影响，同时也与学科的内容相关，如加拿大高校应急管理专业开设的课程以地理

---

① 庞青山：《大学学科论》，广东教育出版社 2006 年版，第 24-25 页。

② Phillips B：*Disasters by Discipline：Necessary Dialogue for Emergency Management Education*，Presentation at the Creating Educational Opportunities for the Hazards manager of the 21st Century，Denver，CO，2003. www. trainig. fema. gov/EMIWeb? edu/highpapers. asp.

为主，其次是社会学、心理学、规划学、经济学和政治学①。

理论作为学科的根基，是区分某一学科与其相关学科不同的重要维度。应急管理作为一门跨学科的融合学科，许多学者认为其基础理论包括其母学科的理论。例如：Pine 认为应急管理显然包括科学、工程和社会科学、心理学、社会学、地理学和人类学的理论贡献②。Sylves 举例说明了委托代理理论和政治科学家对官僚主义的分析能够提高应急管理人员的分析技能③。McEntire 认为脆弱性的概念为应急管理人员提供了一个框架，使他们能够综合从地理学、社会学到气象学和工程学等众多学科的观察结果④。

特别值得一提的是，Drabek 认为应急管理的理论可以分为规范性理论（normative theories）、广义理论（broad theories）、微观理论（micro theories）和萌芽理论（embryonic theories）⑤。规范性理论旨在明确应急管理者应该采取的行动，如果遵循这些原则，效率将会提高。其中最重要的理论是综合性应急管理，包括缓解、准备、响应和恢复四个阶段。广义理论将来自不同学科的理论联系起来，较为全面地帮助应急管理人员对应急管理进行研究。微观理论是在某个特定的灾害领域构建微观模型，这些模型具有良好的预测能力。最好的例子包括风险沟通和灾害预警反应。这些微观理论可能会混合在一起，以提供一个完整生命周期内人类应对灾难的全面视图。萌芽理论用早期对灾害的比较分析来说明应急系统在灾害应对中的核心作用。

就全世界范围来看，体现应急管理特色、反映应急管理规律的理论还未形成。尽管应急管理不是象牙塔里的学问，但没有理论作为指导，势必会行而不远。理论是应急管理大厦的基本构件，包括概念、原则、类型、模型和因果关系等。因为应急管理是交叉学科，不同的学科理论重叠的"阴影部分"较小，共

① Falkiner L：*Inventory of Disaster Management Education in Major Canadian Universities*，Institute for Catastrophic Loss Reduction，2003.

② Pine J C：*Perspectives on the State and Nature of Emergency Management Theory*，Paper presented at the Annual Emergency Management Higher Education Conference，National Emergency Training Center，Emmitsburg，2004.

③ Sylves R T：*A Précis on Political Theory and Emergency Management*，Paper presented at the Annual Emergency Management Higher Education Conference，National Emergency Training Center，Emmitsburg，2004.

④ McEntire D A：*The Status of EM Theory*：*Issues*，*Barriers*，*and Recommendations for Improved Scholarship*，Paper presented at the Annual Emergency Management Higher Education Conference，National Emergency Training Center，Emmitsburg，2004.

⑤ Drabek T E：*Theories Relevant to Emergency Management Versus a Theory of Emergency Management*，Emergency Management Higher Education Conference，Maryland：NETC，2004.

识都是没有理论意义的常识。所以，理论建构任重而道远。

在我国，中国特色应急管理理论尚未形成，理论与实践之间区隔度太小。一些学者以研究项目为导向，缺少对应急管理问题的长期关注，导致研究的非持续性。一些学者的研究一味诠释实践部门的做法，缺少超脱，人云亦云。不仅如此，应急实践部门的许多材料因涉密等原因不能为学者掌握，造成学者的理论研究与实践做法之间脱节。许多学者基于国外研究，不考虑应急管理实践的需要，沉浸在自娱自乐的小圈子中。

此外，应急管理是一门交叉学科，其重要的标志在于创新。由于学科建设仓促上马，学者们常会限于对原初学科的路径依赖。"直到今天，中国交叉学科发展的软肋之一，是用单学科体制的'旧瓶'装交叉学科研究的'新酒'。'旧瓶装新酒'造成的明显后果是交叉学科归属不明。……此外，人们经常会看到这种情况：一些研究者'身在曹营心在汉'，自己声称身在交叉综合学科领域，但想的和做的还是某一纵深方向的研究，结果是做着做着就做到别的专门学科领域去了。"① 长此以往，应急管理学科自身的发展就会成为一块"撂荒地"。

二、人才培养基础差

不少院校在创办应急管理专业时，由于一哄而上，仅根据该院校性质、办学特色、学科背景和师资情况"看菜吃饭"，专业课程设置因人设课，教师"边干边学"，不能满足应急管理事业发展的需要。在研究生培养阶段，部分院校为应急管理方向研究生开设的相关课程少，成了行政管理等专业的"点缀"，这主要是因为教学团队的知识储备难以适应课程设计差异化的要求。研究生在导师指导下开展科学研究工作，研究范围较窄，但研究内容相对较深。从总体上说，应急管理方向的研究生普遍缺乏系统的应急管理知识。

目前，应急管理学科建设仍处于起步阶段，没有形成相对稳定的理论知识系统，无法为应急管理事业发展提供有力的智力支撑。师资队伍数量不足，结构单一，专业能力薄弱。不少学校依托某一专业办应急管理，人才培养目标定位、培养模式、课程设置、学制差异较大，没有统一的课程体系，把学科建成了"百货公司"式的"大杂烩"，培养的学生量少质弱，难以满足应急管理事业发展的需要。各院校应急管理专业人才引进困难，现有教师基本上由公共管理或新闻传播等相关学科转型而来，没有经过系统的应急管理专业教育和专业培训，能力素质有欠缺，接受应急管理再培训的机会不多，外出交流学习的机会更少。兼职教

---

① 吴超，王秉：《安全科学新分支》，科学出版社2018年版，第6页。

师大部分来自于应急管理业务相关部门，本身教学经验欠缺，精力不够。一些教师知识储备不足，不能与时俱进，理论联系实际不紧密，导致人才培养效果不佳。

各高校发展应急管理二级学科，主要采取的模式是举全院之力建设应急管理二级学科，名不副实、名大于实。师资规模显得较大，但绝大多数教师主要从事应急管理相关研究，有的甚至仅仅因做过个别课题、写过一两篇文章而被拉来临时"充数"。例如，根据各大学的网站资料，复旦大学、中山大学、重庆大学、四川大学、中南大学分别有专职教师近 80 人、53 人、57 人、50 人、42 人，其中的应急学科建设学术资源泡沫不言而喻。教育部试点高校研究基础相对较好，有一定的学科建设实践。但是，也存在着不小的夸大成分，许多科研项目和著作并不属于应急管理领域。表 2-5 所示为我国部分高校应急管理师资概况。

表 2-5　我国部分高校应急管理师资概况

学校名称	师　资　概　况
清华大学	专职教师 15 人。目前开设 40 门、83 学分直接相关的课程，推出国内首门《公共危机管理》慕课。出版专著教材 15 部，承担各类项目 100 余项，发表论文数百篇。为国内培养了大量应急管理人才。发起中国应急管理 50 人论坛、青年论坛、暑期学校，与哈佛大学等高校长期紧密合作
中国人民大学	2004 年成立危机管理研究中心，2010 年成立公共安全研究中心，共有专职教师 12 人，开设相关课程 21 门，出版专著教材 42 部
北京航空航天大学	专任教师 13 人（6 名教授、7 名副教授和讲师），已培养 50 余名硕士研究生、10 余名博士研究生。建有安全应急管理研究中心、公共冲突解决研究中心、航空心理与行为研究中心等科研机构。2008 年起召开研讨会，2010 年成立安全应急管理研究所，出版专著 3 部（其中 1 部专著入选国家哲学社会科学成果文库），承担重大项目等各类项目 10 余项，发表论文 100 多篇，参与《突发事件应对法》及应急预案的制定和修订工作，报送咨政报告 20 余篇
华南理工大学	23 名专职教师从事相关研究，4 人获得珠江学者特聘教授、浙江青年学者、教育部新世纪优秀人才等称号，承担 31 项各类科研项目，发表论文 60 余篇，40 余篇资政报告被省部级及以上机构采纳
厦门大学	专职教师 14 人，承担各类科研项目 32 项，发表论文 80 余篇
山东大学	专职教师 21 人，2009 年起在本硕博学生中开设相关课程，应急管理是学院重点建设的方向之一。承担各类项目 30 余项，发表论文 100 余篇，出版著作 10 余部

表 2-5（续）

学校名称	师 资 概 况
上海交通大学	专职教师 18 人，发表论文 300 余篇，著作 30 余本，政策建议被采纳 241 次
西安交通大学	承担科研项目 58 项，发表论文 439 篇，出版著作 47 部，报告被采纳 43 次
浙江大学	专职教师近 20 人，形成非传统安全、社会保障风险、数字治理等特色方向

注：资料来源于各试点高校应急管理学科论证方案。

目前，我国普通高校应急管理师资严重匮乏。不少院校在申报应急管理学科时"滥竽充数"、临时拼凑，条件好一些的高校也只是有极为少数的代表人物。尽管学科建设的场面热闹，但应急管理人才培养的未来不容乐观。将来，学科建设低潮时，不少人将再度"落荒"是毫无疑问的。应急系统内的高校虽然长期坚持专业研究，但科研能力和学术水平偏低。应急管理人才专项培养，必须面对"系统内师资力量弱、系统外师资力量虚"的现实。

三、理论对实践需求回应不够

高校与应急管理部门的联系与对接存在差距，两者的良性互动局面没有形成。应急管理二级学科试点高校的学科论证方案要求，各高校实施学术导师和实践导师的"双导师"制度，以保证培养质量。一些高校特别强调通过建设实践教学基地的方式，增强人才理论与实践结合的能力，但仍处在前期论证与初步开展的阶段。从培养目标的角度来看，应急管理人才同时强调理论和实践应用，但结合课程设置的情况来看，各高校实践教学课程数量较少，内容较为单一，实践课程多为理论课程的点缀。不过，防灾科技学院重点安排了应急管理系统认知与处置技能、灾害数据应急处理与分析评价、灾害损失评估与防灾规划等集中实践课程，华北科技学院实施了学生顶岗制。可见，除了实践课程设置存在短板，我国应急管理人才实践教学平台的建设也有待进一步加强。

此外，我国应急管理学科建设还应注意规避负动力和负能量。"学科发展理念落后，学科带头人等的视野不够宽、眼光不够准，研究方向不能聚焦经济与社会发展的重大问题或与世界主流方向不一致，特色又不鲜明，就容易犯方向上的错误，延迟学科发展的速度和质量"，"学科队伍不团结，带头人不够德才兼备，利益分配不公，学术骨干各自为政，内耗大，学科形不成发展的合力。"[1] 学科建设需要行政权力对教育、科研资源进行配置与组合。但是，握有行政权力的人

---

[1] 王涛：《学科建设论》，高等教育出版社 2015 年版，第 39 页。

不一定是应急管理长期、专注的研究者。受重大突发事件的驱动，出于对轰动效应的追求，这些人可能会挤到镁光灯下并成为"麦霸"，将学科建设作为 T 型台和走秀场。当突发事件的风头过去后，一切归于平静。他们往往会云淡风轻地留下一句"我本来就不是研究应急的"，然后溜之大吉，留下一片欲罢不能、令人扼腕的"烂尾楼"。

四、应急管理学科的发展缺少统筹谋划

应急管理涵盖范围广泛，"本体"与"相关"的界限模糊。在学科建设高潮中，不顾自身条件和社会需求，一哄而上的弊端十分突出。其原因为：一是学科解困与突围，急于贴上新的标签；二是盲目跟风以获取政绩，打造"创新"的面具；三是"跑马圈地"，为空措施发展机遇。在"没有条件创造条件也要上"思想的支配下，应急管理与技术"沾边儿"的学校没有经过严谨的论证采取了"拿来主义"的立场，最终可能会导致骑虎难下的结局。

教育部成立了安全科学与工程类、管理科学与工程类教学指导委员会，对相关专业的教育进行研究、咨询、指导、评估、服务等。由于我国应急管理教育涉及本科生、硕士研究生、博士研究生，涉及多个一级学科，既有 MPA 教育，又有第二学位教育，司法类、警察类院校也纷纷设立应急管理专业，形式多样、遍地开花。在市场进行淘汰之前，教育行政部门应对应急管理人才需求进行科学的评估，统筹学科建设与发展的全局，改变野蛮、疯狂生长的状况，将速度与规模压下去，把质量与效能提上来。这样，就能解决"未修渠、先放水"的问题。

五、应急管理教育与培训缺少区分

应急管理教育与培训在概念上有着很大的区别。国外学者认为，"灾害管理教育"是知识传授及推动对致灾因子和灾害理解的过程，特别是要认识自然和人为致灾因子和削减脆弱性。而"灾害管理培训"则是将技能从培训者传授给学习者的过程。[①] 可见，教育侧重于知识，培训偏重于技能。2010 年 4 月 26 日，国家行政学院增设应急管理培训部，挂国家行政学院应急管理培训中心牌子。全国地方党校或行政学院随后也纷纷创设应急管理培训中心，成为应急管理干部培训的高地。同时，应急管理部、卫生部也有自己的党校或培训学院，对本系统的应急管理人才进行培训。目前，普通高校也承接应急管理培训业务，党校或行政

---

① Arthur Oyola-Yemaiel, Jennifer Wilson: *Three Essential Strategies for Emergency Management Professionalization in the US*, *International Journal of Mass Emergencies and Disasters*, 2005, Vol. 23, No. 1, P. 86.

学院也开展学历教育。彼此之间的相互嵌入，这本身并没有问题，关键是教育与培训要有所区分，不能笼而统之。

　　总之，不管是主动抑或被动，我国应急管理学科建设未来将会经历一个"大浪淘沙"的过程。或许，这是一个学科逐渐走向成熟必然要付出的成长代价。为什么培养人？培养什么人？怎样培养人？应急管理教育必须回答好这三个问题。未来，我们必须建立与应急管理体系和能力现代化要求相适应的学科体系。

第三章　我国应急管理人才招录的现状与问题

在理想的状态下，应急管理应按照实践需求进行培养后，再根据实践的需要进行招录，把应急管理可用之才源源不断地汇入事业发展的洪流之中。但是，目前我国应急管理人才招录缺少制度上的系统谋划，人才培养与人才招录不对接。一方面，全国兴起的学科建设浪潮，具有一定的探索性甚至盲目性；另一方面，自行探索培养出来的学生不一定符合应急管理实践的需要，而且就业通道事先缺乏设计，如同"未修渠，先放水"。这会导致应急管理学科建设的"潮汐现象"，也不利于应急管理事业的长久健康发展。

第一节　应急管理工作的特殊性与人才素质要求

应急管理是以确保社会公众生命健康与财产安全为己任的事业，其工作具有特殊性、艰巨性和挑战性。胜任应急管理工作的人才也有着非同寻常的较高要求，并随着风险的变化而变化。

一、应急管理工作的特殊性

应急管理以预防与应对突发事件为使命，事关社会公众的生命、健康与财产安全，甚至是经济社会的正常运行和政府的合法性，其重要意义非同一般。而且，应急管理与政府的常态管理在逻辑、规则、程序上截然不同，处理大量的非结构化问题，往往需要以非常之举应对非常之事。

国外学者认为，应急管理的原则包括[①]：一是综合性。应急管理者要考虑所有的危险、所有的阶段、所有的利益相关者以及与灾害相关的所有影响。二是动态性。应急管理者要着眼未来的灾害，采取预防、准备措施，建立防灾型、抗灾

---

① Waugh Jr W L, Tierney K J: *Emergency Management*: *Principles and Practice for Local Government*, 2007 by the International City/County Management Association, P. 17.

型社区。三是风险驱动性。应急管理者要遵循风险管理的原则，进行危险源识别、风险分析和影响分析。四是合作性。应急管理者要在人与组织之间建立广泛而真诚的联系，增强彼此之间的信任，弘扬团队氛围，建立共识，促进沟通。五是整合性。应急管理者要最大限度地确保所有层级政府以及社会各要素协同一致。六是协调性。应急管理者要在一个共同目标下将所有的利益相关者组织起来。七是灵活性。应急管理者要用创造性或创新性的方法迎接灾害的挑战。当预设方法不足以应对灾害情境时，尤为如此。八是专业性。应急管理者重视以科学知识为基础的方法，包括教育、培训、演练、道德操守、公共服务精神及持续性改进。

上述原则揭示了世界各国应急管理的共同性规律。中国是社会主义国家。应急管理在以中国式现代化全面推进中华民族伟大复兴的历史进程中扮演着重要的保驾护航的角色。作为国家机关，应急管理部是政治机关，并且走在"第一方阵"。应急管理工作强调，以习近平新时代中国特色社会主义思想为指导，加强党的全面领导，贯彻落实总体国家安全观，坚持人民至上、生命至上，坚持底线思维、极限思维，坚持预防为主、预防与应急相结合的原则，统筹发展和安全。在构建统一指挥、专常兼备、反应灵敏、上下联动的应急管理体制和综合协调、分类管理、分级负责、属地为主的工作体系中，应急管理部门起着重要的支撑作用。

二、应急管理人员的能力要求

在国外，许多国家都对应急管理人员的核心能力提出了明确的要求。2003年，美国联邦应急管理署提出了应急管理核心能力标准；2005年，英国规定了应急管理核心能力；2009年，新西兰提出了应急管理能力框架；2016年，澳大利亚出台了一般灾害管理标准；等等。面向2030年，美国提出应急管理核心能力包括三个层面[①]：

一是在个人层面，要在应急管理框架下运作，遵守应急管理的原则，运用应急管理知识，更加主动、前瞻地开展应急工作，推动应急管理向综合性、协调性、灵活性、职业化方向发展；要运用批判性思维，识别并削减辖区、社区风险；遵守职业伦理；具备持续学习的能力，提升动态变化环境下的工作效率。这是核心层的要求。

---

① Feldman-Jensen S, Jensen S J, Smith S M: *The Next Generation Core Competencies for Emergency Management*, *Journal of Emergency Management*, 2019, Vol. 17, No. 1, P. 21-23.

二是在从业者层面，要提高科学素养，加强对自然、社会和应用科学知识的学习，提升地理、社会文化、技术和系统科学知识的熟知水平。这是中间层的要求。

三是在关系塑造方面，要具备灾害风险管理、社区参与、治理能力和领导力。这是外围层的要求。

不仅如此，美国还将这些对应急管理人员核心能力的要求，体现在本科生、硕士研究生、博士研究生教育活动中，着力塑造未来合格的应急管理从业者。例如，在灾害风险管理方面，灾害风险的沟通和解释能力是必不可少的，需要在应急管理教育中分层级加以体现。本科生层面：识别危险及其潜在后果；建立对社区的社会、经济、自然和建筑环境的认识；促进伙伴和社区成员对危险和风险的认识。硕士研究生层面：比较危险及其潜在后果；检查风险的组合元素及其影响；明确传达社会、建筑和物理环境相互作用对灾害风险的影响；将环境相互依赖的知识应用于潜在的灾害风险管理策略。博士研究生层面：整合对社区的社会、经济、自然和建筑环境的理解，以勾画风险的整体图景；开展研究设计，探索灾害风险及其与社会致灾因素的关系。

2018 年 11 月 9 日，习近平总书记向国家综合性消防救援队伍授旗并致训词，要求："一是始终对党忠诚，坚持党的绝对领导，增强'四个意识'，坚定'四个自信'，全面贯彻新时代中国特色社会主义思想，坚定理想信念，坚决维护党中央权威和集中统一领导，坚决听从党的号令，永远做党和人民的忠诚卫士。二是做到纪律严明，坚持纪律部队建设标准，弘扬光荣传统和优良作风，严格教育、严格训练、严格管理、严格要求，服从命令、听从指挥，集中统一、步调一致，用铁的纪律打造铁的队伍。三是敢于赴汤蹈火，时刻听从党和人民召唤，保持枕戈待旦、快速反应的备战状态，练就科学高效、专业精准的过硬本领，发扬英勇顽强、不怕牺牲的战斗作风，刀山敢上，火海敢闯，召之即来，战之必胜。四是永远竭诚为民，自觉把人民放在心中最高位置，把人民褒奖作为最高荣誉，在人民群众最需要的时候冲锋在前，救民于水火，助民于危难，给人民以力量，在服务人民中传递党和政府温暖，为维护人民群众生命财产安全而英勇奋斗。"这既是对全体消防救援队伍的专门要求，也是对全国应急管理干部队伍的一般要求。

2019 年 11 月 29 日，中共中央政治局就我国应急管理体系和能力建设进行第十九次集体学习。习近平总书记在主持学习时强调，要加强应急救援队伍建设，建设一支专常兼备、反应灵敏、作风过硬、本领高强的应急救援队伍。要采取多种措施加强国家综合性救援力量建设，采取与地方专业队伍、志愿者队伍相结合和建立共训共练、救援合作机制等方式，发挥好各方面力量作用。要强化应急救援队伍战斗力建设，抓紧补短板、强弱项，提高各类灾害事故救援能力。要坚持少而精的原则，打造尖刀和拳头力量，按照就近调配、快速行动、有序救援的原则建设区域应急救援中心。要加强航空应急救援能力建设，完善应急救援空域保障机制，发挥高铁优势构建力量快速输送系统。要加强队伍指挥机制建设，大力培养应急管理人才，加强应急管理学科建设。

结合我国国情特点，应急管理人员的核心能力必须强调鲜明的政治性、纪律性、奉献精神和为民理念，同时强调正规化、专业化、职业化。在此基础上，我们应借鉴国外应急管理的有益经验和做法，对应急管理人员的核心能力进行细化，并有针对性地贯穿于不同层次的应急管理教育和培训之中。

应急管理人才招录应该考虑应急管理工作的特殊性，体现应急管理人才能力与素质的特殊性。今天，应急管理逐步向全社会模式迈进。职业化工作者不仅包括消防、警察、医疗救援等穿制服的人员，也包括非制服管理者。前者从事应急服务，后者从事应急行政。在招录时，需要区别对待。

第二节　应急管理人才招录制度现状

相比之下，应急相关的职业院校的学生就业方向比较明确、固定，就业期待并不高，培养与招录之间的矛盾不突出。但是，普通高等院校培养出来的学生就业期望值较高，如果没有通畅的就业渠道，未来应急管理专业持续招生将会受到严重的影响。通过访谈最早建设应急管理学科或专业方向的大学，我们发现：应急管理培养的毕业生普遍存在就业层次较低的问题，如在社区当保安、在企业当安监员、在安全评价公司工作等，较好的岗位即在海外经营的企业里当保安，还有相当一部分学生并没有从事应急管理工作。2020 年开展应急学科建设的各普通高等院校尚无毕业生，其对人才培养的成效还难以用事实说话，但普遍压力较大。我国应急管理人才招录制度并不健全，为应急管理学科发展埋下了较大的隐忧。

一、应急管理的职业准入标准

在国外，许多国家制定了应急管理的职业准入标准。大学生进入应急管理行业就业，除了要学习应急管理专业理论知识，还必须通过职业资格考试。但是，我国职业准入标准还不健全，对健全应急管理招录制度的意义有限。

2003 年"非典"疫情后，国务院开始组织实施以"一案三制"为主要内容的应急管理体系建设工作，应急救援队伍作为国家应急管理体系建设的重要内容同步推进。在此背景下，为促进应急救援行业技能规范化管理，2005 年 8 月，民政部紧急救援促进中心（简称"促进中心"）向劳动和社会保障部申请设立"紧急救助员"新职业，2006 年 4 月获得批准并列入国家职业分类大典。

2005 年 8 月，劳动和社会保障部批准"促进中心"成立紧急救援职业技能鉴定中心。作为应急救援员职业技能鉴定工作的组织实施、指导协调机构，"促进中心"由此组织开展应急救援行业职业技能鉴定相关工作。

2015 年 10 月，《中华人民共和国职业分类大典（2015 年版）》中将"紧急救助员"职业更名为"应急救援员"，归入安全和消防职类。在国家深化行政审批制度改革，大力清理国家职业资格的背景下，2017 年 9 月 13 日，人力资源社会保障部公布国家职业资格目录清单（140 项国家职业资格目录、198 个职业），"应急救援员"职业予以保留。这充分体现了国家对这一职业的重视。2018 年 2 月，人力资源社会保障部发布《人力资源社会保障部办公厅关于公布技能人员职业资格实施部门（单位）信息的通知》（人社厅函〔2018〕39 号），进一步明确"促进中心"作为法人单位，以紧急救援行业技能鉴定中心作为实施单位。

2019 年 1 月，人力资源社会保障部、应急管理部共同颁布了新修订的《应急救援员国家职业技能标准（2019 年版）》，规定了四个职业方向：陆地搜索与救援、危险化学品应急救援、矿山（隧道）救援、水域搜索与救援。安全生产应急救援队伍和各类社会力量救援队伍均纳入国家职业体系之中。

《中共中央 国务院关于推进防灾减灾救灾体制机制改革的意见》要求：健全社会力量参与机制。研究制定和完善社会力量参与防灾减灾救灾的相关政策法规、行业标准、行为准则，落实业务培训、政府购买服务等支持措施。"应急救援员"职业资格详细界定了应急救援的职业要求、行为准则、等级划分和考核鉴定办法，是应急救援行业政策法规、技能标准、行为准则三位一体的集中体现。《国家防灾减灾人才发展中长期规划（2010—2020 年）》《国减发〔2011〕2 号）提出：建立防灾减灾职业资格制度。提高防灾减灾人才管理的规范化水平，对灾害管理、监测预报、紧急救援等专业人才实行职业准入制度。进一步明确了实施"应急救援员"职业资格制度的必要性，该规划指出 2020 年每百万人口中拥有的专业抢险救援（灾）工作人员数量达到 1000 人左右。

"应急救援员"职业资格制度的实施，一方面可以统一应急救援的技能标准、培训标准和行业守则，让有志于从事救援工作的各类人员科学规范地提高自身救援水平，提高现场救援的效率和效能，并在志愿者中发挥科学理性救灾的带头示范效应，确保应急救援队伍建设工作有序健康开展；另一方面可以为政府有效动员、甄别和引导社会力量救灾提供技术和制度依据，从而维护应急救灾现场秩序，提高应急救援管理专业化和规范化水平。

"应急救援员"职业定义是：主要从事突发事件的预防与应急准备，受灾人员和公私财产救助，组织自救、互救及救援善后工作的人员。职业工作任务包括评估灾害性质、程度、范围等情况并沟通汇报灾情；指导并帮助遇险人员避险、逃生，组织现场群众自救互救；搜索营救受困人员，进行伤员检伤并实施院前急救；配合专业心理援助组织开展心理疏导；开展培训、预案演练和自救互救知识普及宣传。

"应急救援员"职业技能包括灾害评估、搜索营救、医疗急救、心理干预、灾害现场管理、自救互救知识普及等，涉及灾害管理、安全科学与工程、建筑结构工程、灾害医学等多学科领域；职业工作领域涵盖自然灾害、事故灾难、公共卫生事件、社会安全事件四大类突发公共事件救援；职业技能需求人群包括相关政府灾害管理部门、企事业单位、社会组织和志愿者。

与同为安全领域的"消防员"和"森林消防员"两个国家职业资格相比，"应急救援员"职业具有通用性较强、适用人群较广的突出特点。在工作场景方面，"消防员"和"森林消防员"主要面对火灾火险现场，"应急救援员"则针对所有灾害和事故救援的场景；在职业技能方面，"消防员"和"森林消防员"要求具备防火预警、火源监控、消防设施装备使用、应急通信、扑救灭火、人员救护等技能，以防火灭火为技能核心，"应急救援员"则要求具备危险辨识、灾情评估、人员搜索和建筑物破拆营救、伤员检伤分类院前急救、伤员转运、心理疏导、救援善后等技能，以生命救援为技能核心；在职业适用人群方面，"消防员"和"森林消防员"都是成建制成体系的纪律队伍，"应急救援员"则适用于各类机构和志愿者，符合条件者均可申请考核鉴定，具有较强的社会推广性。三个国家职业各有侧重，技能方面有一定交叉（主要是消防器具使用和人员救护方面），但都在安全领域中发挥着不可替代的重要作用。

此外，2007年，劳动和社会保障部、民政部制定了《灾害信息员国家职业标准》，并于当年12月17日起实行。灾害信息员分五个等级，职业定义是：从事灾害信息的收集、传递、整理、分析、评估等工作的人员。2015年，国家在清理职业目录时取消了这一职业。

在安全生产方面，原人事部、国家安全生产监督管理局发布了《注册安全工程师执业资格制度暂行规定》和《注册安全工程师执业资格认定办法》，在一定程度上推动了应急管理职业化的发展。

二、消防救援人员的招录

国家综合性消防救援队伍根据《中华人民共和国消防救援衔条例》《国家综合性消防救援队伍消防员招录办法（试行）》（人社部规〔2018〕5号）等政策法规，面向全社会招录。相比于事业单位招录，综合性消防救援队伍因为工种的特殊性，进一步突出了政治属性和纪律要求，主要体现在五个方面：在报名条件中明确要求拥护党的领导和社会主义制度；强调志愿原则；降低文化程度门槛；限制年龄段；为引进高学历消防人才以及保留消防老兵，提供优先招录便利。

经应急管理部、人力资源社会保障部批准，2019年国家综合性消防救援队伍面向社会公开招录消防员18665人。但是，由于消防改革政策未及时落地等原因，消防员招录存在巨大的困难。特别是，越是像北京、上海这样的大城市，招录的难度越大。

2021年度消防员招录在四个方面作了改进完善：一是政策制度更加健全。重新修订《国家综合性消防救援队伍消防员招录办法》，在招录工作机制、招录条件、考核规程、待遇保障等方面作了调整完善。同时，与退役军人事务部门建立面向退役士兵招录消防员协同配合制度机制，进一步提高招录工作质量和效率。二是招录周期更加合理。将招录周期由过去的5个月压缩至3个月，减少报名对象等待时间，并将报名启动时间调整为与在校学生毕业离校时间一致，有利于毕业生尤其是高校应届毕业生及时报考。三是考核选拔更加优化。调整体能测试项目标准，适当扩大招录选拔范围，对本科以上毕业生、优秀退役士兵和急需紧缺专业人才实行更为优化的优先录用政策，吸纳更多高学历高素质人才，进一步改善队伍结构。四是训练模式更加科学。对不同来源类别、不同基础素质的新录用消防员实行分类训练，将一年入职训练期划分为基地化训练和岗前适应训练两个阶段，因才施训、科学组训，有效缩短岗位适应期，加快新招录消防员队伍战斗力生成。[①]

但是，我国国家综合性消防救援队伍的首次招录机制也存在以下问题：

（1）政策宣传不到位。从首次消防员招录来看，招录工作时间仓促，又是首次招录，前期的宣传报名不充分、不到位，加之改革过程中职业保障等政策不明确，导致不少高校毕业生和地方青年与消防员招录失之交臂，还造成部分新招

[①] 中华人民共和国应急管理部：《国家综合性消防救援队伍2021年面向社会招录消防员10300名》，https：//mp. weixin. qq. com/s?__biz=MjM5OTI3MjI1MQ==&mid=2651176821&idx=1&sn=114d89472a1f0dbbbdc311ced1b2e997&chksm=bccf15218bb89c37f9d0d52ff81db2bacfad24a63cc4ac88f8005a5fab4a86c9d70ef675482f&scene=21#wechat_redirect。

录消防员职业认知模糊等问题。

（2）部门协同不紧密。招录工作涉及部门和单位多，省应急管理厅对下级应急部门领导力度有限，对平级相关部门缺乏约束力，导致体格检查、学历认证、政治审查等工作需要反复协调卫健、教育、公安等相关部门，耗费大量人力物力，效率低下且成效不明显。

（3）招录重点不突出。相对于队伍转制前的征兵标准，消防员招录新增了体能、岗位适应性测试和面试等内容，测试程序还不够严谨规范，测试的区分度有待进一步提高。

（4）退出机制不健全。新招录消防员退出没有相关的政策规定，只需个人提出申请，经招录办同意即可离队，缺乏强制性惩戒措施，纳入个人征信系统也没有具体的操作措施，导致新招录消防员入营后退出的问题较为严重。

（5）招录标准不科学。一是对理性思维考察不足，录用人员对一些变化的局势缺乏理性的思维判断和规律的分析和把握能力；二是对理性行为考察不够，录用人员对问题分析后的实际操作和行动方案的执行组织还不够系统科学。

（6）职业吸引力不足。无论是突发事件管理人员还是一线救援人员都远远不能满足社会需求，以消防力量为例，西方大多数国家消防员的人数占全国人口的比例在 0.1% 以上，而中国仅占 0.015%。人才的地域分布不均特征明显。具有较强现实应急能力及专业知识的工作人员由于经济环境等诸方面特征往往集中在大型城市。调研发现，北京本地人员加入应急管理队伍的意愿薄弱，而外地人员普遍满意北京的工资待遇而愿意留在北京，不愿返回当地。越是在大城市，消防员本土招录的难度越大。

此外，招录标准未考虑应急人员高负荷、高压力、高风险的职业特征。高职应急管理专业人才的理性素养与现实岗位需求存在一些差距，体现在三个方面：一是应急救援的理性思维能力存在不足，在执行任务时，不能统筹考虑后续的发展，对一些指示的安排不能从原理上去深入理解，按部就班，对一些变化的局势缺乏理性的思维判断与规律的分析和把握能力；二是应急救援的理性行为能力不够，对问题分析后的实际操作和行动方案的执行组织还不够系统科学；三是在面临一些重大事故的现场情景时，不能从感性的情感冲击中尽快脱离出来，行动和思维都受到情绪的影响，效率不高，自我心理疏导能力不够，后期的工作状态和效率深受影响。

还有，招录标准未考量纪律约束力和职业精神。2019 年，应急管理部发布《关于国家综合性消防救援队伍面向社会招录消防员的公告》，明确消防员招录要进行体格检查、政治考核、体能测试和岗位适应性测试、心理测试和面试等考核测试环节。其中政治考核参照征兵政治考核要求进行，主要是对招录对象的个人基本信息、文化程度、毕业（就读）院校、主要经历、现实表现、奖惩情况以及家庭成员、主要社会关系成员的政治情况等进行核查了解。《国家综合性消防救援队伍消防员招录办法》总则指出要建设对党忠诚、纪律严明、赴汤蹈火、竭诚为民的消防救援队伍，在政治考核上就要体现消防救援队伍转隶后职业化特征。不同于部队时期纯军事化管理，现行招录体制下消防队伍中社会人员的进入门槛比较低，人员成分较为复杂，素质参差不齐。

再者，招录方式不符合应急管理工作需求。目前，应急管理部门招录应急管理人才主要是按照普通公务员社会招录办法来执行，依照法定条件和程序，采取公开考试和考核的方式来招录应急管理人才。由于没有专门的应急管理人才培养学校，应急管理专业知识和技能就不在招录考核范围内，且其他非应急工作人员在招录计划中仍占相当大的比重。专业人才入队难，非专业人才入队要求高的问题直接影响应急管理人才入队的积极性。同时，通过公务员招考录用的应急管理人才在实际工作中，存在着缺乏应急管理专业知识和技能、缺少纪律意识和职业精神、适应应急管理工作所需时间较长、后续教育成本过高和人才流动大等问题。上述问题形成了"需要的人进不来，招来的人用不上、留不住"等结果。高校理论与实践密切衔接，才能培养应急管理事业发展可用之才；招生与招录制度相统一，才能保证应急管理人才走上应急管理岗位；提升职业待遇，才能增强职业吸引力，进而让应急管理事业留住人才。

我国应急管理人才队伍的建设管理机制存在一定程度的现实性问题，在具体的人才管理机制中，不能对应急救援人才进行独立的管理，使整体的管理过程不能紧跟时代的发展潮流，区域之间缺乏合作与交流，进而导致管理人才流动性低。而不健全的管理机制也使应急救援人才不能得到较为公平的薪酬待遇，使应急救援人才的入职愿望大幅度降低，从而造成应急管理人才的建设缺失。

应急救援人才因其工作的特殊性，对院校毕业生的要求比一般高校相对要严格，必须在面试、体检、体能测试、政治审查四项均合格的前提条件下，按成绩从高到低录取。而在面试环节又会严格考察考生的入队意愿和入队动机，以保证应急救援队伍的纯洁性和忠诚度。从严格意义上来说，学生入队意愿是没有问题的，但通过对某地消防救援支队的调研得知，即使是明确入编的消防人员仍存在流失现象。现代救援队伍不能只靠体力，必须依靠先进的科学技术和管理理念，需要广泛吸纳和留住高知识应急管理人才，从装备和技术上实现应急救援的精准。而社会人员入职动机多元，队伍思想活跃。从某省 2019 年新招录消防员资料分析来看，这些消防员平均年龄约 23 周岁，整体思想成熟，入职动机现实。

新招录的 280 名消防员中，入职动机为考学提干的有 99 人（35%）、就业赚钱的有 108 人（38%）、向往消防职业的有 45 人（16%），职业荣誉感、归属感不强；57% 的新入职消防员工资心理预期为 5000~8000 元，十分看重个人待遇，容易产生思想波动。社会青年 55 人，多有社会打工、经商等经历。其中：已婚 8 人，单亲家庭 21 人。许多招录对象对"两严两准"和纪律部队建设标准的认识不够，对休息休假、倒班轮休以及照顾家庭等问题期望较高，现实存在落差，容易产生抵触情绪，特别是少数有服役经历的人员成为"不服管""不好管"的群体。

三、应急管理公务员与事业单位的招录

针对应急管理公务员与事业单位招录，我国尚未建立科学、完整、系统的专项招录制度。应急管理人才本身并没有实行有别于其他公务员的体现特种和专业性的招录制度，依然"逢进必考"。应急管理人才按照直属单位和国家综合性消防救援队伍两条线分别招录。应急管理部门按照普通公务员管理规定，面向高校应届毕业生和社会在职人员公开招聘。表 3-1 对比了部署事业单位和国家综合性消防救援队伍的报名条件。

表 3-1　2019 年应急管理人才招录公告报名条件对比

应急管理部所属事业单位	国家综合性消防救援队伍
具有中华人民共和国国籍	具有中华人民共和国国籍
遵守宪法和法律，品行端正	遵守宪法和法律，拥护中国共产党领导和社会主义制度
热爱应急管理事业	志愿加入国家综合性消防救援队伍
具备岗位所需要的专业、学位学历或技能要求	年龄为 18 周岁以上、24 周岁以下，大学本科以上学历人员年龄放宽至 26 周岁；对消防救援工作急需的特殊专业人才，经应急管理部批准年龄还可以进一步放宽
适应岗位要求的身体条件	具有高中以上文化程度
	身体和心理健康
	具有良好的品行
招聘岗位所规定的其他条件	法律、法规规定的其他条件。大专以上学历的毕业生、解放军和武警部队退役士兵、政府（企业）专职消防队伍中符合条件的人员可以优先招录

在公务员和事业单位招考中，应急管理专业并没有被纳入招聘目录。如果招聘自然灾害类人才，用人单位会偏重地震、滑坡、洪涝等灾种技术；如果招聘安全生产类人才，用人单位会写明安全工程类专业；如果招聘一般性管理人员，党史党建、行政管理、社会学等专业是首选。在没有招聘制度设计的背景下，应急管理专业的毕业生出路何在？当然，通过调研，我们发现，一些地方高校也在积极争取地方应急管理部门在招聘目录中标明应急管理专业，但效果并不明显。

在应急管理部事业单位招录中，2018 年招聘涉及 11 家单位，共计划招聘工作人员 60 人，其中普通高等学校应届毕业生 29 人，社会在职人员 31 人。后根据报名审核情况，经用人单位研究，取消 19 个岗位招聘计划，调减 1 个岗位招聘计划。2019 年第一次公开招聘涉及 11 家单位，共计划招聘工作人员 115 人，其中普通高等学校应届毕业生 88 人，社会在职人员 27 人。第一次公开招聘网络在线报名工作结束后，根据报名审核情况，经用人单位研究，取消 24 个岗位招聘计划，调减 3 个岗位招聘计划。第二次公开招聘在线报名工作结束后，根据报名审核情况，经用人单位研究，取消 37 个岗位招聘计划，调减 2 个岗位招聘计划。2020 年第一次公开招聘涉及 11 家单位，共计划招聘工作人员 134 人，其中普通高等学校北京生源应届毕业生 76 人、社会人员 58 人。第一次公开招聘网络在线报名工作结束后，根据报名审核情况，经用人单位研究，取消 29 个岗位招聘计划。第二次公开招聘涉及 11 家单位，共计划招聘工作人员 120 人，其中全国普通高等学校毕业生 87 人、社会人员 33 人。应急管理部机关 2020 年最终拟录用公务员 34 人，公开遴选公务员 3 人。

可见，应急管理部门机关公务员招录受到行政编制的约束。同时，许多岗位的招聘需求不一定是应急管理专业，这样就导致培养与招录中间存在空当，专业招生受到影响。当然，这种尴尬局面的出现与应急管理专业刚刚兴起、学科识别度不高有关。在新冠疫情及其对经济滞后影响造成就业巨大压力的情况下，如果不解决应急管理专业学生的毕业出路问题，未来应急管理学科的发展难以持续。

第三节 应急管理人才招录的主要问题

从目前的情况来看，我国应急管理人才招录还存在着比较大的问题，主要表现为：招录制度不健全，应急管理人才资格认定标准不完善，不能有效引导人才培养，人才供需矛盾突出。

一、招录制度不健全

目前，应急管理系统人才引进只有军转干部安置、公务员招录和选调等少数几条途径，招录模式单一，存在专业人才入行难，"需要的人进不来，招来的人用不上、留不住"的供需失衡问题。从招录渠道来看，军转干部人数较多，比例较大，专业能力提升的难度和压力较大。例如，北京市通州区应急管理局军转干部占41%，朝阳区应急管理局军转干部占35%，河北省应急管理厅军转干部占37%，江苏省应急管理厅军转干部占51%。从事业单位招录情况来看，招录计划人数逐年上升，说明部门的人员缺口大。同时，取消和调减招聘岗位的力度不减，对准入人员素质要求仍然较高。

从行政单位招录情况来看，因对户籍、年龄、考试成绩要求严格等原因，应急管理部门招录公务员相对较少、比例较低，远不能满足实际工作需要。从世界范围来看，应急模式从军事化向职业化，这是一个大趋势。同时，现行公务员招考虽较为成熟，但在实际操作中有很多擅长考试但综合素质一般的人在考试中胜出；且目前的考察主要是看档案、听访谈、问廉政几项规定动作，很难有效甄别考生的实际表现、工作态度和综合素质，选出来的人往往并非最佳人选。从国家综合性消防救援队伍招录情况来看，招录计划与实际录取人数相差较大，说明对岗位需求的调研工作不全面，与实际需要仍有较大出入。计划与实际人数的差距反映出消防部队人才流失现象严重，队伍留不住人的问题比较突出。

二、应急管理人才资格认定标准不完善

除了消防员、森林消防员、应急救援员等技能型职业，我国还缺少管理型职业人才的认证制度。从2006年开始，"促进中心"在人力资源和社会保障部职业技能鉴定中心的指导下，在小范围内开展了应急救援员职业技能鉴定工作，面向旅游行业、地方救援社会组织培养了多批应急救援员。2008年汶川大地震后，社会救援力量迅猛发展，特别是2013年四川芦山地震后，鉴定人数连年翻番，社会鉴定需求呈井喷态势，应急救援员职业技能鉴定工作步入发展快车道，且呈行业化和体系化发展的态势，"促进中心"与部分省份政府应急办，平安、人保等保险公司，中直机关人防等部门和机构建立了鉴定合作关系。应急救援员鉴定人员虽然遍及全国31个省（市、自治区），涉及政府、企事业单位、社会组织、志愿者等不同人群。但是，鉴定人数依旧比较少，这是由于应急救援员职业证书含金量低，社会认可程度不高，尚不足以成为应急救援类人才招录的重要资质。实现职业技能向职业管理的跨越，让应急管理成为高大上的专业，变得备受人们

青睐，这是应急管理职业化的必经之路。

三、不能有效引导人才培养

我国应急管理人才建设顶层设计欠缺，培养与招录脱节。从我国应急管理现有的学历教育供需情况来看，培养组织体系不完备的问题较为突出，国家层面尚未形成应急教育的整体规划纲要。现阶段，应急管理教育学科归属分散，各细分专业培养，各自为阵。本科培养集中在管理科学和工程学，不能满足综合应急管理的需求；研究生培养尚处于起步阶段，主要依托专业为公共管理，供需之间的关系有待于时间检验；高职高专培养确为"冷门"，从事岗位过于"低端"。应急管理部直属高校较少，应急管理部与教育部协同推进学科建设、人才培养的力度不够。此外，各培养院校分工互补、错位发展的格局尚未形成。应急管理人才培养的层次性、差异性、系统性不强，同质性较高。

在职业培训方面，应急管理专业人才培养制度保障、培养模式、竞争机制、成长渠道等方面的顶层设计不够，缺乏一套系统完备、科学合理的培养制度和规划。培训的系统性、针对性不强，没有可以遵循的统编大纲和标准，培训课程只能靠自主开发，不成体系。同灾种的专业应急管理培训缺乏深入研究和系统规划，缺乏对基层影响较大的突发事件处置经验和应急指挥经验的培训。现有培训课程中方向性、基础性、专业性内容统筹兼顾性差，宏观性和理论性内容偏多，实际操作性内容相对偏少，缺乏对应急管理培训内容全方位、系统化的规划。

我国尚未根据应急管理实际需求，制定出科学合理的人才清单。应急管理职业化程度低，人才培养标准不统一，主要表现为：一是尚未按需对人才进行类型和层次的合理划分。在学历教育中，虽然各培养高校基于其既定教育资源形成了工程技术类、组织管理类人才的基本布局，但各类型人才培养目标与定位出入较大，毕业要求差异明显，面向高精尖应急技术领域的人才培养较为欠缺；在职业培训中，对基层从业人员、中层管理人员与高层领导人员的培训供给尚未体现出合理的划分，对各工种类别、各工作层次的人员培训需求的考虑不够全面。二是尚未合理界定人才的素质能力结构。人才类型与层次划分的缺失导致人才素质能力结构设计滞后，落实到学历教育中，突出表现为各类型各层次人才培养定位"上下左右一般粗"，在职业培训中表现为各区域培训内容供给雷同，除少数城市如北京、上海形成了具有特色的培训内容与形式外，各地区应急管理培训工作尚未较好地对当地应急管理工作实际形成有力回应。

人才培养与招录环节割裂。人才输出端与实际岗位的输入端难以形成有效匹配：一是招录机制局限。高校应急相关专业人才进入应急管理部仍按照普通公务员招录办法实行。国家综合性消防救援队伍的招录即使对学历要求给予了重视，但依然存在人员素质能力不高的问题，拥有应急管理相关专业的生源无法形成对应急管理工作人才需求的有力补充。二是政、校、企联动不够。人才培养单位与工作单位尚未对人才培养定位、培养模式、就业保障等内容在顶层规划上达成一致和共识。三是资格资质认证制度欠缺。对应急相关专业人才的专业能力的认定尚未形成权威、完备的认证办法，致使人才输出与其他管理类、工程类专业人才输出同质性较高，缺少"应急"特色。

从根本上说，我国最近一轮应急管理学科建设具有"闻风而动"的盲目性。专业布局、设置、管理与实践部门没有有效沟通，自身定位不清楚，培养目标模糊。而且，不少学校白手起家，师资、教材、课程建设、实习条件都不具备。学科论证简单、随意，甚至论证者本身也是行外的"大佬"，流于形式。而且，学科申请成功几乎没有任何悬念，每报必批。"一部分专业的建设没有相对的稳定性和可持续性，明显为短期行为，究其原因就是对社会、行业、企业的人才需求缺乏充分的调研，专业在人才市场需求面较小。"[①] 应急管理学科建设存在天然的弱点，给学生未来的就业制造了巨大的困难。

四、人才供需矛盾突出

从总体来看，我国应急管理人才的供需缺口大，存在结构性矛盾：

一是综合性复合型人才供不应求，学科与专业发展存在"重技术，轻管理"的现象，不少学校为了速成，经过"+应急管理"的过程简单化"包装"，难以培养优质的综合应急管理人才。现阶段，我国高层次应急管理、应急科学技术人才的硕士、博士培养处于萌芽阶段，如何在实际培养的过程中将人才理论水平与技术能力的提高有机结合起来，并基于此进行课程与实践教学设计、教材建设、师资配套、就业输出，这仍然是一个有待解决的课题。

二是精通应急管理理论的高精尖人才培养不足。应急装备、科技等目前我国应急管理工作支撑手段所需的人才培养绝大多数分布在一般本科、高职高专院校，难以对应急管理的信息化、数字化、智慧化战略实际需求形成有效的支撑。体制决定技术，技术只有在体制的框架下才能发挥作用，而不仅仅是对管理的"加持"。

三是面向基层的应急管理与技术人才培养不足。街乡、社区（村）应急管

---

① 湖南安全技术职业学院，重庆安全技术职业学院，江苏安全技术职业学院：《高职院校泛安全专业体系构建与实践创新》，海南出版社 2018 年版，第 13 页。

理工作是全部应急管理的基础，面临着"上面千根线，下面一根针"的窘境，存在人、财、物短缺的困境。基层"苦、累、险"的局面使得定向向基层输送应急管理人才的机制设计缺失，在很大程度上制约着基层应急管理能力的提高。不少职业院校的学生不愿到企业从事安全工作，流失与转行的情况比较普遍。

尽管如此，2020年以来的学科发展与专业建设热潮明显受新冠疫情驱动，表现出一哄而上的非理性冲动。没有与培养相适应的人才招录制度，应急管理专业学生就业没有出口，这存在较大的隐忧和危机。应急管理学科发展和专业建设难免重复"潮汐现象"，"退潮"会成为难以避免的结果。所以，构建培养与招录一体化设计的制度不仅有利于应急管理事业的可持续发展，还有利于应急管理专业的可持续发展。

第四章　美国与加拿大应急管理人才培养与招录政策

美国与加拿大是北美洲的两个大国。其中：美国作为世界上最大的发达国家，有着丰富的应急管理经验，是应急管理教育的先行者；加拿大的应急管理制度效仿美国，在应急管理人才培养与招录制度设计方面相对滞后，但依旧有许多值得中国借鉴的有益做法。

第一节　美国应急管理人才培养与招录政策

一、发展历程

美国应急管理导源于民防。1951 年，在美国国防部的统一领导下，民防参谋学院（CDSC）、美国消防管理署（USFA）、国家消防学院（NFA）首次联合开展了应急教育培训，这被认为是美国应急教育的萌芽。

1979 年，美国 FEMA 建立后便开始整合资源，将 CDSC 和 NFA 合并，组建应急管理学院（EMI），该学院同时也是国家应急教育培训基地。1981 年，EMI 拥有 107 英亩的独立校园，开始着手建立培训型应急教育课程体系，举办消防官员短期培训班与消防管理课程班。从此，美国应急教育以培训为起点开始兴起，从 1991 年开始，国会每年划拨专项基金支持应急管理学院的课程体系建设。①

1983 年，北德克萨斯大学设置了美国第一个应急管理本科专业，授予理学学位，标志着美国应急管理高等学历教育的开端。

1993 年，美国成立国际应急管理师协会，着手推动应急教育的国际合作与学术交流。

1994 年，FEMA 推动实施了应急管理高等教育项目（Emergency Management Higher Education Program，EM HI-ED Program），推动了应急管理高等学历教育

---

① 吴路珂：《应急教育：教育研究中不可缺失的领域》，《外国教育研究》，2010 年第 5 期。

与职业培训的发展。1983—1998 年，美国只有两个灾害管理的本科专业。在这一时期，北德克萨斯大学的应急行政与规划学院几乎包揽了所有的应急管理学位项目。到 1998 年，其毕业生大约有 400 人。同年，托马斯爱迪生州立学院的一些学生采取远程学习方式获得了应急管理学位。直到 20 世纪 90 年代中晚期，美国高校才出现新的应急管理项目。例如，乔治华盛顿大学开设了第一个灾害管理的研究生项目。俄克拉荷马州立大学开设了消防与应急管理的硕士项目。①

2002 年，美国国土安全部成立后，应急管理和国土安全人才培养工作得到整合，多所高校也相继设置了应急管理、国土安全、反恐、企业危机管理等专业。②

历经多年发展与探索，截至 2012 年 2 月，美国高校设置应急管理（Emergency Management）专业的有 257 所，设置国土安全和防御恐怖（Homeland Security/ Defense and Terrorism）相关专业的有 131 所，设置公共卫生及医疗（Public Health and Medical）专业的有 31 所，设置国际减灾与人道主义救援（International Disaster Relief/Humanitarian Assistance）专业的有 16 所，以及设置其他相关专业的有 30 所。"9·11"事件后，美国已有 438 所高等院校设立了国土安全相关专业，上千所院校开设了国土安全相关课程，为美国国土安全、应急管理、反恐及执法等政府机构培养、输送了大量的专业人才。

二、培养规划

美国应急管理高等教育体现出较为明显的政府主导特点。除了国土安全部和联邦应急管理署，联邦政府和相关国家机构也设计、颁布和实施了一系列指导性文件，如美国联邦政府颁布的《联邦公报》、美国交通部颁布的《紧急指南》（2008）、国家研究委员会颁布的《面对危险和灾难：理解人类的维度》（2006）、美国心理协会颁布的《美国心理协会出版手册》（2009）等。这些指导性文件对应急管理教育作出了不同层次、不同领域的规范，但基本上围绕应急管理高等教育项目进行展开和补充。③

应急管理高等教育项目设立于 1994 年，囊括了几十所大学的应急管理和国土安全及相关研究力量，其使命为：推动学术界、应急管理职业化组织和从业者之间的合作，通过教育和研究，形成持续学习与创新的文化，应对美国面临的挑

---

① Neal D M: *Developing Degree Programs in Disaster Management: Some Reflections and Observations*, *International Journal of Mass Emergencies and Disasters*, 2000, Vol. 18, No. 3, P. 418.

② 林涛，林毓铭:《美国应急教育的借鉴与启示》,《中国应急管理》, 2012 年第 2 期, 第 51-55 页。

③ 郭福:《当代美国高校应急管理教育研究》, 华东师范大学, 2017 年。

战。应急管理高等教育项目确定的任务包括以下方面①：

（1）编写书籍和材料，研发应急管理教育免费教材以支持应急管理高等教育和专业共同体的发展。

（2）逐步开发和改进应急管理大学课程。

（3）维护应急管理高等教育项目报告档案。

（4）分享应急管理高等教育项目研究和调查结果，分享教育资源、应急管理项目最佳范例、大学应急管理经验式学习的典范、政府应急管理相关材料。

（5）主持应急管理高等教育年度会议，服务应急管理高等教育和应急管理专业共同体的需求。

（6）共建应急管理学科知识体系，并维护和保管应急管理相关材料。

（7）维持美国应急管理高等教育机构和相关项目的发展，包括应急管理项目、国土安全项目、公共卫生与医疗及相关项目、国际救灾和人道主义援助项目、海外突发事件和应急管理项目和远程学习项目等。

（8）维护和发展现有关于应急管理和国土安全课程教学资源。

（9）支持大学课程分层计划。支持区分应急管理学科准学士、学士、硕士研究生和博士研究生的课程，尤其是可通过应急管理高等教育年度会议来讨论相关课程的区分。

（10）开展应急管理经验式学习和案例研讨，包括实地实习和服务性学习等类别。

（11）为应急管理专业的学生寻求实习机会。

（12）与联邦应急管理署、国土安全部及其他联邦机构合作，共同开发应急管理学科大学课程、教材和其他资源。

（13）更新应急管理高等教育项目中过时的大学课程。

在应急管理高等教育项目的推动下，应急管理专业学历教育与职业培训得到了很大发展，形成了系统的培养目标和素质能力结构。美国 47 所大学和学院设有应急管理培训课程，35 所院校设有硕士课程，6 所学校设有博士课程。此外，150 所大学或学院可以针对不同需求开展专项训练②。应急高等教育发展顺利。

（一）培养目标和能力的类型

分类型的培养目标。包括：促进应急管理学科的成长和发展；丰富和深化应

---

① Department of Homeland Security：*FEMA Emergency Management Higher Education Program Description*，Emmitsburg：Department of Homeland Security，2014.

② 夏宝成：《起步与探索：我国应急管理教育历程》，《管理世界》，2011 年第 5 期，第 27 页。

急管理学科的知识体系，支持将政府的资料转化为教育资源，支持将应急管理的学术教育材料转化为培训资料；通过加入应急管理高等教育项目的高校研究，产生新的知识；让未来的应急管理骨干和相关专业人员了解和掌握应急管理知识、社会知识和自然科学知识，促进其个人能力的发展；支持联邦应急管理署的宗旨和使命，帮助联邦应急管理署制定和优化相关政策目标；支持联邦应急管理署的国家准备理事会监督应急策略的协调和发展；建立以及维护与利益相关组织如国际应急管理师协会、美国国家消防协会的合作；通过应急管理学科的设立和成长，进一步提高应急管理职业化的认可度；促进应急文化的发展，提高全民的危机防范意识，促进不同学科背景人员自救互救能力的发展；通过在社区开展高校教学实践活动，加深社区人员对突发事件和应急管理的认识，促进社区提高应急预防的意识和能力；促进应急管理理论的发展和改进，从而为政府应急管理工作提供理论支持。

分类型的素质能力。美国应急管理的核心理念是"专业应急"，即应急管理者必须具备相应的专业能力，相关岗位由拥有相应专业资质的人员担任。它将素质能力建构作为人才培养的基础。面向 2030 年应急管理职业化的目标，美国定义了包括关系、职业与个人塑造三大部分在内的应急管理能力：①塑造关系的应急管理能力，包括灾害风险管理能力、组织社区参与能力、公民治理能力和领导力；②塑造职业的应急管理能力，包括科学素养、地理素养、社会文化素养、技术素养和系统素养；③塑造个人的应急管理能力，包括在应急管理框架、原则和知识体系中实际运作的能力、批评性思考的能力、遵守职业道德和重视持续学习。每部分中的具体能力在学士、硕士、博士的培养层次上要求有所不同。

此外，美国应急管理学者纳伊姆·卡普库提炼出 11 个应急管理人才的核心能力[①]：

一是角色定位能力。在职责和义务都得到清晰界定的条件下，应急管理者就可以实现对不同行动者的有效管理，使其有效地工作，特别是应对常规灾害。

二是组织管理能力。应急管理应从有效的组织内部管理开始，包括资源和人员管理、预算、战略规划等。

三是技术和研究的综合应用能力。应急管理者应受益于相关技术教育或培训，以便有效处理自然灾害和人为灾害。这种方法应该被当代科学的发展所加强。应急管理学术项目的毕业生不一定要成为在应急管理中应用各种技术工具的

---

① Kapucu N：*Developing Competency-Based Emergency Management Degree Programs in Public Affairs and Administration*，*Journal of Public Affairs Education*，2011，Vol. 17，P. 501-521.

专家，但他们应该对如何在综合应急管理的各个阶段应用技术有着深刻的理解。

四是跨学科的问题解决能力。应急管理不应仅局限于应急管理业务自身，还应处理与致灾因子减缓、应急准备、响应和恢复重建有关的社会、政治、法律、政策和伦理问题。同样，该领域也应侧重与其他学科有关的问题，如公共卫生、社会治安等。

五是基于沟通和分析技巧的领导能力。有效的应急管理在很大程度上要依靠具有强大沟通与协调水平的领导者。高效的领导者应拥有强大的判断和分析技能，确保在不确定性强、时间压力大和信息有限等情况下，依然能够作出高质量决策。

六是构建协作关系与网络的能力。当今社会面临的灾害性质和范围使得地方政府不可能独自有效地应对灾害，必须在信息、资源、人员等方面与多元主体进行合作。

七是立足环境与社区的实践能力。只有通过彻底分析和考虑政治、社会、经济和环境因素，并将其纳入突发事件应对的总体框架，高效领导才能实现。任何不考虑社区价值和观点的做法或解决方案最终都是低效或无效的。

八是"全灾种、全流程"的主动管理能力。应急管理需要全面、整体、系统的管理方法，在解决问题时不仅要保持对环境的敏感性，还要遵循全流程的原则。应急管理专业的毕业生应该对风险管理有着深刻的了解，包括脆弱性分析、风险评估、风险沟通、基于风险的决策以及监控和测量等。

九是基于知识、培训与经验的决策制定能力。应急管理是一个强调应用和实践的领域，应投入充足的资源开发知识和基于理论的培训，同时应增强缺乏经验人员的能力并雇用有经验的人员。

十是以平等、相互信任为前提的合作能力。在需要协作网络的应急管理过程中，平等的、非等级的及相互信任的合作关系尤为重要。

十一是立足规则的灵活机动能力。任何应急处置都应该遵循由组织规范和文化所描述的特定程序。灵活的行动和创新的思维并不意味着无序的行动，而是意味着基于实际情景而寻求解决问题的替代方法。

布兰查德（B. Wayne Blanchard）对 21 世纪应急管理人才的能力建构极具借鉴意义。具体包括：

（1）个人人际关系、政治技能、特点与价值观。①倾听、沟通（口头和书面的高级水平）和表达能力；②建立网络、促进伙伴合作、建立联盟的能力；③谈判、调停和解决冲突的技巧；④营销与销售技巧；⑤官僚组织、公共政策和政治技能；⑥忠诚、专注、热情、可靠、想象力、创造性；⑦对不同的社会/文化/阶层/特殊需要/弱势群体的敏感性与实践能力；⑧领导和激励技能：言行一致，富有同情心，正直；⑨积极主动，乐于接受变化和新想法，终身学习；⑩解决问题的批判性思维；⑪灵活性、适应性和即兴创造能力；⑫战略（长期）思考与预测能力。

（2）行政管理、公共政策相关的知识、技能和原则。①人员管理：招聘、保留、管理人员（员工/志愿者）及团队；②项目管理：开发和管理项目；③财政管理：获取和管理资金（预算）；④资源管理：技术和装备；⑤信息管理：收集、分析、解释、分类、应用；⑥组织管理：常态与非常态；⑦创造公共价值的技能：引起重视、促进减灾。

（3）应急管理专业知识、技能和能力。①灾害相关术语和定义；②灾害分类或分类方案（自然的、技术的、人为的）；③灾难理论（上帝的行为、自然的行为、社会/自然的交集、社会）；④灾害基础、暴露、风险、脆弱性、风险沟通处理；⑤应急管理的历史与理论；⑥灾害/风险/突发事件的管理范围与方法，公共和私营部门中基于风险的方法；⑦应急管理模式，如民防、应急服务、公共行政；⑧应急管理制度基础，如综合应急管理、整合式应急管理和政府内部背景、四个阶段、政府（地方、州、联邦）背景；⑨应急管理职能/实践/机制，如风险评估、计划、公众教育；⑩关键人员在应急管理中的作用和责任；⑪多学科交叉，如工程学、地质学、社会学、心理学等；⑫可持续发展、社区组织、城市和区域规划；⑬法律、伦理、社会、经济、生态、政治视角；⑭应急管理最优做法——识别和应用。

（4）技术技能和标准——业务工具的使用。①科技工具：计算机（软件）、地理信息系统、制图、建模、仿真；②科学方法：研究、分析、评估工具和方法；③实践经历：实习、服务学习、志愿服务、专业组织工作；④专业标准、程序、认证、组织；⑤应急管理系统——EOC操作、ICS、警告、通信。

（二）培养目标和能力的层次

在美国应急管理人才培养的学位教育中，准学士学位、学士学位、硕士学位与博士学位四个不同层次对能力的塑造各有侧重。

一是准学士学位培养目标，主要面向基层从业人员。应急管理专业的准学士学位教育应该使培养对象掌握公共管理、灾害管理与风险评估基本理论知识、应急管理相关法律法规，对应急管理的背景、流程和工作实施步骤、预案编写等具有一定的熟知度，在技能上要求具有一定的领导能力、沟通能力、团队合作能力和解决问题的能力，以期未来能够胜任基层应急管理岗位。

二是学士学位培养目标，主要面向中高层管理人员。针对学士群体而言，学位教育要求其在充分掌握相关理论知识的基础上，能够有效地结合社区和当地公众的实际情况与特点，有针对性地降低社区的灾害和风险，并且可以在应急管理的各个阶段与"全主体"进行积极有效的沟通和协作。Thomas 和 Mileti 认为，在个人能力上，还应培养其战略思维、逻辑思维与创造性思考能力①。在技能方面，需要加强其计算机操作、写作、时间管理和控制、人力资源管理和项目预算管理等综合能力，以期未来能够胜任中高层应急管理领导与管理的岗位。

三是硕士学位培养目标，主要面向高级决策人员。应急管理专业的硕士研究生在掌握公共管理、公共政策与应急管理相关的理论（如管理理论、规划理论、组织理论、计算机相关知识）基础上，还应掌握与应急管理相关的科学分析范式和工具，如需求评估、项目评估、风险评估和风险分析、应急管理各流程情况与国际比较、应急管理的公共政策制定②。在能力方面，尤其要注重培养其领导与决策能力、批判性思维能力、谈判能力、冲突化解能力与研究能力。在理论知识的基础上，培养社区工作实践能力，进一步培养综合运用宏观战略的能力，培养构建更加高效应急管理体系的意识与能力，以期未来能够胜任高级的应急管理决策岗位。③

四是博士学位培养目标，主要面向高级研究专家。博士研究生教育主要目标是：提高其创造性研究能力，为具体决策提供强有力的理论和工具支撑，使其可以创造和优化应急管理、风险灾害相关的理论，对新的理论假说进行理论探讨和实证分析，阐释现实现象，对风险灾害和突发事件管理的全过程进行全面和深入的指导。

综上可知，准学士学位要求其掌握基本理论知识并熟悉业务，具有开展工作的基本素质；学士学位要求其掌握重点理论并有因地制宜地开展工作、发展伙伴关系的能力；硕士学位要求其在理论基础之上，能够立足社区实际，结合政治、经济社会等多维因素，依托科学的分析方法开展工作，发展沟通与合作网络，构建高效应急体系；博士学位则高度要求其具有对应急管理相关理论与方法的理论探讨和实证研究能力。

在继续教育与培训方面，美国 FEMA 培训中心提出要建立应急人员（包括长期和临时雇佣人员）任职资格和定期培训的制度。早在 1996 年，FEMA 的应

① Darlington Joanne：*The Profession of Emergency Management：Educational Opportunities and Gaps*，2020，Vol. 33.

② Blanchard B W，Branch R：*Outlines of Competencies to Develop Successful* 21st *Century Hazard or Disaster or Emergency or Hazard Risk Managers*，2003.

③ Darlington Joanne：*The Profession of Emergency Management：Educational Opportunities and Gaps*，2020.

急公共支持计划中就提出，应建立有效、可行的政策和程序以及信息共享系统来保证应急人员受到适当的培训，使他们具备胜任本职工作的能力。1998 年，FEMA 在应急公共支持计划中增加了培训的规则、政策程序以及培训指南和具体操作手册，并开设了新的培训课程，同时作出必要的财政预算安排，以保证计划的落实。为了更有效地应对未来灾害，应急准备包括有计划地培训一批有相关专业知识的应急救援和应急处置人员，使他们能够在未来发挥作用；培训不只包括应急救援，还包括提供资金支持、提供救灾贷款、进行救灾物资的储备和供应恢复重建等。例如，美国每年招收的新消防员，要经过为期 1 年的培训：首先是基础训练，包括体能、基本技能、基本常识等，后面是下队实习和集中培训交叉进行，经考试合格后才能成为正式的消防员。很多消防部门还开设一些职业教育项目，有的项目由国际消防队员协会（International Association of Fire Fighters）组织，需要四年全日制学习完成，主要是学习消防技术及建筑法规。

从主要课程目录上看，国家备灾课程目录主要包括三个 FEMA 培训机构管理的课程汇编，分别为国内备灾中心（CDP）、应急管理学院和国家培训与教育局（NTED）。其课程内容十分丰富，可以满足联邦、州、地方、部落和地区的培训需求。

美国设立了应急与消防高等教育项目（Fire and Emergency Services Higher Education，FESHE）。美国消防局致力于通过应急与消防高等教育项目与消防和应急服务专业发展社区合作，实现培训、教育、经验和认证活动的标准化，旨在建立一个基于能力的国家专业发展体系，消除重复工作，促进消防和应急服务的整体专业发展。

美国消防局与学术型消防和紧急医疗服务管理学位项目的合作，建立了一个应急与消防高等教育项目网络，成员为应急服务相关的教育和培训单位。

应急与消防高等教育项目的任务是：①开发国家专业发展模式和紧急医疗服务专业发展模式；②开发国家专业发展矩阵；③为消防和紧急医疗管理学位项目编制发展模式课程大纲；④建立高等教育、培训和经验一体化的体系模式；⑤明确符合标准的应急服务学位课程。其中，国家专业发展模式和紧急医疗服务专业发展模式（图 4-1）阐释了培训、学术教育、相关经验和继续教育这四大支柱如何影响职业发展，并配合发展矩阵进行实际应用。图 4-2、图 4-3 所示为美国消防官专业发展模式和美国消防官国家专业发展矩阵。

美国应急管理学院培训与课程设计的主要指导文件包括《国家响应框架》《国家事件管理系统》《国家备灾指南》。这样，学院培训和教学课程就能紧贴应急管理的实际需求，缩小理论与实践的距离。

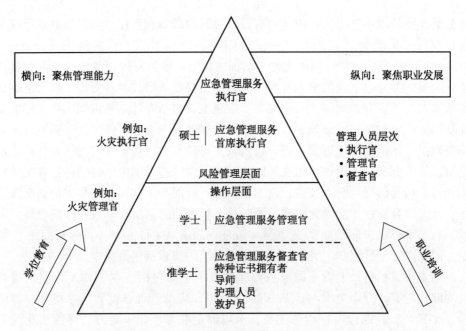

图 4-1　美国应急管理国家专业发展模式和紧急医疗服务专业发展模式

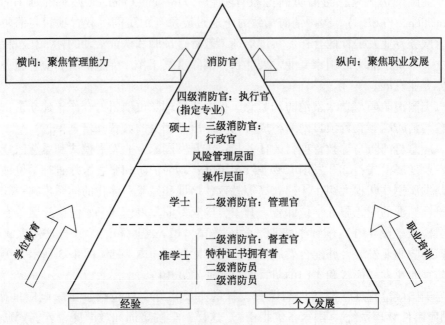

图 4-2　美国消防官专业发展模式

国家专业发展矩阵					
消防官					
专业能力要求			学位教育	职业培训	职业发展
消防官能力	相关标准	相关能力	课程建议	国家与地方课程	个人发展规划
理解火灾与生活安全的基本概念与构成，包括青少年防火教育与公共信息传播	—	生活安全技能；公共教育	—	—	—
理解火灾与生活安全专业调查与研究的概念与构成	—	基本技能；调查研究	火灾调查与分析	—	—
大型系统的记录与运行	—	组织架构；行政支持	—	—	—

图 4-3　美国消防官国家专业发展矩阵

（三）实践部门对人才的要求

根据 FEMA 公布的清单，目前美国有 300 个应急管理岗位，包括应急管理、事故管理、搜救、医疗与公共卫生、执法行动、急救医疗服务、动物应急响应、网络安全、公共事务、护理与关怀服务、物流运输、火灾与危险品、地理信息系统与信息技术、减灾与预防、通信和损失评估等，覆盖应急管理预防、准备、响应和恢复四大环节。岗位名称和资质规定了个人申请岗位的最低要求，[①] 其中，对于应急管理人才的要求可以归纳为：

（1）具备个人贡献能力。FEMA 要求应急管理人才必须具备对应岗位完成一般任务的能力，建立包含应急管理知识、社会科学知识和自然科学知识在内的综合知识体系。

（2）领导能力。FEMA 要求工作人员胜任组织中的一般性领导任务，在技术和能力上都非常熟悉工作职责，监督所领导的其他工作人员理解和完成任务，协调组织内部事务。

（3）政策制定和确定方向能力。FEMA 要求应急管理人才要承担一定的政策决策群体角色，以支持应急管理所有相关部门的工作。因此，应急管理人才需要

---

① *Job Titles and Position Qualifications*，Federal Emergency Management Agency，https：//www.fema.gov/emergency-managers/nims/components/positions.

具备对组织的职权、政策、优先级、能力、约束和限制条件等事务的理解能力，也要具备对协调反应/统一指挥以及有关各方作用和责任的理解能力。

（4）行动追踪能力。应急管理人才需要培养应急处置全过程追踪能力。

（5）预案计划能力。应急管理人才需要针对特定的突发事件和事故制定相应的预案。因此，他们需要具备参考学习现有应急预案的能力，撰写特定预案和更新预案体系的能力，可以在应急管理系统内传播预案的能力，并确保预案实施顺畅。

（6）公共关系协调能力。FEMA 在应急教育过程中坚持多元主体参与的理念，将应急管理人才定位于媒体、公众与政府之间的沟通纽带，承担对外发布信息等的传媒职责。因此，应急管理人才需要具备向公众发布应急信息和灾害预警的能力，能够向政府应急管理决策系统、领导和个人传递公共信息和公众舆论。

（7）获取资源能力。在突发事件应对处置当中，获取足够的资源是关键之举，应急管理人才应具备相应的获取资源能力，包括确定组织需要的应急资源优先级能力，发现潜在资源能力，资源追踪能力，了解资源需求能力，以及与相关物资储备和运输部门沟通协调的能力。

（8）现状理解能力。信息是决策和管理的基础，FEMA 要求应急管理人才能够充分地认知和理解当前的现状。因此，应急管理人才需要具备搜集数据和信息的能力、分析数据和信息的能力以及传播分析结果的能力。

根据以上岗位职责和资质要求，应急管理高等教育项目确立了美国教育部门开展应急教育的目标和对应急管理专业人才的要求。应急管理毕业生应具备政府管理原理、风险管理理论和技能以及相关管理技能三方面综合能力[1]：在政府管理原理方面，应了解政府系统和法律道德体系、精通应急管理原则框架；在风险管理理论和技能方面，应具备综合应急管理能力（理论+实践、四阶段管理模式）、风险评估管理能力、计划能力、技术运用能力；在相关管理技能方面，应具备领导能力和沟通能力、团队建设和合作能力、财务管理能力、批判性思维和解决问题的能力。

根据以上对美国应急管理教育部门具体目标的介绍，我们可以分析得出美国教育部门对应急管理人才的要求主要集中在知识、技能和能力三方面，具体包括：

——掌握应急管理的概念和原则；

---

① *National Incident Management System Training Program*, Federal Emergency Management Agency, 2022-11-18, http://training.fema.gov/EMIWeb/edu/EMCompetencies.asp.

——领导能力和管理能力；

——分析、学术和战略思考能力；

——解决问题能力、社交和沟通能力；

——创造力、想象力、灵活性和适应性等能力；

——社会科学灾害、灾害相关学术研究能力；

——掌握和使用研究方法、分析方法以及相关技术方法；

——了解政府间和政府部门间应急管理运作；

——积累应急管理实践经验；

——终身学习应急管理相关知识和技能。

综上所述，实践性是美国教育部门对应急管理人才的核心要求，在教育过程中彻底改变了传统的"象牙塔"格局，强调应急管理人才的学习和发展应着力解决社会实际问题，面对社会需求提升自身综合能力。教育部门不要求应急管理人才成为跨学科或跨领域的专家，而是要求应急管理人才必须对应急管理及其各个阶段有充分的了解；不要求应急管理人才拥有足够的知识去独自解决所遇到的每一个风险或突发事件，而是要求他们了解其他学科的知识并与相关领域的工作人员和专家进行沟通。

三、组织体系

在应急管理方面，美国教育培训体系主要由三部分组成：一是联邦应急管理署主管的应急管理学院，主要负责全国跨部门、跨地区的综合性应急教育培训；二是各级政府相关部门设立的消防、警察、医疗急救等专业培训学院，主要负责应急救援队伍的技能培训；三是部分高校设立的应急管理培训中心，主要负责应急教育的人才培养、科学研究与合作培训。以美国应急管理学院的应急教育培训体系为例，EMI 是美国最权威、最有影响力的国家级应急管理教育培训机构，也是集应急教育培训、演练和咨询于一体的国家级综合性平台，受联邦应急管理署委派负责对联邦、州、地方和部落的政府机构、志愿者组织、公共机构和私人部门进行减灾、灾害准备等方面的培训，负责对各州应急培训机构和学校应急培训服务进行管理。EMI 提供的 100 多门课程，内容涵盖应急预警、风险评估、应急规划、应急处置、恢复管理和媒体沟通、应急志愿者管理等，平均每年培训规模达 15000 人次。培训的对象包括各级政府官员、FEMA 员工和灾难应急雇员、联邦合作伙伴、应急管理志愿者等，还有来自 50 多个国家的应急管理团体。此外，州级应急管理培训机构由各州的应急管理部门管理，负责为本州提供培训服务。

除 EMI 以外，从更宏观的组织架构上看，FEMA 主导的培训主要由国内备灾中心、应急管理学院、国家培训与教育局和国家消防学院提供，见表4-1。

表4-1　FEMA培训组织体系

培训机构	简　要　介　绍
国内备灾中心	国内备灾中心是唯一一家特许为国家应急响应者提供全面备灾培训的联邦机构，是国土安全部、FEMA、国家培训与教育局的重要培训组成部分。其使命是为州、地方和部落应急响应者识别、开发、检验和提供培训，形式包括现场、移动和线上培训服务，同时为国土安全部的培训合作伙伴提供支持。 国内备灾中心每年为来自州、地方、部落和地区政府以及联邦政府、外国政府和私营部门的大约5万名应急响应人员提供全灾害培训。培训范围包括准备、保护和响应。自1998年成立以来，国内备灾中心已经培训了130万余名响应者。州、地方、部落和地区政府的培训完全由美国国土安全部资助。 国内备灾中心提供的培训课程涵盖17个学科，包括应急管理、紧急医疗服务、消防、政府行政、危险材料、医疗、执法、公共卫生、公共安全通信、公共工程、农业、教育、公民/社区志愿者、信息技术、安全和保障、搜救和运输。其位于阿拉巴马州安尼斯顿的驻地校园提供50多个培训课程，此外还有移动培训服务，可在全国各地提供高级实践培训。 国内备灾中心拥有一些特色、专业的培训设施，可以给响应者提供其在原单位难以获得的培训服务，如化学、军械、生物和放射训练设施（COBRATF），全美唯一一家专门为医院和医护人员提供备灾和相应培训的医院机构，高级响应训练综合体（可应对全国社区常见自然灾害和人为灾害，配备大量模拟情景）。 在这里接受培训的人员通过完成国内备灾中心提供的课程，可获得其任职单位要求的继续教育证书（CEU）。此外，国内备灾中心还提供州、地方、部落和地区响应者的联合培训（独有）。 国内备灾中心是国家国内备灾联盟（NDPC）成员之一，NDPC由国土安全部和FEMA赞助，成员除国内备灾中心外，还有国家高能材料研究与测试中心、国家生物医学研究与培训中心、国家应急响应和恢复培训中心、美国能源部的内华达测试场（反恐行动支持）、交通技术中心公司和夏威夷大学国家备灾培训中心
应急管理学院 （文中已详细介绍，此处仅简要介绍）	应急管理学院作为全国应急管理培训和教育的枢纽，负责制定和提供应急管理培训，提高应急管理人员能力（服务对象包括州、地方和部落政府官员，志愿组织，FEMA灾害管理人员，其他联邦机构，公共和私营部门），以尽量减少灾害和紧急情况对美国公众的影响。应急管理学院课程的结构旨在满足这些不同受众的需求，强调让不同的组织机构能够在全灾害的紧急情况下共同努力，拯救生命和保护财产。主导课程和培训内容的文件包括国家响应框架、国家事件管理系统和国家备灾指南

表 4-1（续）

培训机构	简 要 介 绍
国家培训与教育局	国家培训与教育局的主要职责是为美国的第一响应者社区提供服务，提供 150 多门课程，帮助响应者培养关键技能以在大规模事件后发挥作用。国家培训与教育局提供 10 个专业领域的培训，服务对象主要为州、地方和部落实体，以及私营部门和公众。10 个专业领域的培训为：应急管理、紧急医疗、消防服务、政府行政、有害物质、医疗卫生、执法、公共卫生、公共安全通信和公共工程。 国家培训与教育局培训包括多种授课方式：讲师指导（直接授课）、培训师资（间接授课）、定制培训（会议和研讨会）和网络课程。其中，讲师指导的课程由培训机构或通过移动项目提供。 国家培训与教育局和多元化的培训合作伙伴合作，以开发和提供国家培训与教育局认可的培训课程。这些合作伙伴包括国家国内备灾联盟、农村国内备灾联盟（Rural Domestic Preparedness Consortium）、海军研究生院、应急管理学院、国际消防员协会、多所大学和社区学院等
国家消防学院	国家消防学院是 FEMA 马里兰州艾米斯堡国家应急培训中心（NETC）运营的两所学校之一（另一所是应急管理学院），由国家消防局管理和运营，是国家卓越的消防培训和教育机构。国家消防学院与应急管理学院独立管理，拥有各自独有的学生受众，以及针对应急管理与消防的课程，这两所学院从一开始就在课程和项目上进行广泛合作。 国家消防学院课程提供的方式包括网上课程、艾米斯堡学院本院线下课程及全国州/地方合作伙伴（包括消防培训机构和地方学校）提供的线下课程

四、课程体系

美国高校的应急管理课程主要分为必修课程与选修课程两大类：必修课程重点强调公共管理与应急管理通识基础；选修课程重点按照不同领域的国土安全和应急管理领域分模块设置，专业化程度高且针对性强（表 4-2）。

在美国的应急管理教育尤其是职业培训实际中，应急管理学院提供的 100 多门课程面向不同参训者的需求，综合性课程与模块化的专业技术性课程得到优化设计与组合。例如，预警分析、风险分析、应急操作平台等模块化内容的设计组合用于减灾预防课程；职责义务、组织机构、灾后恢复与重建流程等内容的课程设计组合用于灾害管理与恢复课程。

美国著名应急管理学者撰写的大量应急管理教材可以按照其内容侧重点的不同，分为综合性、分灾种、抗灾救灾、国土安全、应急管理相关法律法规五大类（表 4-3）。

表4-2 美国应急管理学科重点高校课程体系概览

课程类型		课程主题	主要课程	
必修课程	核心课程	公共管理与公共政策基本理论	《公共政策》《应急管理的政策问题》《地方政府概论》《政府财务概论》《应急管理的法律法规》《领导战略》《领导技巧》	
		灾害与应急管理基本理论	《应急管理概论》《应急管理技能拓展》《应急管理基础》《应急管理：原则与实践》《应急管理与国土安全基础》《突发事件和危机管理》《管理信息系统》《信息技术与应急管理》《灾害预警系统与公众响应》《跨部门治理》《公民和社区防灾准备》	
	主干课程	应急管理全流程理论与实务	应急准备	《减灾与备灾》《应急预案编写》《应急管理规划原则》《风险缓解原则》《社区备灾》《灾害的特点和影响》《风险评估》
			应急响应救援恢复	《应急管理操作》《灾害响应与恢复》《救灾与恢复原则》
		应急管理研究方法	《研究方法与分析》《应急管理预案分析写作》	
		国土安全	《应急管理与恐怖主义的挑战》《预防恐怖主义》《防范和应对恐怖主义》	
选修课程		各灾种应急管理专业知识	消防安全与应急服务	《应急服务原则》《火灾防护概论》《消防服务与救援原则》《消防救援系统》《消防研究应用》《消防人员管理》《消防服务的社区减灾》《消防服务伦理》
			生物危害与危险化学品安全	《社区危害物质管理》《化学危险物品管理》《危险环境下的生存》
			医疗与公共卫生应急	《公共卫生与应急管理》《医疗风险管理》《紧急医疗服务管理》《卫生应急的制度基础》《卫生应急质量管理》《卫生应急的社区备灾》《灾难健康事务》

表4-2（续）

课程类型	课程主题		主要课程
选修课程	各灾种应急管理专业知识	自然灾害与环境生态	《地震、海啸与地质安全》《洪水与山洪安全》《森林火灾防护》《雷电、闪电和龙卷风安全》
		事故灾难	《商业/工业/事故危机管理》《交通事故管理》《核电站安全管理》
	多学科视角下的应急管理		《灾害心理学》《灾难应对压力》《应急管理相关社会问题》《危机公关》《媒体、公众与应急管理》《非营利组织》《公共组织》《城市设计》《土地资源管理》《职业安全》《人身安全》

注：本表根据 EMI 网站信息整理。

表4-3 美国应急管理与国土安全教育主要教材

教材类型	教材名称	作者
综合类	《应急管理概论》（2010）	哈多、布洛克
	《美国应急管理经验》	鲁宾
	《应急预案》	佩里、林德尔
	《应急管理：有效计划策略》	坎顿
	《应急管理：本地政府的原则和实践》	沃夫、蒂尔尼
	《应急管理概论》（2007）	林德尔、佩里
介绍灾害类型	《灾害研究手册》	罗德古斯、夸兰泰利
	《风险自然灾害，人的脆弱和灾难》	威斯纳
	《灾害研究方法》	斯托林斯
	《自然灾害》	阿尔伯特
	《自然灾害分析：减少灾害的影响》	派因
	《大流行性流感：应急计划和社区准备》	赖安
	《国际灾难管理概论》	科波拉
介绍抗灾救灾	《救灾和恢复》	麦克恩泰
	《防灾设计：美国自然灾害的重新评估》	米莱蒂
	《危险化解与防备》	施瓦布、布劳

表4-3（续）

教材类型	教材名称	作者
介绍抗灾救灾	《减缓风险整合最优实践计划》	施瓦布
	《直面意外：美国灾难防备和应对》	蒂尔尼、林德尔
介绍国土安全	《国土安全概论》	布洛克
	《恐怖主义和国土安全概论》	怀特
	《基础设施：国土安全部和应急准备》	麦克杜格尔
	《国土安全原则与实践概况》	梅特
介绍应急管理相关法律政策	《灾难政策和政纲：应急管理和国土安全》	西尔维斯
	《灾难相关法律和政策》	法布尔
	《美国应急管理政策和自然灾害：国家层面分析》	皮内特
	《自然灾害防护：重铸灾难政策和规划》	戈德沙尔克

这些学者编著的应急管理教材详细地介绍和阐述了应急管理相关的理论和实践知识，既包括介绍各种灾害类型和抗灾救灾的书目，也包括介绍国土安全和应急管理相关法律政策的书目，为高校研究人员、教师和学生提供了丰富的资源，对促进美国应急管理学科的发展及美国国土安全、应急管理人才的培养起到了举足轻重的作用。

美国高校应急管理学位教育的课程形式多元，主要可以划分为两大类，一类是传统式教学，另一类是现代开放式教学。传统式教学包括线上与线下的课堂教学、小组讨论、案例研究与参观考察。现代开放式教学主要是多类型的情景演练。

就现代开放式教学而言，美国高校教学中注重运用演练的授课方式。演练采用情景模拟（simulation）和角色扮演（role-player）的方式，让学员在逼近真实场景的情况下展开讨论和实践活动。演练主要分为两种，一种是讨论型（discussion-based）演练，另一种是操作型（operations-based）演练。

讨论型演练的目的是：更好地了解和熟悉突发事件的应急方案、政策、决策程序，并在此过程中开发新的方案、制定新的政策和程序。讨论型演练包括专题讨论会（seminar）、工作坊（workshop）、桌面推演（tabletop exercise）、游戏模拟（games）。

专题讨论会。由主持人掌控，有益于学员总体认识目前的应急理念、预案、组织架构、策略和程序。

工作坊。小规模人员围绕某一主题，常伴有情景模拟和演练开发，学员能够开发标准化操作程序（standard operating procedures，SOPs）。

桌面推演。口头分组讨论，激发鼓励学员评价、评估并分析应急方案，借此来帮助学员进一步理解基本概念理论、辨析应急方案的优劣。一般分为两个不同情景的模拟演练：一是基本、常态型，即在突发事件预防、准备、响应和恢复各阶段情景不会发生改变；二是高级、动态型，即学员在突发事件各阶段采取行动时会遇到各种不同的突发情况。

游戏模拟。训练学员用已有的数据、规则和程序来描述一个模拟的或现实的情况，评估决策的结果和效果，从而达到使用计算机模拟软件的目标。

操作型演练的目的是：验证应急方案、应对策略和决策实施应急程序的可行性、科学性；明确应急管理过程中各自的角色和承担的责任，确定应急资源（人、物、财等）的储备调用需求。操作型演练包括应急操演（drill）、功能演练（function exercise）、全面练习（FSE）。

应急操演。这是一种用于提供新的装备、开发或验证新的策略或程序，或保持熟练技巧的培训方式，适用于验证组织内部应急方案的有效性。

功能演练。该演练能够验证评估个人能力、多职能行动、单一职能行动或多职能部门联动的有效性。通常借助情景模拟，让学员制定出处理办法。鉴于现实情况的复杂性，需要受训人员在高度紧张、时间约束的环境下快速有效地完成应对。

全面练习。这是上述训练的成果汇总，培养学员灾害快速反应能力、协作能力、思路拓展能力及思维判断能力，加强行动的技巧，如部门间协调、多组织合作、多辖区处理。

五、实践教学

美国应急管理学位教育的专业实践主要采取"服务学习"（learn by service）的方式。这是一种高校和社区共同合作开发的教学方法，它将社区服务与学术教学相结合，突出强调批判性、反思性思维和公民的责任感。学生通过参与社区组织满足当地需求的服务活动，提高其学术能力和实践本领。服务学习的主要目的是：帮助学生更好地实现课程培养目标，塑造核心能力。服务学习的特点包括：提供连续的服务学习机会；高校与社区互相学习；尊重不同的社会文化；将培养学生的领导技能作为服务学习的重要目标；寻求政府部门的预算支持；将服务学习与奖学金分配、学术研究相结合；为教师提供研讨津贴；设立服务学习咨询委员会；开展高校、社区、学生的服务学习年度调查。其实施的具体步骤包括：制定服务学习计划；社区相关人员和学生进行准备；实施计划；评估和反思。

除与社区开展服务学习实践之外，学校还开设了到红十字会和政府部门的实习课程。教师与联邦和州应急管理相关部门以及美国红十字协会建立联系，参与美国红十字协会的救灾行动，给学生提供灾难救助的实操机会。另外，学生的实践活动还可以是协助国家应急管理操作中心的工作。学生提前熟悉书面计划和程序，还可以去灾区参与政府部门灾害应对与处置活动。

美国政府每年定期依据防救灾活动计划进行紧急灾害应急演练，通过多种形式的演习，培养公众的防灾意识和应急能力。联邦应急管理署在网络上推出了模拟各类突发公共事件的课件，情景模拟和角色扮演的教学方式使得参训者能够在应对流程中对物资实物储备和人力资源的调配形成实战型认识，为参训者厘清角色和履行职责提供了形象化的学习途径。

另外，美国应急管理学院的整建制指挥部培训是学院的主要培训方式之一，目的是解决政府应急指挥机构的指挥协调、沟通协作等问题，提高联合处置突发事件的能力。美国绝大多数突发事件指挥部每年都开展一次以上的整建制演练式培训，并事后根据评估结果改进预案及应急决策。

六、保障体系

(一) 应急管理教育数据库建设

美国应急管理教育数据库发展很快，为美国高校应急管理研究人员、教师和学生提供了大量的研究和教学资源。

1. 国家应急训练中心学习资源中心

美国国家应急训练中心学习资源中心是介绍各类灾难的门户网站，同时是美国应急管理专业学位论文核心数据库，收集了 800 余篇全国各大学和学院的博士论文和硕士论文，提供 18000 篇可下载的报告、文章、书籍等文献。另外，学习资源中心还包括专门的在线资源。

2. 国家突发事件管理系统

美国国家突发事件管理系统（NIMS）旨在服务整个社会，包括个人、家庭、社区、私人和非营利部门、宗教组织、独立组织、地方政府和联邦政府等。该系统涵盖从准备阶段到恢复阶段如何应对突发事件的概念和原则，为组织和个人应对和处置突发事件提供操作模板，即一个标准化但灵活的突发事件管理模式。

3. 国家应急框架

美国国家应急框架（NFR）自 1992 年发布以来，主要聚焦联邦政府的角色和职责，该框架以多年来联邦政府响应突发事件的经验为指导，整合各级政府、私营部门和非政府组织形成一个共同的事件管理框架，2008 年以来改进为国际应急框架,是应对各种类型灾害和突发事件的行动指南。它包括 14 个核心能力,分别是:规划、公共信息和警告、运作协调、重要的交通、环境响应、病死率管理服务、基础设施系统、大众保健服务、大规模搜救行动、现场安全与保护、操作通信、公共和私人服务和资源、公共卫生和医疗服务及态势评估。

(二) 师资队伍建设

美国高校应急管理学科所有全职教师都要满足一定的条件,如拥有应急管理专业博士学位、拥有应急管理实践经验、拥有应急管理相关研究资历及 3~5 年的应急管理学科教学经验等。《2009 年美国应急管理高等教育项目计划报告》研究表明,在被调查的 67 所高校中,52 所高校有兼职教师,其中拥有 1~5 名兼职教师的高校占 52%,最多的拥有 90 名兼职教师。由此可见,美国教师队伍构成遵循专兼结合、以兼为主的模式。兼职教师有的是政府部门工作人员,有的是长期从事应急管理实践工作的专家,不仅拥有深厚的理论基础知识,也拥有大量的实践知识。美国高校应急管理学科的师资队伍素质高,在应急管理的理论研究和人才培养方面大有作为。他们具有很高的职业拓展能力,形成了多元能力结构,见表4-4。

表4-4 美国应急管理教育师资能力素质结构

能力要求	具 体 内 容
紧急情况和灾害管理能力	应急管理技巧; 消防相关程序操作和事件的管理; 应急管理相关程序操作和事件的管理; 明确应急管理人员的多重角色和责任; 应急计划、减缓、响应和恢复操作; 了解灾难的原因及后果; 了解灾害四个阶段的复杂性和重叠性; 了解风险评估、土地使用规划、计划、培训、演习相关过程; 理解应急管理操作、预警、疏散、收容、损失评估、灾难声明、清除残骸、捐赠管理、创伤后应激障碍管理; 了解大规模死亡管理和公共信息等相关知识信息; 危害分析和风险评估; 了解特殊人群的需求; 评估潜在的越来越严重的灾害,重视更加积极主动的灾害管理方法; 国家突发事件管理系统; 制定应急反应和恢复计划; 为应急管理人员开发和实施专门的培训项目

表4-4（续）

能力要求	具 体 内 容
管理能力	理解和运用管理原则； 有效的管理技能； 行政管理技能； 政策规划和发展能力； 组织能力； 理解和应用劳动原则和问题； 理解和应用人力资源； 项目管理； 人力资源管理； 变更管理； 管理当地应急管理程序，包括预算、人员配备等； 管理和协调应急响应行动，包括 EOC 的操作； 识别未来发展趋势，使用有效预测； 开发和开展公共教育和动员计划； 理解应急反应计划的多种元素； 收集数据、风险识别和漏洞评估能力； 了解灾后迅速恢复的技术和方法的相关知识

注：资料来源于 Department of Homeland Security：*Survey of Baccalaureate Level Programs Listed On the FEMA Higher Education Site*，2005。

（三）教育培训评估

美国应急管理学院应急管理教育培训的评估方法包括三个层次：任务层分析、行动层分析和能力层分析。

（1）任务层分析（task-level analysis）要求应急管理人员在演练中成功地完成某项任务，对各种实际方案的优点和缺点进行比较，并通过整合资源、规划和装备来改进行动。例如，采取某个行动后，就有一个"行动级别分析"的测量指标，分为圆满完成（fully）、部分完成（partially）、没有完成（not）、不适用（not applicable），以此来评估任务完成程度。

（2）行动层分析（activity-level analysis）主要关注应急管理步骤和行为是否全部按照事先的预案标准来执行。

（3）能力层分析（capability-level analysis）用来评估团体的准备、预防、响应、恢复能力。简言之，该分析有助于提高培训对象对整个机构的理解能力，包括对人员、规划、组织和领导力、装备和系统、培训等各方面的洞察与了解。

(四)　教育培训经费保障

美国应急资金管理制度较为完善。各级政府的应急管理部门大多建有应急运行中心及备用中心。运行中心主要作为应急基础设施存在，由政府一级的应急管理部门负责维护和保养，经费主要来自上级政府和本级政府。运行中心除作为应急基础设施外，同时还是演习和训练的场所。近年来，美国联邦应急管理署每年的应急资金预算约为32亿美元，其中包括联邦每年23亿美元的灾害应急基金。联邦应急管理署的财政预算不仅用于日常应急响应和培训、演习活动，还用于防灾、减灾和灾后恢复活动，但不包括特别重大事件发生后总统和国会特批的资金。

(五)　职业资格认证

美国联邦应急管理署在长期的应急管理实践发展中逐步建立并完善了国家突发事件管理系统作为行动指南。该指南中建立了国家资格体系（NQS），描述了资格与认证体系的要素，定义了应急管理专业人员的资格认证程序，规定了如何实施评审流程，并提供了资格审查人员的介绍。国家资格体系通过建立标准化指南和工具来构建应急管理职业化人员的资格达标、认证和认可体系与流程，补充了国家突发事件管理体系的资源管理单元。国家资格体系适合于具有管辖权的任何机构使用，包括各级政府部门与机构、私营部门主体以及负有突发事件管理或支持责任的非政府组织。实际上，许多部门和组织已经建立了对突发事件管理和支持人员进行资格认证的制度与程序，而国家资格体系并不取代这些既有制度和程序。相反，其目的是帮助构建和完善资格达标、认证和认可体系与程序（图4-4），使之在全国范围内有效且一致。

工作岗位与任职资格（job titles and position qualifications）定义了应急管理专业人员的工作内容以及最低任职资格标准。国家资格体系通过建立通用语言，使具有管辖权和负有职责的机构与组织能够通过执行互助协议与契约，对其他主体的应急管理专业人员能力进行规划、请求、部署并形成信任，从而促进和提升联动协调性。

具体而言，美国应急管理相关的职业资格认证既包括应急管理从业资格认证，也包括职业发展认证。就从业资格认证而言，分为国家和州两个选项。国家层面的应急管理从业资格认证包括准应急管理师（associate emergency manager，AEM）和注册应急管理师（certified emergency manager，CEM）两种。这两项认证均由国际应急管理师协会（International Association of Emergency Managers，IAEM）进行。

为了获得 AEM 认证，申请人必须接受 100 小时的应急管理培训，撰写一篇

关于应急管理经验、技能和能力的综合性文章，通过 100 个多选题考试。CEM
认证的要求高于 AEM 认证。

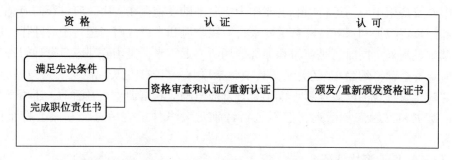

图 4-4　美国应急管理人员资格达标、认证和认可体系与程序①

　　州层面的认证通常由各州应急管理准备协会或者应急管理局执行。其标准通
常以 IAEM 的认证要求为参考，但各州根据情况设计了不同的教育背景要求、考
核题目等，也设置了一些特定的认证项目，如佛罗里达州还提供应急管理志愿者
认证以及医疗保健应急管理认证。

　　除此之外，FEMA 还积极与 IAEM 合作，建立了 FEMA 职业资格体系（FQS），
将人员的职业发展需求与既定的资格认定标准结合起来。②

　　就职业发展体系而言，美国应急管理有完整的职业发展认证体系，包括三个
层次：一是应急管理学院职业发展项目认证。通过完成规定的独立学习课程模
块，获得由应急管理学院颁发的职业发展项目认证。这是基础性的应急管理知识
技能认证，用于帮助受训者建立应急管理职业生涯的理论和技能基础。二是高级
职业发展项目认证。高级职业发展项目培训注重灾害应急行动、管理及协调的进
阶技能，包括应急管理及灾害响应的实际操作技能要求。完成规定的必修课程及
选修课程的学员将获得应急管理学院颁发的高级职业发展项目培训认证。三是独
立学习认证。学员在完成要求课程后，将获得应急管理学院颁发的相关认证。除
了联邦政府的应急管理人员，美国消防部门也有较为全面的职业资格认定制度。
消防系统要求应聘者获得紧急医学救援师的证书，分为两个级别：基础（EM basic）
和预备（EMT paramedic）。

　　①　*National Incident Management System Training Program*，Federal Emergency Management Agency，2020-
05，https：//www.fema.gov/sites/default/files/2020-07/nims_training_program_may2020.pdf.
　　②　Kranick Leischen：*Emergency Management Certifications*：*Consider Both National and State Options*，
https：//amuedge.com/emergency-management-certifications-consider-both-national-and-state-options/.

就具体的职业资格标准内容来看，美国针对应急管理人员、专业技术搜救人员制定了岗位资格认证标准、技术操作与最低培训标准。这大大推动了应急管理职业化进程，值得我们学习与借鉴。

七、招录制度

（一）招录主体

美国联邦应急管理系统工作人员属于联邦政府雇员，招录工作由联邦政府人事管理办公室统一管理。为了更好地实现人岗匹配，联邦机构建立了 USAJOBS 平台，专门负责公布联邦政府的公务员招录渠道、职位空缺情况，并开展相关的招录活动。在人事管理部门的统一组织下，联邦应急管理署主要负责举办本部门招聘宣讲活动与简历审查、面试考核等活动。

（二）职位设置

美国联邦应急管理署的职位主要分为三类，分别为永久全职（permanent full time）、待命响应/恢复骨干（cadre of on-call response/recovery）和预备/待命人员（reservist/on call），见表4-5。其中，永久全职和待命响应/恢复骨干会根据部署需要被直接指派至具体骨干队伍，而预备/待命人员和临时地方雇员则会被雇用到骨干队伍的具体岗位中。根据《FEMA 骨干管理指南》，联邦应急管理署

表4-5　美国联邦应急管理署职位设置

职位类型	职位类型描述
永久全职	为正式联邦雇员，通过包括申请和面试在内的竞争性招聘程序进行聘用，可能会有笔试和对申请人的教育、经验和综合素质评估。申请人通过后，服务满1年可获得竞争身份（competitive status），连续服务满3年后获得完整任期
待命响应/恢复骨干	受雇于特定的有限期限，一般为2~4年，为全职岗位。如有正在进行的灾害工作且资金充足，相关职位会更新，任期也可能会延长。待命响应/恢复骨干与永久全职人员享受同样的福利待遇，但任职期间无竞争身份和职业任期。待命响应/恢复骨干根据《斯塔福法案》聘用，选拔流程较永久全职更为简单
预备/待命人员	以随时待命为主要特征的工作岗位，职责是为灾难幸存者和第一响应者提供支持，是应对灾害或紧急事件的主要力量。预备/待命人员接受培训、执行出差任务、建立专业网络，为需要的人提供帮助。其工作特征为间歇性任务，随叫随到，24~48小时内可出差执行任务，部署时间为30天以上。预备/待命人员也可根据技能和经验被雇为骨干。一般任期为2年，可以续签

注：资料来源于 https：//www.fema.gov/careers/position-types。

下设有23类骨干，包括采购、公民权利、后勤、对外事务、非诉讼纠纷解决、法律顾问、残障人士服务、机构间恢复协调、现场领导、灾害应急通信、财务管理、行动、灾害现场训练行动、减灾、规划、灾害幸存者援助、人力资源、公共援助、环境历史保护、个人协助、安全、保护措施、信息技术。

（三）招录对象

联邦应急管理署面向不同的招录对象设计了多种招聘途径，确保了雇员来源的多元化，包括退伍军人和军人配偶、残障人士、学生和应届毕业生以及FEMA团队（FEMA Corps）。其中，退伍军人和军人配偶、残障人士享受一定的就业照顾，可参加竞争性和非竞争性招聘流程；FEMA团队主要为受灾社区提供服务，一般为18~24岁的年轻人，服务时间为12个月，可延长1年，其间享受生活津贴，完成服务后可获得应聘联邦职位的非竞争资格优待。表4-6展示了不同招录对象的特殊招录制度设计。

表4-6　美国联邦应急管理署招录对象及其要求

招聘对象	招聘制度设计的特点
退伍军人和军人配偶	法律资格要求： 必须是退役； 少校、中校或以上军衔的退役人员没有资格，除非是残障人士； 国民警卫队和预备役人员不符合条件。 非竞争性招录： 符合条件的退伍军人可以在不与公众竞争的情况下被任命为联邦雇员。 招聘偏好赋分机制： 联邦应急管理署设置了退伍军人偏好奖励，在竞争性申请过程中向退伍军人提供积分，并提供就业安置优待； 其中有5分偏好与10分偏好两种类型，条件包括参加特定期间的军事活动、获得的荣誉称号等。 面向配偶的资格要求： 武装部队现役成员的配偶； 伤残军人的配偶； 现役军人在服役期间死亡的配偶（不一定与战斗有关）
残障人士	竞争性或非竞争性的岗位设置： 联邦应急管理署接受残障人士成为其雇员。残障人士可以通过竞争性招聘程序申请，或者在某些情况下，申请非竞争性残障人士特别招聘机构所公布的职位（该职位有2年的试用期，在试用期内残障人士应与其他类型的员工保持相同的绩效标准）

表 4-6（续）

招聘对象	招聘制度设计的特点
学生和应届毕业生	衔接课程与职业发展计划； 应届毕业生计划； 总统管理研究员； 实习生计划； FEMA 荣誉律师计划
FEMA 团队	通过志愿服务而获得非竞争资格： 美国志愿服务队志愿者、和平队志愿者、和平队响应志愿者、和平队工作人员可以在完成服务后获得联邦雇员特定岗位的非竞争资格，进而有机会参与岗位的考核

注：资料来源于 https://www.fema.gov/careers/position-types/peace-corps-americorps。

（四）招录程序与考核要求

美国应急管理机构在招录人员时一般需要申请人具有一定的专业知识和技能，尤其强调应变能力。FEMA 针对应急管理人员提出需要有一年的专业经验（在联邦政府、州或地方政府、非营利组织、私营部门或作为志愿者从事应急管理的相关工作），并且要求其具有职业精神，愿意在紧急情况下 24 小时值班，甚至是长达数周的随时出差。因此，在考核申请人时，应急管理机构会进行多轮筛选：第一轮是简历筛选，对申请人提交的学历和经验证明进行审核，以确定申请人是否达到最低资格要求。FEMA 要求申请人提交证明材料和填写职业问卷，以保证申请人明确职位的要求（如需要紧急出差）后依旧愿意申请这一职位。这一过程通常要 3 周至 3 个月。通过简历筛选后，申请人还需要经历笔试或面试审查。面试一般由考核小组提问，判断申请人是否具备应急管理人员的素养。面试题目既涉及申请人对应急管理机构的认知，也涉及工作中可能发生的突发事件或冲突的解决方案。

FEMA 对退役军人、军人家属和残障人士的考核主要涉及以下方面：

（1）意识、绩效、管理和规划等课程，以适应急救人员各种社区工作需要。

（2）意识水平课程为需要识别和报告潜在灾难性事件或调查涉及使用危险爆炸装置事件的响应者而设计。

（3）绩效水平课程为在灾难性事件的初始响应期间执行任务的第一响应者而设计，内容包括如何保护处于风险中的公众、救援受害者或为受害者洗消等。

（4）管理与规划级课程为制定计划并协调应对人为或自然事件的大规模后果的管理者而设计。

（五）消防员的招录

除管理人员以外，美国应急救援从业人员的招录极其严格。消防员分为志愿消防员和职业消防员，其职责不仅仅是灭火，还要兼任紧急医疗技术人员，并处理危险的物品、应对各种天灾人祸。据美国消防局统计，消防队员中 2/3 为志愿者，1/3 为职业消防员，少数职业消防员被视为精英。根据美国劳工部 2014 年发布的数据显示，大部分地区消防员的录取率在 1‰~2‰之间。以纽约市为例，申请人首先要通过公务员考试，完成体能测试，并在规定时间内完成消防员基础培训。之后，还需要下队实习，经考试合格后才能成为正式的消防员。

消防工作对消防员个人素质要求很高，催生了美国的一套严格的筛选体制和科学的培训体系。由于申请者众多，很多职业消防部门开始要求申请者具备大学学历，越来越多的申请者拥有消防学科及相关领域的学历（4 年）。因此，很多单位已经把最低年限提高到 21 岁，要让将消防工作当成事业的年轻人到大学接受高等教育，这是因为大学生不仅具有更加丰富的专业知识，而且有更大的职业上升空间。例如，竞选中尉、上尉或者消防大队长至少需要火灾学或者工程学方面的学位。美国现有的几所大学，如马里兰州立大学、伊利诺伊理工学院及俄克拉荷马州立大学都设有消防系，用以培养消防硕士、博士等高级工程技术人才。

第二节 加拿大应急管理人才培养与招录政策

一、发展历程

加拿大是西方世界最早制定和平时期应急培训计划的国家之一，其应急管理教育可追溯到 20 世纪 50 年代民防领域的应急准备培训。面对自然灾害多发的国内形势，教育作为加拿大应急管理体系的重要组成部分不断发展，联邦、省和地区政府之间的协商与合作为培训方案的设立和方向提供信息，以满足应急管理和准备需求。①

1951—1954 年，位于渥太华的联邦民防参谋学院开设了应急课程。1954 年 1 月，加拿大民防学院在安大略省阿恩普里尔成立，该学院可以承担每年 2000 名学生的培训工作，主要目标是：培训民防工作方面的专家，并协助承担当地民防方面的责任。

---

① 加拿大公共安全部，https：//www.publicsafety.gc.ca/cnt/mrgnc-mngmnt/mrgnc-prprdnss/archive-cndn-mrgnc-mngmnt-cllg-hstry-en.aspx。

1954—1972 年期间，加拿大民防学院举办课程聚焦战时规划，特别是核战争。其中包括民防指导、规划和行动、医务人员培训等课程。

20 世纪 60 年代末至 70 年代初，战时民防规划衰落。1972 年，加拿大民防学院开始向市政官员和雇员提供和平时期灾害处置的课程。加拿大民防学院设施移交公共工程部，并更名为联邦研究中心。

1980 年，国家对应急规划重新产生兴趣，强调和平时期的灾害应对，联邦政府将紧急规划秘书处和加拿大应急规划局合并到枢密院办公室。政府制定了联合应急计划（JEPP），为应急准备方案提供资金，并安排各省接受财政援助，以支付重大灾害的费用。联邦研究中心的培训活动从 1977 年的 10 门增加到 1985年的 116 门课程和相关研讨会。到 1985 年，联邦研究中心的应急准备培训达到顶峰，举办了 100 多门课程、讲习班和研讨会。联邦研究中心更名为加拿大应急准备学院（CEPC）。

1986 年，加拿大应急规划署变为加拿大应急准备局，以更好地代表其职能。1989—1994 年，政府对加拿大应急准备学院的职责进行了审查。1993 年，加拿大负责应急准备的部长理事会批准了《联邦/省应急准备和应对培训和教育战略》。2000 年，加拿大应急准备学院及其省和地区伙伴开始制定 2001 年批准的国家培训战略，并于 2004 年成为加拿大公共安全和应急准备的一部分。2006 年3 月，该学院正式更名为加拿大应急管理学院。加拿大应急管理学院在 2012 年关闭后，加拿大公共安全部继续通过与加拿大公共服务学院建立新的学习伙伴关系，在应急管理培训方面发挥主导作用。

2004 年，加拿大艾伯塔省莱克兰学院的商学院开设应用应急服务管理学士学位，标志着加拿大应急管理学位教育的开端。目前，加拿大多所高等院校可提供灾害与应急管理的硕士教育。例如，约克大学开设灾害与应急管理的硕士教育项目，北方学院开设应急管理、恐怖主义和传染病响应的硕士项目，纽芬兰纪念大学（Memorial University of Newfoundland）开设工程与应用科学（安全与风险工程）硕士项目；卡尔加里大学开设安全与战略学硕士项目等。约克大学的灾害与应急管理项目在安大略省是独一无二的。学生可以是全日制的，也可以是在职的。从中学习到应急管理专业人员必须具备的重要概念、方法和技术，同时提升分析、研究和批判性思维的能力。项目致力于培养学生整合大量复杂信息，进行科学决策，以应对极具复杂性的环境。该项目具有跨学科性质，调集约克大学的各方面精兵强将，涉及环境风险与管理、自然致灾因子、商业持续性、公共卫生、人道主义援助和复杂性紧急事件等领域。

二、培养规划

2002 年 11 月发布的加拿大《国家减灾战略》对公众意识、培训和教育、预防和减少风险文化建设作出规划。加拿大政府希望通过持续的公众意识、培训和教育项目，鼓励政府、决策者和个人考虑到不断变化的威胁和风险环境以及实施减灾措施的重要性。这份文件强调，教育和宣传项目应该是多目标的，旨在激发公众、技术专家和决策者等多方利益相关者。[①]

2005 年，加拿大通过《公共安全和应急准备法案》。2007—2011 年，政府相继出台了《加拿大应急管理框架》第一版和第二版，着力加强国家安全和应急准备工作，突出了协调工具、治理机制、应急管理未来方向等关键内容，成为应急管理、国家安全教育发展新的战略依托。

不仅如此，2005 年 1 月，加拿大还公布了全国应急响应系统。全国应急响应系统为联合联邦、省和地区应对各类灾害提供了统一的协调机制。它支持和促进各级政府、私营部门、非政府组织和国际利益相关者之间的采购和后勤协调，具有以下典型功能：①明确联邦、省和地区的应急响应系统在应对所有危害之间的关系；②确定联邦、省和地区具体的协调活动，包括态势感知、风险评估/影响分析、规划、物流支持协调、公共通信等具体内容；③完善和加快联邦、省和地区的应急响应协调和决策程序；④建立标准化的术语，促进联邦、省、地区政府和利益相关者之间的信息沟通；⑤准确描述和界定一个省或地区请求联邦紧急援助的协调机制。该系统成为加拿大应急管理相关教育的实践遵循。

在联邦层面，《联邦政府紧急事件法案》和《联邦政府紧急救援手册》对应急管理事务作出了明确规定。各级政府还根据实际情况制定了各自的减灾管理法规。加拿大通过立法形式建立专门机构，健全各类法规，培训救援队伍，划拨必要经费，保证了应急减灾工作的开展。

2009 年 12 月，加拿大公共安全部颁布了《联邦应急管理政策》，目的是推进对应急管理规划采取综合和有复原力的政府办法，其中对应急管理人才进行了相应的说明和规定。加拿大公共安全部将应急管理人才定位于领导或参与应急管理工作，负责在联邦机构之间协调应急管理活动，并与各省、地区和其他实体合作。

---

① 加拿大公共安全部，https://www.publicsafety.gc.ca/cnt/mrgnc-mngmnt/mrgnc-prprdnss/archive-cndn-mrgnc-mngmnt-cllg-hstry-en.aspx。

具体而言，加拿大政府部门应急管理的职责包括①：

（1）领导或参与应急管理计划的制定、维护、检验和实施，或就此方面向政府相关部门提供咨询意见。

（2）确定其职责范围内或与之有关的风险，并将应急管理计划建立在风险评估的基础上，包括与关键基础设施有关的风险。

（3）利用加拿大公共安全部提供的准则，制定与联邦机构职责领域有关的应急管理计划，酌情处理风险和相互依存关系，以加强责任领域内或与责任领域有关的关键基础设施韧性和保护。

（4）在应急管理计划中，如果是负责关键性基础设施的部门，应通过部门网络和其他相关的分部门网络，促进部门内部和跨部门的合作。

（5）在应急管理计划中，列入协助省和属地政府以及通过省、属地政府和地方当局的任何措施。

（6）与加拿大外交和国际贸易部协商，在应急管理计划中列入协助管理影响加拿大公民或海外利益的应急措施或安排。

（7）为部门应急管理活动提供内部结构，并使之与政府应急治理结构保持一致和相互操作。

（8）向加拿大公共安全部提供应急管理计划和风险评估，以便对这些计划进行分析和评价，以促进整个联邦政府应急管理规划进程的协调一致。

（9）协调和动员其他政府部门参与全政府范围的活动，如部门间协商和演习，以促进合作和制定全政府范围的综合应急管理规划。

（10）在应急管理规划过程中，处理应急管理的每一项职能。

加拿大政府部门应急管理人员所应该具备的能力主要包括②：

一是根据优先事项、需求分析和能力要求，实现应急管理计划所列目标的可持续性发展。

二是开展或参加应急管理计划演习与培训。

三是将从事件、培训和演习中获得的经验教训和最佳做法纳入应急管理规划。

四是在应急管理计划中纳入方案、安排或其他措施，以保证业务的连续性。

---

① *Qualification Standards for the Core Public Administration by Occupational Group or Classification*，Public Safety Canada，2022-11-17，https：//www. canada. ca/en/treasury-board-secretariat/services/staffing/qualification-standards/core. html#as.

② *Federal Policy for Emergency Management*，*FPEM*，Public Safety Canada，2009-12，https：//www. publicsafety. gc. ca/cnt/rsrcs/pblctns/plc-mrgnc-mngmnt/index-en. aspx.

五是根据加拿大公共安全部确定的标准，向政府行动中心提供重要信息，并增强国家层面的态势感知的能力。

六是根据联邦机构提供的指导方针和改进流程，向加拿大公共安全部提供与演习后和事件后信息，以提升政府响应能力。

三、培养主体

（一）政府主体

加拿大的应急管理体制分为联邦、省和市镇（社区）三级。2007 年，加拿大出台了《应急管理法》。国家层面负责应急的公共安全部部长被赋予明确的责任。加拿大应急管理的责任由加拿大两级政府及其合作伙伴共同承担，包括公民个人都有责任做好应对灾害的准备。省和地区政府有责任在各自管辖权限范围内进行应急管理，联邦政府在国家一级的应急管理中行使领导职责，并负责联邦所管辖领域内的土地和财产的应急管理。关于教育、健康、公共安全、社会服务、市政府管理相关工作，省级政府拥有较大的主动权，但《加拿大应急管理框架》对各级政府协同行使应急管理和保障公共安全的职责提出了规范性要求。

各级政府与加拿大公共服务学院开展深度合作，联邦雇员能够通过功能学习社区访问应急管理课程。为了支持更广泛的应急管理社区的学习，该部门正在与加拿大公共服务学院合作，探讨如何扩大接受培训的机会。公共安全部门正在与各利益攸关方团体接触，以促进共同的应急管理方法，包括采用标准和最佳做法。

（二）社会主体

加拿大应急管理教育与培训的社会主体主要包括社区学院、大学和私营部门组织。所有加拿大的公民和组织都必须参与到应急管理的活动中来，包括公民个人、社区、自治市、联邦、省和地区政府、土著居民、紧急事件第一响应者、私人部门（包括商业部门和工业部门）、志愿者、非政府组织、学术界以及国际盟友等，都需要参与应急管理工作。基于有效合作、协调和沟通的良好伙伴关系，这是两级政府应急管理体系的一个关键组成部分，是加拿大全民国家安全与应急管理教育的组织基础。

四、培养层次与课程

（一）学位教育

2003 年，加拿大国防部下属的关键基础设施防护和应急准备办公室对全国主要大学的灾害管理教育情况进行调查后形成报告①。报告对 38 所加拿大主要大学进行调查，涉及 100 门灾害课程，结果发现：地理占了本科生相关课程的74%，政治学、社会学、心理学、规划及经济学占比寥寥。换言之，大多数课程主要研究致灾因子的物理属性。但是，英属哥伦比亚大学开设了"自然致灾因子分析"，既聚焦致灾因子的物理属性，又关注风险和脆弱性分析。魁北克大学也开设巨灾相关课程，研究物理致灾因子以及人的灾害响应行动。报告提出，随着全球气候变化的影响，越来越多的人需要接受灾害教育。但是，加拿大大学中自然灾害管理欠缺，应该加强致灾因子与灾害管理学科的建设。加拿大大学灾害管理课程缺少对灾害社会问题的研究，未来应确定灾害教育模块并将其整合进现有的教育中，特别是要加强公共管理或公共政策研究。灾害教育对脆弱性削减十分重要，将其整合进大学教育系统是培养灾害管理专业人员、形成灾害准备文化的重要步骤，为此进一步增强灾害相关课程的普及性和广泛性。此后，尽管加拿大大学加强了学科建设，但与美国、澳大利亚相比，提供应急或灾害教育的加拿大大学数量相对有限。尽管如此，一些大学还是设立了相关科研机构，见表 4-7。

表 4-7 加拿大大学灾害研究机构②

中心/学院	大学	设立年份
社区灾害研究中心	皇家山大学	2014
自然致灾因子研究中心	西蒙菲莎大学	2005
韧性研究实验室	温哥华岛大学	
人因韧性研究实验室	皇家路大学	
应急管理、政策与准备合作实验室	约克大学	2019
巨灾损失削减学院	韦仕敦大学	1997
多致灾因子系统风险研究学院	麦克马斯特大学	2016
气候适应性创新中心	滑铁卢大学	
多致灾因子风险与韧性小组	韦仕敦大学	
灾害、应急与快速响应模拟高级中心	约克大学	2016
风力工程、能源与环境研究院	韦仕敦大学	2011
应急减缓、参与、响应与治理中心	约克大学	2022

---

① Falkiner L：*Inventory of Disaster Management Education in Major Canadian Universities*，https：//www. iclr. org/wp-content/uploads/PDFS/inventory-of-disaster-management-education-in-major-canadian-universities. pdf.

② https：//hazards. colorado. edu/resources/research-centers/americas.

1. 本科学位教育

马尼托巴省的布兰登大学开设了灾害和应急学士学位研究项目，该项目由120学分的课程构成，这些课程通常在4学年完成。灾害和应急学士学位研究项目的首字母缩写为A-DES，其中间用连字符连接，目的是强调"应用"。

布兰登大学的项目采用文理交融的方法，向学生介绍灾害带来的广泛的技术、文化和环境风险，以培养学生的跨学科素质。

从培养方式来看，本科一年级和二年级在初步接受该项目后，学生将在前两年学习共同的核心课程（51学分），该课程旨在为学生提供后续学习所需的技能，见表4-8。

本科三年级和四年级有附加的24学分的核心课程，无论项目类型如何，都将为学生提供对灾害和应急研究的跨学科方法，提升学生在评估程序、业务决策及研究和沟通方面的技能。

表4-8　加拿大布兰登大学灾害和应急学士学位研究项目课程

课程代码	描　　述
第一学年：必修核心课程	
30:151	书面表达：结构、内容与风格
38:170	自然地理学概论
38:190	天气和气候概论
38:192	环境及资源问题
40:151	灾害与灾害研究基础
40:152	灾害研究的概念和应用问题
42:162	地球动态
82:160	心理学导论
82:161	普通心理学
第二学年：必修核心课程	
62:170	资讯科技概论
38:376	地理信息系统概论
40:251	自然灾害：原因和物理动力学
40:252	应急规划和管理
40:253	危害和风险评估
90:155	社会制度与过程

表 4-8（续）

课程代码	描　述
82：272	组织心理学（1）
82：273	组织心理学（2）
第三、四学年：必修核心课程	
14：274	环境卫生
38：391	环境灾害：评价与反应
40：397	应急准备和反应：法律和法规
40：398	对灾害和紧急情况的组织反应
40/82：3YY	冲突处置
40：497	灾害与发展：规划和政策问题
40：448	环境灾害/紧急情况实习

注：资料来源于 Emergency Management Education in Canada。

另外，从本科二年级开始，学生便可以选择附加学分的课程（至少 18 学分），学习关于物理和生物方面（灾害科学占比）或社会、运营、规划和组织方面的知识，加深对所有类型的环境灾害和突发事件的认识。

2. 研究生学位教育

不列颠哥伦比亚大学的社区和区域规划学院开设了灾害管理/规划研究生级的学分课程。此外，它还提供社区研究文科硕士学位和应急管理博士学位。

安大略省滑铁卢大学（University of Waterloo）的研究生可以在课程中聚焦应急管理或与致灾因子相关的主题，撰写相关的论文。

曼尼托巴大学提供风险和致灾因子管理博士学位。该项目可从其他项目中挑选学生，并允许学生在现有项目中专攻。

此外，加拿大大学应急领域高级学位毕业生数量不多，尤其是博士学位。安大略省的 La Cite Collégiale 提供两年的安全管理文凭。在这个课程项目中，学生要树立安全和预防意识，重点包括调查、灾难规划和预防、恐怖主义威胁和风险/危险分析。在安大略省，桑福德弗莱明爵士学院提供应用技术、环境评估和管理学士学位，其课程主要以环境风险管理为基础，教授学生量化环境风险、识别消除和管理风险的方法。

（二）职业培训

除公共安全部门委托公共服务学院开展的职业培训之外，加拿大部分高校也开展了面向继续教育性质的应急管理培训。

布雷顿角大学学院有一个 42 学分的项目,是为拥有大学文凭者设立的。它提供应急管理教育培训,方式是远程教育。

达尔豪西大学还有一个由加拿大皇家银行资助的风险管理项目,所设置的风险管理相关课程面向公众免费开放。

此外,许多大学开设了一些正式课程和特别研讨会,以增进对应急/灾害管理的一般性了解。这些课程可以作为获得职业资格证书的一部分条件,也可以在开放注册的基础上作为日常教育培训使用。但是,学习这些课程不能获得"应急管理"学位,所以这些课程被视为培训应急管理专业人员的辅助性课程。课程包括但不限于职业健康与安全、安全管理、消防安全、业务恢复和媒体管理。

(三)全民教育

除学位教育和职业培训之外,加拿大政府还注重培养公众在突发事件中的自救能力,通过多种渠道进行广泛的宣传,强化民众的应急救灾意识。相关法规、政府救援计划、自救知识等各种全民教育资源,通过基层政府和应急管理部门向辖区内居民免费发放。每年 5 月,加拿大政府还会举办一次由省、地区政府、自治市、非政府组织、志愿者和教师等共同参与的"突发事件准备宣传周",向公众传播应急知识和信息,提升公众参与应急管理的能力。这是"加拿大迈向2030 韧性社区规划"中的重要组成部分。

五、实践教学

(一)学位教育内嵌

加拿大布兰登大学应急管理本科教育的第四学年包括一个 6 学分的实习课程。该课程与马尼托巴应急服务学院合作,并通过市、省和联邦政府、工业界、救济和志愿组织提供各种应急管理实践参与方案,注重各机构在灾害和紧急事务方面问题的实践经验。

(二)应急演练

加拿大应急管理人员、急救人员和军事官员共同参与模拟自然灾害、健康威胁和恐怖袭击等紧急情况的演习,以验证预案、检验培训效果,并确定需要改进的领域。加拿大公共安全部根据《国家演习方案》,在确定优先事项方面提供监督和指导,并与牵头部门共同赞助重要活动。

国家演习方案的目标是通过协调符合国家利益的各类灾害演习,不断改善加拿大的应急管理。该计划包括:进行国内和国际演习,以应对各种危险和重大国际事件；对通过演习塑造的能力进行持续跟踪，进而提升应对效率；通过多种方式开展演练。这些演练为应急教育提供了生动的素材和分析资料。

六、保障体系

（一）应急管理标准化

加拿大应急管理教育保障体系的突出亮点是其应急管理机制运行的标准化。为保证应急管理在各部门间运行的完整性，整个系统都按照标准化模块运行。标准由加拿大的标准协会（Canadian Standards Association）提供。在预防减灾、准备、处置和恢复的各个阶段，指挥、运转、计划、后勤、财务的各个层面都有标准化的运行程序；应急指挥中心建设、应急物资调度、信息收集与处理、通信联络、指挥人员必备食品、救援人员服装等都有统一的规定；文本材料有通用的表格、术语代码、文件格式和处置流程手册等。应急管理机制运行的标准化大大提高了应急管理的效率，为开展统一、规范的应急管理教育、培训与职业资格认证，以及教育与职业实务的衔接奠定了坚实的基础。

（二）职业资格认证

加拿大应急准备协会（CEPA）的工作职责是：协调教育和培训机构之间的咨询与交流，负责专业、标准、课程的评审，并下设专门工作组处理应急管理相关认证和许可的事务。在布兰登大学，四年制毕业生在完成必修的理论和实践课程之后，将参与统一的资质认证。此外，该大学还正在开发面向继续教育（即曾经有过资质认证）学员的资质提升项目。

七、招录制度

（一）招录主体

应急管理工作人员特别是行政人员归属于加拿大公共安全部，是加拿大联邦政府雇员。加拿大公共安全部的使命是：建立一个安全和有弹性的加拿大。它负责协调加拿大的应急管理、执法、惩戒、预防犯罪以及国家和边境安全。公共安全部的人员招录计划是加拿大公共服务招录计划的组成部分，但涉及国家安全与国防领域的招录工作则由加拿大武装部队、加拿大皇家骑警队具体负责。但诸如通信安全、边境安全服务、国防研究与发展等领域的职位还是包含在公共服务计划内。总体来说，加拿大应急管理系统的人员招录由加拿大公共服务委员会统一组织。

（二）职位设置

加拿大公共安全部主要设置有三个类型的招录职位：一是国家安全、网络安全、应急管理、执法、打击犯罪、研究和战略规划领域的政策分析和制定以及项目管理岗位；二是政府运营中心的项目官员职位，负责协调联邦政府对潜在和实发事件的应急响应；三是行政、财务、通信、信息技术和人力资源岗位。其中有的国家安全与国防领域特定的岗位在招录中属于专项。

（三）招录对象

加拿大公共安全部的招录依托加拿大公共服务委员会，主要面向退伍军人、高等教育毕业生、在读中学生与大学生、年轻女性专项进行招录。对退伍军人而言，公共服务委员会推出了加拿大残障人士联邦实习计划，确保每个部门和机构根据自身背景、人员配备要求和职位空缺，以大幅增加对残障人士的招聘。对高等教育毕业生、在读的中学生与大学生而言，公共服务委员会与公共安全部根据对象学历层次、工作经历、群体差异，设计了多种招聘计划，包括"政策领导人招聘计划"（主要面向已经就业的有政策研究经验的高等教育毕业生）、"专科以上招聘计划（post-secondary recruitment）"（面向大部分学生）、"联邦学生工作经验计划"（面向在读学生）、"研究联盟计划"（面向正在修读相关学位课程的学生）、"专科以上实习计划"（面向在读学生）等。此外，加拿大各地方政府也与联邦政府保持一致，开设了大量的公共服务学生暑期工作与实习计划，帮助学生探索职业选择，促进其继续学习并建立学校、公共服务机构、社区之间的连接。这些工作领域包括行政事务、商业和金融、人力资源和劳资关系、营销与传播、客户服务、工程、技术和维护、环境与野生动物、信息技术管理、公共事业管理、政策分析与科学研究、社会服务、程序交付等。实习计划为公共服务部门的招录提供了人员选拔的重要参考，发挥了帮助潜在工作人员转变工作思维的作用，为其了解真实工作场景奠定了基础。对求职者而言，这可以方便其明确职业规划，提升胜任力。应该说，加拿大公共服务部门的实习计划有利于在招录过程中实现学生与政府部门的双向考察。

加拿大公共服务计划明确指出，鉴于公共安全与应急管理领域工作的多样性，需要增加年轻女性人数。但公共安全一线的执法人员中，女性所占比例不到1/4。于是，加拿大公共安全部与其他政府机构合作，于2017年7月启动了公共安全年轻女性专项招录计划，以高中女生为招录对象，提高她们对公共安全和安保领域现有职业的认识，同时也为女高中生提供更多的公共安全服务机会。

（四）应急救援人员的招录

为了在教育端实现人才更好的输出，加拿大政府倡议采用国际上的"首席消防官"模式。消防人员招录中并不强调招录对象的学历要求。但若招录对象已获得安全、应急管理相关的学位，可自动获得加分。对实务部门而言，其目的是将全国的消防队伍建设的重心转向具有本科和研究生学位的人群。例如，安大略省消防局（Ontario Fire Service）正逐步提高官员的学位要求。由于缺少有学位的消防员，安大略省消防局在招录中只接受经过培训和曾具有消防实战经验的申请人。但是，有学位的申请人比其他申请人有明显的优势。

第五章　俄罗斯应急管理
人才培养与招录政策

俄罗斯地跨亚欧大陆，是苏联的直接继承国。其应急管理机构——紧急情况部是俄罗斯的五大强力机构之一，内部工作人员包括民防（性质为军队）、消防（性质为警察）和一般工作人员。紧急情况部为军警民的综合体，军事化色彩很强。在应急管理教育方面，民防和消防学院是输送应急管理人才的主要依托，普通高等教育扮演着辅助角色。

第一节　发展与培养体系

一、发展历程

俄罗斯应急管理人才教育历史悠久，最早可追溯到 1906 年在圣彼得堡成立的消防技术员培训班。当时，大量准备工作是由圣彼得堡市杜马进行的。杜马在多次会议上研究了创建消防学院的问题。1905 年 4 月 6 日，圣彼得堡市杜马决定成立消防技术员培训班，其目的是培训消防领域的专才。

1933 年 9 月 1 日，列宁格勒大学开设市政公共事业消防工程师培训部。该部于 1936 年更名为消防工程系。1948 年，莫斯科成立了高级消防技术培训班。1957 年，以该培训班为基础，苏联内务部高级学校成立消防技术与安全系。1973 年，该系独立为苏联内务部高级消防工程技术学校。1996 年，更名为俄罗斯内务部莫斯科消防安全学院。1999 年，又更名为俄罗斯国立消防学院。[①]

1990 年，俄罗斯苏维埃联邦社会主义共和国在国内建立了俄罗斯救援部队，为应对国内紧急情况的快速反应机构。1991 年 11 月 19 日，国家特别情况委员会与苏联民防总部合并，成为俄罗斯联邦民防事务、特别情况与自然灾害救援国家委员会，直属于俄罗斯总统。1994 年 1 月 10 日，国家委员会正式成为俄罗斯

---

① 刘肖岩：《俄罗斯消防教育综述》，《消防技术与产品信息》，2007 年第 7 期，第 66 页。

联邦政府的一部分，同时升格为联邦部门，并被重新命名为俄罗斯联邦民防、紧急情况及消除自然灾害后果部（简称紧急情况部）。

以 1993 年成立的沃罗涅什州内务局消防教学中心为基础，紧急情况部消防局成立了沃罗涅什消防技术学校，这也是紧急情况部最早成立的消防学校之一。2002 年，俄罗斯国立消防学院正式从内务部转隶到紧急情况部。后来，转入紧急情况部的还有圣彼得堡国立消防学院、乌拉尔国立消防学院、伊万诺夫国立消防学院等。

目前，为俄罗斯应急与消防事业培养人才的院校有俄罗斯国立消防学院、圣彼得堡国立消防学院、伊万诺夫国立消防学院、乌拉尔国立消防学院、沃罗涅什消防技术学校、东西伯利亚学院、罗斯托夫建筑大学、沃罗涅什建筑学院、伏尔加格勒建筑学院、下诺夫哥罗德建筑学院、萨玛拉建筑学院及莫斯科国立建筑大学等，形成了完整的消防安全教育体系。

二、培养主体体系

俄罗斯普通大学开设应急管理课程较少，且重点关注事故灾难。圣彼得堡理工大学应急准备与响应项目，为期 2 年，授予工学学位。项目主要是培养核电站的安全管理人员和专家，他们负责核事故的应急准备和响应。这个项目与国际原子能机构合办，是世界上第一个辐射应急准备与响应的硕士项目。保曼莫斯科国立技术大学主要聚焦于技术安全，设立安全工程、环境工程硕士项目，目的是：在使用现代技术的过程中确保人的生命和健康安全，最大限度降低技术对环境的影响。毕业生可掌握生态和工业安全知识，对人为风险和自然风险进行分析和管理。但是，俄罗斯的专业消防救援教育发达，可为国家输送大批优秀的人才。

目前，紧急情况部下属消防局管理着俄罗斯国立消防学院、圣彼得堡国立消防学院、乌拉尔国立消防学院、伊万诺夫国立消防学院等院校以及多个地区消防培训中心，还有直属的民防学院。其中，以圣彼得堡国立消防学院、乌拉尔国立消防学院、伊万诺夫国立消防学院为代表的高校构筑起俄罗斯应急管理尤其是消防救援人员完备的本科教育体系，俄罗斯国立消防学院拥有完整的消防安全专家培养的本硕博教育体系，民防学院拥有面向民防行政与技术人员完备的本科与硕士教育体系。图 5-1 所示为俄罗斯应急管理学位教育培养主体体系。在这些高校中，以圣彼得堡国立消防学院和民防学院最为典型。

俄罗斯的应急管理职业培训采取分级的方式，如俄罗斯的消防教育培训分三个层次进行：莫斯科消防学院主要是培养高级消防管理干部，列宁格勒消防工程学院旨在培养高级消防技术人员，其他的消防技术学校着重培养中、初级消防干

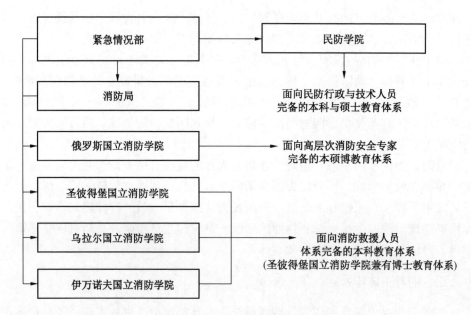

图 5-1　俄罗斯应急管理学位教育培养主体体系

部。此外，俄罗斯还开办了学制为 3 年的消防函授教育，吸收在职消防工作者，提高其业务水平。政府统筹、层次完备的高校体系是俄罗斯应急管理教育的一大特点。

此外，俄罗斯紧急情况部还管辖全俄紧急情况监测预报中心（自然灾害预防中心）、全俄民防和紧急情况科学研究院（联邦科学高技术中心）、全俄消防科学研究所、公民保护战略研究中心等机构。

（一）圣彼得堡国立消防学院

俄罗斯紧急情况部下属圣彼得堡国立消防学院是欧洲和俄罗斯最古老的消防技术教育机构。截至 2024 年，圣彼得堡国立消防学院已有 118 年历史。该校设有 6 个学院、1 个分支机构（远东消防救援学院）、5 个系（其中 2 个在远东消防救援学院），以及学生消防救援队。该高校设有 32 个教研室。师资力量包括 54 名博士、255 名副博士，47 名教授和 143 名副教授。学校设有 25 种普通高等和中等教育课程，负责俄罗斯紧急情况部 30 个科目的人员进修培训工作。该校自成立以来共培养 4 万余名专业人才。远东消防救援学院于 2013 年 3 月 1 日在海参崴成立，开设有"消防安全"和"技术领域安全"两个专业。学院根据圣彼得堡国立消防学院的招生规则制定每年的招生计划。

圣彼得堡国立消防学院设有发展学院、函授和远程教育学院、生命安全学院、职业培训学院、爱国主义道德与美德教育学院、生命安全前景研究和创新技术研究院。其中：发展学院主要提供职业补充教育，为俄罗斯紧急情况部领导干部、专业人才和工作人员提供补充专业知识，提高业务素质。函授和远程教育学院旨在培养管理层人员，为俄罗斯紧急情况部各部门领导岗位储备人才。生命安全学院于 2003 年成立，系自费专业院系，旨在培养自费专业人才，为学校教育、科研、教学、技术设施等发展吸引外部资金。职业培训学院为俄罗斯紧急情况部初级工作人员、专业人才和初级指挥人员提供系统性职业培训，加强专业能力；同时协助俄罗斯紧急情况部西北联邦区紧急情况机构强化人才能力建设。爱国主义道德与美德教育学院的主要任务是利用文化和艺术手段，培养学员良好的精神面貌和高尚的道德品质，以及对祖国、俄罗斯历史和紧急情况部门的自豪感，促进俄罗斯紧急情况部工作人员个性发展。生命安全前景研究和创新技术研究院是为贯彻落实国家科技政策，研究和解决消防安全领域的科技问题，提供信息和方法支持。该研究院与重点大学和研究机构积极开展科学合作，与北极南极研究所、列宁格勒国立河运设计院、俄罗斯科学院索洛缅科运输问题研究所、联邦国有企业克雷洛夫国家科学中心、俄罗斯联邦内务部刑事侦查鉴定中心、俄罗斯无线电工程研究所、圣彼得堡国立消防学院和喀山联邦大学签署了科学合作协议。

圣彼得堡国立消防学院设有 5 个系，包括高专人才教育系、工程技术系、经济与法律系、消防安全系和技术领域安全系。其中：高专人才教育系每年招收研究生进行面授和函授教育，提供副博士学位论文答辩前的衔接课程；消防安全系和技术领域安全系设在远东消防救援学院。

圣彼得堡国立消防学院的教学宗旨是"以实践为导向开展教学工作"。学生在学生消防救援队学习实践。消防救援队共有 11 套消防和应急救援设备，人员编制 21 人。消防队平均一学年出警 194 次，其中，紧急救援任务 47 次，作战服务援助 82 次，火灾事故 62 次，交通事故 3 次。出警总时长为 174 小时 30 分钟。值得注意的是，该校设有俄罗斯联邦消防系统司法鉴定总部，是俄罗斯消防鉴定与职业资格认证领域的领军力量。下设火灾鉴定研究中心，主要负责培训和认证俄罗斯紧急情况部消防局司法鉴定部门和专业机构的专家；对重大火灾案件和违反消防安全要求的案件进行司法等其他鉴定；利用科研成果为俄罗斯紧急情况部消防局司法鉴定部门的工作提供创新方法。2020 年，该中心开展了以下重大火灾事故的评估：莫斯科谢列梅捷沃机场苏霍伊超级喷气 – 100 型客机（Sukhoi SuperJet-100）火灾事故，哈巴罗夫斯克边疆区索尔涅奇内区"霍尔多米"帐篷营地火灾事故，"库兹涅佐夫海军上将"号重型航空母舰火灾事故等。

圣彼得堡国立消防学院积极开展科研工作，根据俄罗斯紧急情况部 2020 年、

2021 年和 2022 年的研发计划，主要进行了 5 项科研活动，获得了 19 项专利发明、优秀模型和电子计算机程序注册证书。该校高度重视并积极参与国际合作活动。与芬兰应用科学大学、丘缅拉阿克索和南卡累利阿地区救援局共同实施"跨境安全：紧急情况预防和风险管理"项目。该项目旨在提高跨境运输的安全性，并为俄罗斯和芬兰的专家培训和联合演习开发虚拟现实训练课程。值得一提的是，北极地区救援与应急管理是该校研究活动的前沿方向之一。自 2011 年开始，该校参加了建设北极救援中心、调配北极地区救援装备和开发极地救援技术等工作。2020 年，以该校为基础成立了俄罗斯联邦北极地区综合安全保障中心。该中心的成员包括当地政府代表、俄罗斯 20 多所重点大学和研究机构、俄罗斯紧急情况部等相关部门。

（二）民防学院

民防学院组建于 1992 年 12 月，执行《俄罗斯联邦教育法》《高等教育和学院后职业教育法》和俄罗斯教育科学部等有关要求，同时执行《紧急情况部教育规划纲要》，主要为紧急情况部提供人才保障和智力支撑。学校现有教师 459人，其中，在编教师 302 人，兼职教师 24 人，签订聘用合同（可与多家单位签订聘用合同）的教师 133 人；教授 60 人，副教授 89 人，高级工程师 76 人。

学校设有"统一国家体系"和民防管理教研室、医疗生物生态保护教研室、居民与领土工程保护教研室、军事学科与战术教研室、灾害救援教研室、放射与化学保护教研室、消防安全教研室、机器人装备教研室、信息系统与技术教研室、航空导航与无人机教研室、交通技术车辆与综合体应用教研室、信息通信教研室、计算机技术教研室、经济管理与国家采购组织教研室、教学与心理学教研室、法律课程教研室、国家与市场管理教研室、广告与公众联络教研室、哲学教研室、历史教研室、文化教研室、经济可持续与生命保障教研室、高等数学教研室、外语教研室、力学与工程教研室、体育教研室、化学与材料学教研室、动员准备教研室等共计 28 个教研室。

学校开展全日制教育和在职培训。招收培养现役和非现役全日制本科生、硕士研究生、副博士研究生、博士研究生，培养技术型、专家型人才。专业方向主要有：民防、军事教育、紧急情况安全、武器装备与军事技术、军事管理、消防安全、航空导航、交通技术与车辆应用、军事师范教育学、社会化管理、政治制度等专业。在职培训主要有居民保护培训、消防安全培训、潜水员培训、救援机器人技术培训等方面。

根据《民防领域居民培训组织条例》及其修正案规定，俄罗斯新任市长、州长、大型企事业单位负责人任职前必须到民防学院参加培训，时间为 2 周。

学校在国际伙伴框架下为塞尔维亚、塔吉克斯坦、古巴、越南等国家培养民防专家，也开展双边、多边互换学员、教学人员、科研人员、聘用外国专家等多项国际合作交流。

俄罗斯紧急情况部民防学院的主要特点包括：

第一，学科门类齐全。学校既招收现役制学员，也招收非现役制学员，每年招收 500~600 人。现役制学员主要分配到紧急情况部基层一线从事救援，非现役制学员就业去向较为广泛，有的到政府部门工作，有的到企事业单位工作。此外，学校每年为社会各行业领域培训安全管理人员 5000 多人，培训外国民防专家 100 多人。

第二，管理运行规范。民防学院组建时间早，在改名前有 60 年的军事人才培养实践经验。经过多年的积累沉淀，形成了一套较为成熟的教学科研管理制度体系，制定了《教育组织章程》《学术委员会条例》《教职员工教学纲要过渡性认证》《学生定期监测和中期绩效评估》《教学日志管理情况》等 70 余项规定。有效提升了治校、治教的正规化、规范化、专业化水平。学员学习任务重，四年制本科有 90 多门次理论、实践考试，淘汰比例高，学员学习压力大。

第三，科目实用性强。学校教学科目设置实用性强，以民防救援力量行动管理专业硕士研究生为例，该专业两年制硕士研究生有 120 多个考查科目、4320 学时，从了解、掌握、实践、资格考试、专业论文答辩 5 个维度建立培养标准，涵盖近 600 个知识、实践、能力要求，内容主要包括俄罗斯国家安全理论基础、消除紧急情况时各机构的协同组织、紧急情况分级、紧急情况预测、紧急情况机动管理结构、紧急情况部地区工作组织等，这些理论和实践对从事民防行动管理都具有较强的实用性、针对性。

第四，理论实践相结合。学校为确保培养学员胜任一线工作需要，注重考核学员理论基础、操作能力、实践能力。校长职责之一就是保证学校时刻处于战备状态。大部分专家教官均来自实战救援部门，并为紧急情况部领导提供辅助决策和技术支持。学校另有 150 人成建制救援力量和 14 辆救援车辆常驻备勤，直属俄罗斯紧急情况部指挥调派。

第五，教学研用密切结合。民防学院在教、学、研、用有机结合方面的一些做法值得学习和借鉴。一是从基层民防、消防救援队伍选调人员到学校任教；二是将教师取得灭火救援类职业资格等级的情况和个人发展挂钩；三是与紧急情况部建立每年定期研讨机制，确定民防学院科研规划；四是制定《学术科研指南》，提出学院科研主要是为紧急情况部研发科技产品，开展实用类科研、技术项目设计、民防实验研究、科研成果测试等方面的研究工作。

第二节 培养目标与课程设计

一、培养目标与能力要求

(一) 实践部门对应急管理人才的要求

俄罗斯紧急情况部主要通过以下两个规范性文件对应急管理人才提出要求，即俄罗斯紧急情况部第 174 号令《关于联邦民防、紧急情况和救灾公务员履行公务所需专业知识和技能的资格要求》和俄罗斯紧急情况部第 354 号令《关于批准俄罗斯联邦民防、紧急情况及消除自然灾害后果的俄罗斯联邦公务员职业道德和公务行为准则》。上述两个文件将应急管理人才分为高级管理人员、领导小组管理人员、高级助理（顾问）、专业职类人员、高级专家、高级和初级支助人员六类。紧急情况部对应急管理人才所必须具备的知识和技能进行了分类规定，同时对应急管理人才所应具备的职业道德与服务行为准则统一要求。

1. 应急管理人才所必须具备的知识和技能①

1）高级管理人员

知识要求包括：与履行公务有关的俄罗斯联邦宪法、联邦宪法法律、联邦法律、俄罗斯联邦总统令、俄罗斯联邦政府法令和其他规范性法律文件；俄罗斯联邦关于反腐败、联邦国家公务员公务行为和解决利益冲突的立法；俄罗斯紧急情况部条例；内部劳动条例；处理服务信息的程序；劳动保护、技术安全和消防安全标准和规范；职务规则；制定规范性法律文书时的要求；经济和劳动组织基础；公共行政领域的国内外先进经验；人力资源管理方法；商务礼仪规则；信息和通信技术的法律方面；信息和通信技术领域的政策文件和公共政策优先事项；通过使用信息和通信技术向公众和组织提供公共服务的法律方面；硬件和软件；在政府机构中使用现代信息和通信技术的可能性和特点，包括使用部门间工作流程的可能性；信息安全领域的一般问题；项目管理基础。

技能要求包括：在特定活动领域工作；规范性法律文书的实际适用；项目开发和管理；管理决策的及时确定和执行；起草规范性法律文书和其他文件；在管理决策和实施阶段分析和总结信息；预测所作决定的影响；制定具体行动计划；

---

① Министерство Российской Федерации по делам гражданской обороны, чрезвычайным ситуациям и ликвидации последствий стихийных бедствий. Нормативные документы, 2012–05–04, https：//www. mchs. gov. ru/ministerstvo/kadrovoe–obespechenie/grazhdanskaya–sluzhba–v–mchs–rossii/normativnye–doku-menty.

适应新的形势，采取新的办法解决出现的问题；组织和执行反腐败措施，遵守联邦公务员的公务和反腐败行为要求，解决利益冲突，形成对腐败的零容忍态度；有效和一致地组织协调与各组织、国家机构和人民的关系；监督指令的执行；适当分配工作时间；演讲能力；商务谈判；建设性批评的使用；掌握激励和激励下属的技巧；正确的人员配置和团队建设；建立有效的团队关系；向下属下放权力；掌握人际关系技巧；起草商业信函；考虑到现代信息和通信技术在政府机构中应用的能力和特点，对团体活动进行战略规划和管理；操作计算机内部和外围设备；与包括因特网在内的信息和电信网络合作；操作系统中的工作；电子邮件管理；电子表格工作；数据库工作；与项目管理系统合作；等等。

2）领导小组管理人员

知识要求包括：与履行公务有关的俄罗斯联邦宪法、联邦宪法法律、联邦法律、俄罗斯联邦总统令、俄罗斯联邦政府法令和其他规范性法律文件；俄罗斯联邦关于反腐败、联邦国家公务员公务行为和解决利益冲突的立法；俄罗斯紧急情况部条例；内部劳动条例；处理服务信息的程序；劳动保护、技术安全和消防安全标准和规范；职务规则；制定规范性法律文书时的要求；经济和劳动组织基础；公共行政领域的国内外先进经验；人力资源管理方法；商务礼仪规则；硬件和软件；在政府机构中使用现代信息和通信技术的可能性和特点，包括使用部门间工作流程的可能性；信息安全领域的一般问题。

技能要求包括：在特定活动领域工作；规范性法律文书的实际适用；项目开发和管理；管理决策的及时确定和执行；起草规范性法律文书和其他文件；在管理决策和实施阶段分析和总结信息；预测所作决定的影响；制定具体行动计划；适应新的形势，采取新的办法解决出现的问题；组织和执行反腐败措施，遵守联邦公务员的公务和反腐败行为要求，解决利益冲突，形成对腐败的零容忍态度；有效和一致地组织协调与各组织、国家机构和人民的关系；监督指令的执行；适当分配工作时间；演讲能力；商务谈判；建设性批评的使用；掌握激励和激励下属的技巧；正确的人员配置和团队建设；建立有效的团队关系；向下属下放权力；掌握人际关系技巧；起草商业信函；操作计算机内部和外围设备；与包括因特网在内的信息和电信网络合作；操作系统中的工作；电子邮件管理；电子表格工作；编写专题介绍；在电子文档中使用图形对象；数据库工作；等等。

3）高级助理（顾问）

知识要求包括：与履行公务有关的俄罗斯联邦宪法、联邦宪法法律、联邦法律、俄罗斯联邦总统令、俄罗斯联邦政府法令和其他规范性法律文件；俄罗斯联邦关于反腐败、联邦国家公务员公务行为和解决利益冲突的立法；俄罗斯紧急情况部条例；内部劳动条例；处理服务信息的程序；劳动保护、技术安全和消防安全标准和规范；职务规则；制定规范性法律文书时的要求；经济和劳动组织基础；公共行政领域的国内外先进经验；人力资源管理方法；商务礼仪规则；硬件和软件；在政府机构中使用现代信息和通信技术的可能性和特点，包括使用部门间工作流程的可能性；信息安全领域的一般问题。

技能要求包括：在特定活动领域工作；规范性法律文书的实际适用；起草规范性法律文书和其他文件；在管理决策和实施阶段分析和总结信息；预测所作决定的影响；制定具体行动计划；迅速作出和执行决定；适应新的形势，采取新的办法解决出现的问题；确保执行反腐败措施，遵守联邦公务员的公务和反腐败行为要求，并解决利益冲突；有效和一致地组织协调与各组织、国家机构和人民的关系；适当分配工作时间；演讲能力；商务谈判；建设性批评的使用；掌握人际关系技巧；起草商业信函；操作计算机内部和外围设备；与包括因特网在内的信息和电信网络合作；操作系统中的工作；电子邮件管理；电子表格工作；编写专题介绍；在电子文档中使用图形对象；数据库工作；等等。

4）专业职类人员

知识要求包括：与履行公务有关的俄罗斯联邦宪法、联邦宪法法律、联邦法律、俄罗斯联邦总统令、俄罗斯联邦政府法令和其他规范性法律文件；俄罗斯联邦关于反腐败、联邦国家公务员公务行为和解决利益冲突的立法；俄罗斯紧急情况部条例；内部劳动条例；处理服务信息的程序；劳动保护、技术安全和消防安全标准和规范；职务规则；制定规范性法律文书时的要求；人力资源管理方法；商务礼仪规则；硬件和软件；在政府机构中使用现代信息和通信技术的可能性和特点，包括使用部门间工作流程的可能性；信息安全领域的一般问题。

技能要求包括：在特定活动领域工作；起草规范性法律文书和其他文件；在决策和执行阶段分析和综合信息；预测所作决定的影响；规范性法律文书的实际适用；制定具体行动计划；迅速作出和执行决定；适应新的形势，采取新的办法解决出现的问题；确保执行反腐败措施，遵守联邦公务员的公务和反腐败行为要求，并解决利益冲突；有效和一致地组织协调与各组织和政府机构的关系；监督指令的执行；适当分配工作时间；建设性批评的使用；向下属下放权力；掌握人际关系技巧；起草商业信函；操作计算机内部和外围设备；与包括因特网在内的信息和电信网络合作；操作系统中的工作；电子邮件管理；电子表格工作；编写专题介绍；在电子文档中使用图形对象；数据库工作；等等。

5）高级专家

知识要求包括：与履行公务有关的俄罗斯联邦宪法、联邦宪法法律、联邦法律、俄罗斯联邦总统令、俄罗斯联邦政府法令和其他规范性法律文件；俄罗斯联邦关于反腐败、联邦国家公务员公务行为和解决利益冲突的立法；俄罗斯紧急情况部条例；内部劳动条例；处理服务信息的程序；劳动保护、安全技术和消防安全标准和规范；职务规则；商务礼仪规则；硬件和软件；在政府机构中使用现代信息和通信技术的可能性和特点，包括使用部门间工作流程的可能性；信息安全领域的一般问题。

技能要求包括：在特定活动领域工作；起草规范性法律文书和其他文件；规范性法律文书的实际适用；迅速作出和执行决定；适应新的形势，采取新的办法解决出现的问题；确保执行反腐败措施，遵守联邦公务员的公务和反腐败行为要求，并解决利益冲突；有效地组织协调与各组织和政府机构的关系；适当分配工作时间；掌握人际关系技巧；起草商业信函；操作计算机内部和外围设备；与包括因特网在内的信息和电信网络合作；操作系统中的工作；电子邮件管理；电子表格工作；编写专题介绍；在电子文档中使用图形对象；数据库工作；等等。

6）高级和初级支助人员

知识要求包括：与履行公务有关的俄罗斯联邦宪法、联邦宪法法律、联邦法律、俄罗斯联邦总统令、俄罗斯联邦政府法令和其他规范性法律文件；俄罗斯联邦关于反腐败、联邦国家公务员公务行为和解决利益冲突的立法；俄罗斯紧急情况部条例；内部劳动条例；处理服务信息的程序；劳动保护、安全技术和消防安全标准和规范；职务规则；商务礼仪规则；硬件和软件；在政府机构中使用现代信息和通信技术的可能性和特点，包括使用部门间工作流程的可能性；信息安全领域的一般问题。

技能要求包括：在特定活动领域工作；规范性法律文书的实际适用；确保执行反腐败措施，遵守联邦公务员的公务和反腐败行为要求，并解决利益冲突；适当分配工作时间；掌握人际关系技巧；起草商业信函；操作计算机内部和外围设备；与包括因特网在内的信息和电信网络合作；操作系统中的工作；电子邮件管理；电子表格工作；编写专题介绍；在电子文档中使用图形对象；数据库工作；等等。

2. 应急管理人才所应具备的职业道德与服务行为准则①

（1）认真并以高专业水平履行公务，以确保国家机构的有效运作。

（2）从承认、遵守和保护人权和公民权利及自由决定国家机构和公务员活

---

① 　Министерство Российской Федерации по делам гражданской обороны，чрезвычайным ситуациям и ликвидации последствий стихийных бедствий. Нормативные документы，2011-07-07，https：//www. mchs. gov. ru/ministerstvo/kadrovoe-obespechenie/grazhdanskaya-sluzhba-v-mchs-rossii/kodeks-etiki-i-sluzhebnogo-povedeniya-gosudarstvennyh-grazhdanskih-sluzhashchih.

动的主要意义和内容这一事实出发。

（3）在俄罗斯紧急情况部的权限范围内开展活动。

（4）不偏袒任何专业或社会团体和组织，不受个别公民、专业或社会团体和组织的影响。

（5）排除妨碍认真履行公务的行为。

（6）遵守公正性，排除政党和公共协会的决定影响其官方活动的可能性。

（7）遵守官方规范、职业道德和商业行为准则。

（8）在与公民和官员打交道时保持正直的品格。

（9）对俄罗斯和其他国家人民的习俗和传统表现出宽容和尊重，考虑到不同民族、社会群体和教派的文化和其他特点，促进各民族之间和不同信仰群体之间的和谐。

（10）避免可能对公务员认真履行公务产生怀疑的行为，并避免可能损害其声誉或俄罗斯紧急情况部权威的冲突情况。

（11）采取俄罗斯联邦法律规定的措施防止利益冲突的出现，并解决已出现的利益冲突案件。

（12）在解决个人问题时，不得利用其公职影响国家机关、地方政府、组织、官员、公务员和公民的活动。

（13）避免就俄罗斯紧急情况部及部长的活动发表公开声明、判断和评估。

（14）遵守俄罗斯紧急情况部制定的公开演讲和提供官方信息的规则。

（15）尊重媒体代表的活动，向公众通报国家机构的工作，并以规定的方式协助获取可靠信息。

（16）避免在包括媒体在内的公开演讲中指出俄罗斯联邦境内商品、工程、服务和其他公民权利对象的外币价值（有条件的货币单位），居民之间的交易金额，俄罗斯联邦预算指标，俄罗斯联邦预算体系的各级预算指标，国家和市政借款的数额，俄罗斯联邦的国际条约、商业惯例。

（17）不断努力确保最有效地利用其职责范围内的资源。

（二）培养目标与培养对象

根据培养主体侧重的培养目标与培养对象，俄罗斯应急管理相关高校设置了相关专业，提出不同类型、不同层次的素质能力要求。

（三）高等教育能力要求①

按照不同专业、不同教育层次，俄罗斯应急管理教育对培养对象界定了不同

---

① 圣彼得堡国立消防学院，https：//igps.ru/。

的能力要求，以圣彼得堡国立消防学院为例，具体展示其对本科生、研究生、高级职业受训者不同的专业能力要求。

在文化能力方面，本科生教育集中在基础和必要知识的掌握和运用方面，研究生教育集中在总结、创造知识的能力方面，职业教育集中在理论知识是否能够服务于职业与自我发展、是否能够在紧急情况下支持实践方面。在实践和职业能力方面，本科生教育集中考察是否愿意或擅长参与与服务团队工作的开展；研究生教育聚焦辅助或领导决策，行动的指挥与具体项目的开发，强调知识的应用转化；职业教育则要求充分利用工具、技能进行实务操作。

二、课程体系

（一）主要院校课程概况

俄罗斯应急管理教育主要院校开设课程见表 5-1。

表 5-1　俄罗斯应急管理教育主要院校开设课程

学校	课程概况
俄罗斯国立消防学院	消防技术； 消防自动化； 生产过程； 消防监督； 消防干部法律保障； 消防战术； 建筑烟气防护训练； 燃烧过程； 民防； 特殊电子设备； 自动化系统和通信； 高等数学； 物理； 工程热和液体物理； 机械与工程制图； 普通化学； 特殊化学； 俄语与语言文化； 外语； 历史与经济史； 哲学； 体育

表 5-1（续）

学 校	课 程 概 况
民防学院	本科： 通信网络和系统； 通信网络； 紧急情况预防处理； 民防和应急组织； 紧急情况保护； 紧急救援设备运行； 机器人； 空中交通； 技术经济； 应急管理； 行政和法律保障； 信息支持。 硕士： 生命安全； 管理信息系统； 组织预防； 组织与机构管理； 消防监督； 军事救援； 紧急情况安全； 政治机构进程和技术
圣彼得堡国立消防学院、 乌拉尔国立消防学院、 伊万诺夫国立消防学院	消防与工业安全（法学、心理学）； 紧急情况安全（法学、工学）； 信息系统分析； 管理与处理； 数学模型与程序； 普通教学法； 教学法与教育史； 社会经济系统管理； 系统与信息安全； 劳动保护

（二）课程结构分布

圣彼得堡国立消防学院课程结构见表 5-2。

表5-2　圣彼得堡国立消防学院课程结构

本科课程结构		本科课程学分要求
学科（模块）		213~219
模块1	基本部分	150~153
	可变部分	63~66
模块2	实践	12~21
	可变部分	12~21
模块3	国家最终评估	6~9
	基本部分	6~9
合计		231~249

　　从俄罗斯应急管理教育主要院校的具体课程及其结构可以看出，俄罗斯高度重视应急技术与管理的结合，强调社会科学和应用科学的贯通，并将实践教学和国家资质认证内嵌于学分体系中，为人才招录预留了接口。

三、实践教学

　　俄罗斯高校教官素质高，多数来自一线救援队伍，实践经验丰富，因而对救援队伍的培训普遍采用实战化、模拟化方式。各项内容完全按照消防救援人员成长路径量身打造，教学内容也是按照培训人员的岗位需求设置，将消防救援人员在实战场景中应具备的能力素质分解到演练课程中，形成了实战化的教学体系，供培训人员持续学习进步。

第三节　保障与招录

一、保障体系

（一）全俄民防与紧急情况研究所

　　全俄民防与紧急情况研究所成立于1976年，最初是根据苏共中央委员会和苏联部长会议的命令成立的。其目的是研究提高战时国民经济运行稳定性的问题。1992年根据俄罗斯联邦政府命令，研究所成为俄罗斯联邦民防、紧急情况及消除自然灾害后果部的主要科研机构，在 2002 年成为联邦科学与高技术中心。

该研究所是独联体国家中保护公民和领土免受自然和人为灾害影响的重要科研机构，下设 9 个科研中心、1 个编辑出版中心和 1 个多媒体技术中心，为应急管理人才培养提供科研支持与大量教学资源。

（二）全俄急救和放射医学中心

除消防救援类院校紧急情况部还下设有全俄急救和放射医学中心。该中心成立于 1997 年，前身为全俄生态医学中心，是一家集诊治、科研与教学功能于一体的联邦级预算单位。主要职能是为受辐射事故、人为灾害和自然灾害等影响致病的患者提供医疗服务，主要从事放射医学、放射生物学、职业病学等领域的基础和应用研究，并承担医学教学和其他医师资格的教学和进修工作，同样为应急教育的开展提供了有力支撑。

（三）评价与考核

俄罗斯从救援实际出发，分专业、分岗位、分等级进行教育培训、考核，体现不同专业、不同等级救援队伍的差异性和专业性，实行教考分离，互相制约，对引导救援队伍、人员专业发展，提升专业能力具有积极促进作用。[①]

（四）职业资格认证[②]

俄罗斯紧急情况部还承担国家救援人员认证跨部门委员会的主要工作，负责国家应急救援人员的职业资格认证制度的设计与执行。根据"俄罗斯联邦总统令 16.04.2014 第 249 号"与"2013 年 6 月 7 日关于应急救援队认证的部门间委员会的命令"，救援人员认证跨部门委员会的工作受国家认证委员会的直接指导，其组成单位包括联邦紧急情况部，卫生部，教育和科学部，自然资源与环境部，工业和贸易部，运输部，能源部，生态、技术与核监督局，国家原子能公司等。

就资格认证内容而言，委员会将俄罗斯应急救援职业资格划分为五类，包括：救援人员、三级救援人员、二级救援人员、一级救援人员、国际级救援人员。这五个等级综合了救援人员的知识、技能和能力的水平，考虑了救援人员的应急管理教育背景和其他相关背景。这一职业资格认定要求是为跨部门应用而设计的：无论是专业紧急救援队还是非专业紧急救援队的救援人员都可以参与认证，一旦完成认证，他们不仅受俄罗斯紧急情况部的管辖，还受其他联邦行政当局、俄罗斯联邦各组成实体的当局管辖。同时，根据立法，联邦行政机关和俄罗斯联邦主体行政机关可以对紧急救援服务的救援人员制定附加要求。

---

① 李思琪：《俄罗斯国家应急管理体制及其启示》，《俄罗斯东欧中亚研究》，2021 年第 1 期。

② 俄罗斯总统网站总统令文件库，http://kremlin.ru/。

此外，该委员会还负责对这些通过职业资格认定的救援人员实施年度绩效考核，对其通过资格认定之后参与的各项救援与应急管理活动进行年度综合评估，在其职权范围内作出资格认定的延续或取消决定。

二、招录制度

（一）招录主体

俄罗斯紧急情况部的人员招录表现出较强的定向特点，招录由本部门直接负责，实际上更多是从部属的各高等教育培养单位中直接选拔。

（二）职位设置

"俄罗斯联邦总统令30.09.2011 第1265 号"对俄罗斯紧急情况部的队伍建设进行了全面部署，对紧急情况部的人员招录进行了明确说明：

第一，涉及民防、保护居民和领土免受紧急情况影响核心业务的紧急情况部的专家职位，应由俄罗斯紧急情况部的联邦国立高等教育机构的毕业生担任；其他专业的专家，应由其他联邦国立高等教育机构的毕业生担任。

第二，主要救援人员（合同制士兵、军士和士官）应按照第61-FZ号联邦法律和第53-FZ号联邦法律为俄罗斯联邦武装力量规定的程序进行，根据合同履行军事服务的士兵、军士和士官以及准尉和女军人所担任的军事职位清单应由部长批准；执行义务兵役的军人在救援军事编队中的人员配备应按照联邦法律和俄罗斯联邦其他规范性法律文件规定的程序进行。这一类人员均按照军官招录，具体包括三类。

一是消防队伍。俄罗斯的消防力量分为国家消防队伍和地方消防队伍。国家消防队伍于2002年从内务部整体转隶到紧急情况部，但沿袭内务系统的军事化管理和内务衔制，属于军官招录，经费由俄罗斯联邦预算保障；地方消防队伍（相当于我国政府专职消防救援队）由联邦主体、各地政府根据需要出资建设和保障，按照行政区划逐级配置，本级政府的民防（消防）局负责管理，队员则按照劳动用工征召和管理。

二是民防部队。民防力量是国家军事力量的组成部分，约有1.1万人，实行军衔制，属于军官招录。主要分布在全俄10个区域救援中心和32个联邦主体，除"领导者"特种救援中心、诺金斯克救援培训中心外，其他8个中心的民防力量由指定的联邦主体紧急情况总局代管。目前，紧急情况部拟将8个中心救援力量收回管理指挥，进一步强化中央集权领导，提升救援救灾效率。

三是航空救援队伍。航空救援力量在全俄设有1个航空公司和4个航空救援中心，航空救援队伍隶属紧急情况部航空与航空技术救援局管理，驾驶员、机组人员等为民防部队军官，但是地勤、工程技术等保障人员为民事雇员。

此外，搜救人员也参照劳动用工制度进行管理。搜救力量在全俄建有 12 个区域搜救队、38 支搜救分队，包括直属中央机动搜救队和 10 支水域搜救队。搜救队伍又称民事搜救队伍，分为统建和自建两种。统建由俄罗斯联邦预算建设，由联邦主体紧急情况总局管辖（中央机动救援队由紧急情况部直属）；自建由联邦主体、各地政府根据需要出资建设和保障，本级政府的民防（消防）局负责管理，队员按照劳动用工征召和管理。

需要指出的是，该规定还明确强调，应急管理队伍应包括文职人员。文职人员的编制由俄罗斯联邦总统确定，文职人员担任的职位清单应由部长批准，文职人员的劳动关系由俄罗斯联邦劳动法和俄罗斯联邦公务员法规定。对这一类文职人员的招录而言，有文章指出①，包括紧急情况部在内的俄罗斯联邦政府一直到 2014 年前后才开始认识到人力资源管理的重要性。这种以 "为政治领导人和高级官员谋福利" 的立场向 "为全社会谋福利" 的立场转变为基础的新取向出现。在此之后，俄罗斯文职人员的招聘逐步从基于团队建设（个人关系）与基于工作绩效（个人能力）的公务员招聘与晋升管理走向基于专业动机（个人胜任力素质与工作意愿）的招聘。俄罗斯联邦政府期望在评估人员专业动机及其与组织需要的相关性的基础上进行招聘、留用和晋升的考虑，并以此为基础设计基于专业动机而不仅仅是团队关系与绩效的激励体系，从而更利于吸引合适的人员加入应急管理部门。

---

① Barabashev A G, Prokofiev V N: *Russian Civil Service Management: How Civil Servants are Recruited and Promoted*, *Journal of Public Administration and Policy*, 2014, Vol. 7, No. 1, P. 9–28.

第六章　英德法三国应急管理
人才培养与招录政策

第一节　英国应急管理人才培养与招录政策

英德法三国是欧洲的"三驾马车"。自 20 世纪以来，世界应急管理教育曾经历三个波次：一是民防时期，英国是领头羊；二是综合应急管理时期，美国是带路者；三是国际化与区域化时期，世界形成百花齐放的局面。相对而言，三国中英国的应急教育最为发达，特别是普通高等教育。

一、发展历程

1937 年，英国应急规划学院（EPC）的前身霍克尔斯学院成立。最初，它是英国的一个反毒气学校，后专为民防部队培养人才。1989 年，英国政府开始以应急规划学院为依托，开办危机管理和应急规划的短期培训班、论坛和课程。1992 年，英国预警和监测组织解散，民防业务出现衰落。2000 年，该学院每年要花费 300 万英镑才能运转，而且学员越来越多地来自企业界。到 2003 年，6500 名学员中，10%的人员来自私营部门。2010 年，应急规划学院由 Serco（佳信）公司代表内阁办公室管理，承办国民紧急事务秘书处（CCS）的培训。这笔交易额在 5500 万英镑，合同期 15 年。目前，它是英国韧性学习与开发中心，主要职责是：通过培训个人、团队和组织，实现"韧性英国"的目标。

2004 年，英国《国民紧急状态法》颁布出台，界定了"紧急事务"的范畴，规范了从中央到地方所有应急管理机构的角色与责任，具体为：对人民福利造成严重威胁的事件；对环境造成严重威胁的事件；对安全造成严重威胁的战争或者恐怖主义。英国的应急管理应对各种灾害事故、环境危机以及战争或恐怖主义威胁。现有的应急管理课程几乎都是围绕这三类突发事件开设的。

2010 年，英国的应急管理被纳入国家安全的"大安全"战略框架，进一步将国家安全和应急管理人才教育结合起来。

131

二、培养主体

（一）学位教育

据不完全统计，英国约有 43 所高等学校提供应急与灾害管理类的硕士课程，"高校层级分明，学科区分度大，专业性高"①。参与应急管理学位教育的世界一流大学中最为典型的是伦敦大学学院，其风险与减灾研究所（IRDR）于 2010 年成立，设置在数学和物理科学学院（MAPS），并作为一项较长战略发展倡议启动，任务是在伦敦大学学院引导风险和减灾（RDR）的研究、知识交流和教学工作的长期稳步发展。IRDR 综合了硕士教学、公共活动计划以及与人道主义、金融、研究和民间保护组织的合作伙伴关系，致力于汇集伦敦大学学院多样化的专业知识。另外，伦敦国王学院等院校也开展了应急管理相关的教育，见表 6-1。

表 6-1　英国高校灾害相关研究机构②

中心/学院	大学	设立时间
剑桥大学建成环境风险中心	剑桥大学	1997 年
城市过程、韧性基础设施与可持续（建成）环境中心	索尔福德大学	
洪水致灾因子研究中心	密德萨斯大学	20 世纪 70 年代
全球灾害韧性中心	哈德斯菲尔德大学	
致灾因子研究中心	伦敦大学学院	1997 年
致灾因子、风险与韧性学院	杜伦大学	
IRDR 性别与灾害中心	伦敦大学学院	2017 年
风险与减灾学院	伦敦大学学院	2010 年
灾害与发展网络	诺森比亚大学	2004 年
卡博特学院	布里斯托大学	
灾害管理中心	伯恩茅斯大学	2001 年
发展与应急实践中心	牛津布鲁克斯大学	1985 年
风险与韧性整合研究中心	伦敦国王学院	
地震、火山与构造学观察、建模中心	利兹大学	2002 年
人道主义与冲突响应学院	曼彻斯特大学	2008 年
国家韧性中心	格拉斯哥大学	2016 年

---

① 顾林生，陆金：《英国高校应急管理学科建设》，《安全》，2017 年第 10 期，第 78 页。
② https：//hazards. colorado. edu/resources/research-centers/europe.

(二) 职业培训

英国的应急管理培训体系主要由三部分组成[1]：一是综合性培训机构。主要指内阁办公室国民紧急事务秘书处所属的应急规划学院，主要负责全国跨部门、跨地区的综合性应急管理教育培训，设在约克郡。此外，一些地方还建立了地方和大区培训中心，进行本地区的综合培训。二是官方专业培训机构。即政府有关部门设立的警察、消防、医疗急救等专业培训学院，如全国性培训机构，消防服务学院，全国警察系统化学、生物、放射性与核培训中心，全国警察学院等。三是私营培训机构。即经过资质认定的各类社会组织和私营机构。通过公私合作伙伴关系的建立，英国形成了较为完整的应急培训体系。

其中，"应急规划学院培训规模为每年 7500 多人次，对象包括各级政府官员，消防、警察、急救等专业救援部门管理人员，也包括国民健康体系、学校、军队、志愿者的管理者以及外国官员等。除教育培训外，EPC 还承担了研究制定应急管理标准、手册的工作"[2]，为 CCS 和社会各界提供了一系列高质量的咨询。

三、培养目标与要求

2013 年英国内政部颁布《为第 1 类和第 2 类响应者设置的良好实践的期望和指标》，该文件依据《2004 年民事应急法中的职责》《2005 年应急计划条例和指南中的相关规定》《国家复原力计划》《应急响应和恢复》等规定，明确对应急管理者的期望，希望能够为他们和其他利益相关者（包括主要政府部门和监管机构）提供清晰的规定和明确的指导。具体的期望、要求和指标如下[3]：

（1）评估发生紧急情况的风险，并以此为应急计划提供信息的能力。

（2）制定应急计划的能力。

（3）制定业务持续性管理安排的能力。

（4）作出安排，向公众提供有关民防事务的信息，并维持在紧急情况下向公众发出警告、通知和建议的安排的能力。

---

[1]　国家行政学院课题组：《英国、德国、瑞典应急管理教育培训的主要做法及启示》，《中国浦东干部学院学报》，2009 年第 3 期，第 118-119 页。

[2]　国家行政学院课题组：《英国、德国、瑞典应急管理教育培训的主要做法及启示》，《中国浦东干部学院学报》，2009 年第 3 期，第 119 页。

[3]　*Expectations and Indicators of Good Practice Set for Category 1 and 2 Responders*，Home Office，2013-10，https：//www.gov.uk/government/publications/expectations-and-indicators-of-good-practice-set-for-category-1-and-2-responders.

（5）与其他当地响应者共享信息以加强协调的能力。

（6）与其他当地响应者合作，以加强协调和效率的能力。

（7）向企业和志愿组织提供有关业务连续性管理的建议和帮助（仅限地方当局）的能力。

四、培养对象与课程体系

（一）学位教育

英国重视应急管理教育，高校开设应急管理相关硕士点至少有 43 个，包括考文垂大学的灾害风险与韧性、应急管理与韧性，瓦维克大学的人道主义工程，朴次茅斯大学的危机与灾害管理，伦敦政治经济学院的国际开发与人道主义紧急事务，曼彻斯特大学的国际灾害管理，伦敦国王学院的风险与减灾等，注重国际应急管理是其一个主要特点。另外，英国应急管理教育项目注重精干性，师生比较高。"考文垂大学（Coventry University）作为英国第一个开设灾难管理课程的大学，拥有英国最重要的灾害管理与应急计划训练中心，每年招收'灾难管理与应急计划'和'灾难管理'两个专业的本科生总计约 40 人，硕士研究生约 30 人。又如，伦敦大学学院风险与减灾研究所目前总计有 60 名授课型硕士和 66 名研究型硕士。"①

英国高校应急管理课程覆盖学士、硕士、博士学位教育。以考文垂大学的灾害与应急管理学士项目为例②，其主要课程安排见表 6-2。

表 6-2　英国考文垂大学灾害与应急管理学士课程

学　年	课　程　模　块
第一学年	灾害学
	灾害管理与人道主义实践
	紧急情况学
	灾害中的组织与管理
	独立项目
	灾害和应急管理学术技能
	灾害和应急管理职业技能

---

① 顾林生，陆金：《英国高校应急管理学科建设》，《安全》，2017 年第 10 期，第 79 页。

② 考文垂大学灾害与应急管理学士学位项目简介，https://www.coventry.ac.uk/course-structure/ug/2021-22/eec/disaster-and-emergency-management-bsc-hons/。

表6-2（续）

学 年	课 程 模 块
第二学年	应急准备
	风险学
	组织弹性
	多学科合作项目
	国际实际考察
	灾害缓解与可持续发展
	高级专业技能
	高级研究技能
第三学年	专业工作实习或出国留学
第四学年	韧性社区
	全球实地比较研究
	全球期货安全
	道德、治理与弹性
	高级专业技能
	毕业论文

此外，综合多所英国高校的情况来看，其硕士课程主要包括：风险及灾害科学、风险、灾害和韧性、地震工程及灾害管理、应急规划和管理、灾害管理、发展和应急实践、危机和灾害管理、灾害、适应和发展、灾害和灾难管理、国际灾害管理、全球危机、冲突及灾害管理、应急规划、韧性及响应等。

（二）**职业培训**

根据英国的法律法规与"金、银、铜"三个管理层级的应急处置职能和机制，EPC分模块、分层次设计了4大类55门课程，内容涵盖应急预警、风险评估、应急规划、应急处置、恢复管理、媒体沟通，以及体育赛事、节假日应急管理、自然灾害、生产交通安全、核生化事故处理、卫生防疫等方面[①]。从最基础的应急入门教育培训到应急管理硕士教育课程，内容相对齐全，基本覆盖了应急管理的全过程、各方面。

英国高校应急管理学位与职业培训都强调以风险管理为基础，依托丰富的课

---

① 国家行政学院课题组：《英国、德国、瑞典应急管理教育培训的主要做法及启示》，《中国浦东干部学院学报》，2009年第3期，第119页。

程模块，嵌入了诸多交叉学科的课程。另外，英国高校应急管理硕士项目提供职业资格认证证书（Certificate）、学位证书（Diploma），有理科硕士（MSc）、文科硕士（MA）、研究型硕士（MRes）、工商管理学硕士（MBA）、法学硕士（LLM）等多种类型的学位证书可供选择，学位设置灵活。

五、实践教学

"英国的应急管理硕士教育课程只有 12 个月，无法在如此紧凑的时间内安排大量的实践课程。为使学生在毕业时同样具备一定的实务技能，高校在选修模块中设置了多种实践课程供学生选择，同时支持学生申请半全日制培养模式。"[1]

此外，英国高校鼓励学生走出去，到应急组织实习，实现理论与实践相结合。同时，采取请进来的办法，与应急规划学院等专业培训机构合作，邀请专业人士开设讲座。

六、保障措施

英国应急管理教育较为突出的保障措施是其与业界的交流和互动形成了较为完善的机制。第一，邀请实践部门的嘉宾来校演讲授课，实现理论与实践部门的互动；第二，将学位教育和职业培训通过资质认证实现相互贯通；第三，与社会志愿组织合作。通过以上措施，缩小了理论与实践的距离。

七、招录制度

（一）招录主体与对象

英国应急管理系统中的管理人员和行政人员招录（主要是公共紧急事务秘书处的招录）属于内阁府人员招录的范畴，由公务员制度委员会统一管理。其重要招录的岗位包括公务员人力资源、皇室商业服务、政府商业服务、政府商务职能、政府通信服务、政府数字服务、政府安全组、政府共享服务、政府招聘服务、基础设施和项目管理局、政府财产办公室、政府咨询中心等。此外，也有一些应急管理相关岗位分布在国防部，环境、食品与农村事务部，卫生与社会护理部，运输部，政府法务部，海事和海岸警卫局，住房部等。[2]

英国公务员招聘的网站（https：//www.civil-service-careers.gov.uk/how-to-apply/）提供了相对全面的招聘职位空缺与人岗匹配服务，并清晰地描述了来自

---

① 顾林生，陆金：《英国高校应急管理学科建设》，《安全》，2017 年第 10 期，第 81 页。

② *UK Government civil service career*，https：//www.civil-service-careers.gov.uk/departments/.

不同群体的申请人（如毕业生、退伍军人）进行职位选择与申请的程序与要求。

（二）应急救援人员的招录渠道

警察、消防及救护是第一类反应者（Category 1 Responder），无论出现什么类型的应急事件，他们总会在第一时间出现在现场。这三大组织都为自己的系统组建了专门的学院：警察学院（College of Policing）、消防服务学院（Fire Service College）、急救医生学院（College of Paramedics）。

可见，英国普通高等院校的应急专业学生毕业后除了考取应急管理岗位的公务员或从事相关教学培养，要想学有所用，也必须考取警察、消防、急救资格。

第二节　德国应急管理人才培养与招录政策

一、发展历程

1950 年 8 月 22 日，德国联邦技术救援署（THW）成立，位于诺伊豪森的技术救援学院，承担应急管理培训的任务。当时的应急管理培训具有半军事化的性质，其主要目的是战备或战争对象保护。

2004 年 5 月，德国联邦内政部成立联邦民事保护与灾难救助局（BBK），德国的应急管理目标从国防状态下的民事保护转变为灾难状态下的公民保护，应急管理培训也相应地转变为以人、自然环境、公共设施等为保护对象的培训，并且形成了两个专门的应急管理培训系统。其中，隶属于 BBK 的德国危机管理、应急规划及民事保护学院（AKNZ）主要负责与应急管理相关的政府工作人员培训，隶属于 THW 的联邦技术救援学院负责救援力量即应急救援一线人员的培训。由于发展较早，德国的应急管理培训已经形成了体系，具有鲜明的特色。[①]

德国开设应急管理专业的普通高校数量较少。波恩大学（University of Bonn）与联邦民事保护和灾害援助办公室（BKK）合作，开设了灾害管理与风险治理的硕士项目，注重培养学生巨灾准备和管理的能力。该项目面向至少有 3 年相关工作经验的大学毕业生。波鸿鲁尔大学（Ruhr University Bochum）也开设了人道主义援助的硕士项目。这两个都是欧盟培训与教育倡议推行的结果。此外，德国在科隆应用科学大学还设立了"救援工程"项目。

---

① 沈蓉华：《国外防灾救灾应急管理体制》，中国社会出版社 2008 年版。

二、培养主体与层次

德国灾害管理的组织体系由政府组织和民间组织共同组成。政府组织包括警察、消防部门、紧急医疗救助中心、其他政府机构、军队等公共部门；民间组织包括各种各样的志愿者组织，其中红十字会的组织规模最大。

在联邦层面，德国于2004年成立了灾害管理的专门机构——联邦民事保护与灾难救助局，归联邦内政部领导，主要负责自然灾害、事故灾难、传染病疫情等重大灾害的综合协调管理。

（一）管理人员培训

德国危机管理、应急规划及民事保护学院是一个专门性的应急管理培训学院，现更名为联邦民事保护学院（BABZ）。作为德国联邦民事保护与灾难救助局的组成单位，它是德国中央层级的应急管理培训教育主要机构，面向灾害管理和民事保护的所有参与者。该学院现有50多名专职教师，另有150多名兼职教师，每年进行500多次研讨教学，培训学员超过1万人。接受培训的学员是在应急管理中负有领导、决策、指挥、规划、评估、培训等职责的人员，他们共同构成了德国应急管理的行政指挥中心。这类学员主要包括德国联邦议会的议员、联邦州长、县长、大城市市长、联邦政府内阁成员、州政府内阁成员、联邦军队领导阶层、警察部门领导阶层、重要基础设施企业的高层管理人员、新闻发言人、负有领导功能的医院急救医师及其他公民保护单位负责人。

德国联邦民事保护与灾难救助局和联邦技术救援署在国际层面开展培训课程，如欧盟民防机制内培训，或为联合国举办培训课程。联邦技术救援署的培训包括地方部门基础培训，补充性的专家和管理培训，以及在培训中心的国外代表团培训。联邦技术救援署与外部教育机构合作，派遣员工参加国际培训（欧盟、联合国）并在不同层级（地区、国家、国际）开展演练。

由于维持高效的消防服务是市镇职责之一，消防队的教育和培训主要遵循市政规定，根据消防队的类型而有所不同。

"跨部门和跨州危机管理演习"，定期由联邦民事保护与灾难救助局协调举办，旨在联合联邦政府与各州共同准备和应对重大突发事件，并检验应急计划和管理理念的有效性。

此外，各州在灾害管理领域开展自己的培训活动。AKNZ承担的主要任务包括：教育和培训民事保护相关的管理人员、教师及其他相关人员；评估国内外重大损失情况；评估国家、国际分析、出版物和文件；科学指导研究项目的计划、实施和结果分析；开展研究和调研；准备、指导和评估演习；组织关于军民合作的研讨会、演习及其他活动；参与联邦主管当局的计划工作；参加联邦-州委员会及欧盟委员会；为指挥人员提供演练基地。

具体来看，AKNZ 把全国的培训对象细分为五大类：各地区应急指挥领导小组成员；消防、警察等部门以及救援组织的执行领导；政府部门行政管理人员；负有指挥、决策职能的专业人员；城市管理负责人。上至联邦议员、政府机构负责人、军队领导，下至县市长、企业负责人都能找到适合自己的教育培训内容。AKNZ 还根据需要开展应急管理专业硕士培训。

（二）现场救援培训

应急管理的执行者是指现场专业救援人员。他们运用各种专业救援知识与技术装备，负责灾难现场的指挥、协调与技术救援工作，构成了德国应急管理的策略执行中心。德国对应急管理的执行者培训主要采取分散化的方式进行，消防队、警察、联邦技术救援署以及参与应急救援的几个主要志愿者组织都有自己的应急救援培训系统与培训课程。

德国联邦技术救援署组织系统包括 1 个总部、8 个跨州间协会、66 个跨县市间区域办公室、1 个物流中心、2 所培训学院、668 个地方技术救援小组，全署共有 800 名专职公务员，另有 8 万名志愿者、66 个区域办事处和 668 个地方协会。与德国危机管理、应急规划及民事保护学院不同的是，联邦技术救援署侧重于危机的现场技术救援，主要是培训在应急过程中负有技术救助职能的人员，如灾害现场应急指挥人员与专业救援人员。

在联邦体系中，德国的消防由各州自主管理，无消防总长，无统一的消防法，无国家消防学院，也不属于军队。德国志愿消防员的培训安排在周末或晚课期间，志愿消防的正式培训时长至少为 150 小时，相当于近 4 周的全日制培训。

在德国职业消防员培训方面，消防员要完成 6 个月的全职训练，然后接受消防站的工作培训以及驾驶员/操作员、危险品和紧急医疗技术人员等额外培训，总共培训时长需要至少 18 个月，某些州需要 24 个月。

尽管德国 16 个州的消防法略有不同，但是所有州都制定了培训和认证规定，培训时长各不相同。培训内容会参考美国消防协会 1001 标准，即《消防员专业资质标准》。除了基本培训规定，还有其他一些专业培训标准作为全国性规定存在。

三、主要课程模块

（一）课程类型

德国的应急管理培训课程开发同样遵循标准化的要求。根据不同的培训对象，课程模块可以随机组合。课程模块包括：

（1）战略危机管理：国内、国际危机管理中安全政策的基本原理，危机管理中部门间、各级间的合作方式。

（2）行政危机管理：行政管理级别的、国际范围内灾害与复杂危机的应对，风险和危机沟通，全国安全预防领域的合作及军民合作。

（3）业务性危机管理：跨组织间的管理任务，与第三方合作的管理，跨界情况的管理等。

（4）应急预防/应急规划：安全保障和预防措施相关的任务，风险分析，一般性与专业性管理的任务（民事保护任务的行政落实与基于民事保护国际义务的行政任务）。

（5）民事保护中的科学技术任务：自然科学专业人员，人类/兽医专业人员，社会心理学专业人员，通信技术专业人员。

（6）国际合作：国外任务的特点，国外军民合作，民事保护系统的转移。

（二）课程层次

除了横向划分课程类型，德国危机管理、应急规划及民事保护学院还将不同类型的应急培训模块化课程分为三个层级：一级课程包括讲授指挥部工作的基础理论知识与桌面推演；二级课程根据德国应急管理工作中存在行政和战术两个指挥部的实际情况，分别对两个指挥部进行模拟演练；三级课程是行政指挥部和战术指挥部的联合演练，呈现出循序渐进、层层递进的特点。

四、实践体系

德国应急管理培训方法具有形式多样化和突出实战性特点，除了课堂讲授、专题研讨、案例展示等传统教学方法，还广泛采用了情景模拟、桌面推演、实战演练等培训方法。其中，实战演练完全按照真实工作中的应急管理模式进行。德国危机管理、应急规划及民事保护学院充分利用先进的应急管理行政指挥中心模拟设备对各地应急管理中相关机构的各级人员进行培训。通过各种情景模拟教学，参训者履行自己实际的工作职责参与应急管理的工作流程，教师对演练过程给予评判并作集体讨论。

德国实战演练可分为预案演练，跨时段场景演练，以及跨部门、跨时段的综合性演练，最终实现室内演练和网上演练、分级演练与整体演练、单项演练与综合演练、网上演练与实地演练的融合。

德国危机管理、应急规划及民事保护学院是整建制应急管理培训的最高培训机构，其职责是强化联邦和各州共同应对突发事件的职能，提高各救灾组织机构之间的协同能力以及指挥者、管理人员和技术人员的能力。"跨州演练系统"是学院设置的整建制指挥部演练课程,即由联邦政府主导的跨州及跨地区的应急指挥部演练。演练在联邦政府各部门领导组成的"指导委员会"的指导下进行,由联邦内政部成立,以联邦州、行政、企业等部门至少 12 名成员组成的跨州演练项目组来具体实施,该项目通常需要一年的准备时间,加上演练实施与评估两个阶段,共需要一年半的时间。

五、招录制度

(一) 招录主体与对象

德国应急管理系统的人员多来自志愿者招录,但联邦政府系统内的应急管理公务员主要供职于内政部下属的危机管理与公民保护司。危机管理与公民保护司本级共有 100 名左右的工作人员,另外 2 个人员规模相对较大的部门分别为司下属的联邦民事保护与灾难救助局(人员编制 300 人左右)和联邦技术救援署(全职工作人员 1800 人左右,仅占全国应急系统工作人员的 2%),这 3 个部门的工作人员均按内政部公务员招录。

德国联邦内政部为不同人群提供了不同的入职机会,但内政部中的高级公务员通常需要在大学获得学士学位或同等学位。内政部的许多员工都在德国联邦公共管理大学(公共行政学院)中学习或进修过。在招录过程中,促进男女平等是德国联邦内政部人事发展和人事决策的一个重要原则。该部门把提高妇女担任管理职务的比例作为一项核心的战略目标。另外,招录过程还为残障人士提供了一定的职业机会,并设计了具体工作保障的基本措施。

作为德国应急管理的两个重要部门,BBK 与 THW 的非救援人员招录规模相对较小,职位大多为危机管理专家、行政助理、信息技术专员、法律专员、运营专员、新闻与公共关系专员等。以危机管理专家为例,BBK 在其招录网站上提供了详尽的职位描述,见表 6-3。

表 6-3　德国联邦民事保护与灾难救助局危机管理专家招录职位描述

工作概述	协调国内和国际救灾: 作为中央联络人,积极主动地全面向联邦和州政府的专门部门提出建议。在此过程中,支持联邦和州的跨国援助请求,与欧盟委员会、救济组织和各级当局合作,并开展协调工作。 行政事务管理: 负责与国内和国际合作伙伴沟通交流,开展财务控制、数据库维护。

表6-3（续）

工作概述	概念发展和质量管理： 将在德国救灾的概念发展中发挥关键作用，还将作为团队的一员，与负责的联邦和州当局密切协调，制定创新和高效的措施，优化结构和流程。此外，在完成任务的过程中，持续实施精确合适的质量管理
职位要求	学历要求： 有大学学位（学士/文凭 FH），或者有高级非技术行政服务、高级消防服务、高级警察（执法）服务或联邦武装部队军官职业资格。 工作经验要求： （1）国际物流，最好是在物流服务的调度、组织和监督方面（重点是航空、公路或重型运输）。 （2）国际合作，最好是在项目管理方面。 （3）民防和灾害控制、警察和非警察应急反应或德国武装部队，或者在救济组织、THW、消防队或德国武装部队中担任过几年类似的志愿工作，担任过领导职务。 （4）最理想的是，有民事保护、救灾或危机管理方面的经验。 个人动机： （1）喜欢在团队中工作，并乐于在自己的职责范围内承担责任。 （2）以服务和解决方案为导向，并能与不同的合作伙伴良好合作。 （3）适合轮班工作并愿意随叫随到。对偶尔的公务出差持开放态度。如果需要，在特殊情况下可参加轮流值班。 （4）由于工作任务与安全有关，愿意依法接受安全检查。 个人能力： （1）有信心使用 IT 技术，特别是 MS Office 应用程序。 （2）有非常好的口头和书面表达能力（德语 C2，符合 CEFR）以及非常好的英语书面和口语能力（B2，符合 CEFR）

注：资料来源于德国联邦民事保护与灾难救助局职位查询网站①。

　　除正式招录之外，BBK 与 THW 为青少年和在读大学生提供了大量的培训、实习、继续教育的机会，从而通过这种非正式的连接建立了应急管理的人员网络。

（二）应急救援人员的招聘

　　对应急救援人员而言，德国主要有 4 支队伍：一是职业消防队，直接从事灭

---

① Serviece. bund. de，https：//www. service. bund. de/IMPORTE/Stellenangebote/editor/BVA－BBK/2022/11/4721123. html.

火和特殊技术救援的职业消防队伍的成员为政府公务员，其他的职业消防员为非公务员；二是志愿消防队，队员都是兼职的，完全自愿和无偿地在城镇消防队或者消防联合会从事消防救援工作；三是其他消防队，包括青年志愿消防队和义务消防队；四是企业消防队，由私人组建的保护工商业及其企业的消防组织，可以是职业消防组织，也可以是义务消防组织。

其中，职业消防队还分为三个层次进行招录，招录条件涉及学历、工作经验、个人特质等，见表6-4。

表6-4　德国职业消防队不同职位层次的招录条件

等级	招录要求	工作内容
中级	至少具有初中毕业证书和已完成的消防技能培训或对消防队有用的职业培训	火灾救援： （1）借助便携式梯子、安全绳、跳水板等救援设备救援人员和动物。 （2）抢救物资货物。 （3）在事故和风暴后清除障碍物。 （4）在发生公共紧急情况或事故时提供援助，消除一般危险。 （5）采取措施消除对环境的威胁。 （6）经过特殊培训后成为消防船机械师、潜水员及高空救援人员等
高级	在学术型或应用型大学或与消防相关的学科（如工商管理、建筑等）获得学位或进行过技术或科学研究	（1）应急服务（消防，人员和动物救援，物资货物的回收，事故和风暴后的障碍物清除以及消除对环境的一般危害或危险的运营管理）。 （2）服务调度和运营计划的制定。 （3）在理论和实践中实施培训和继续教育措施。 （4）控制所有技术设备的运行准备和操作准备。 （5）车间工作的安排和监督。 （6）协助处理人事事宜。 通常，职位包括：专业部门的文员或部门负责人、值班主管、部门负责人、专职消防队队长。 晋升机会： ——从消防检查员到消防总督察、消防官员、消防办公室议员； ——对于单独有能力和合适的高级公务员，可以进入高级消防队技术服务的入门期

表6-4（续）

等级	招录要求	工作内容
特级	在大学完成合适的技术或科学学位。土木工程、机械工程、电气工程、安全技术、物理、化学、采矿、冶金以及船舶技术和建筑等专业优先考虑。提交官方和医疗证明，证明适合在消防队服役。申请人必须是《政府采购法》第116条所指的德国人或欧盟国民。申请人必须保证为自由民主的基本秩序挺身而出。申请人不应年满35岁。申请人应持有B级驾驶执照、德国运动徽章和救生员徽章	多任务管理者：消防队的任务与岗位多种多样。复杂的大规模行动管理，包括参与民事保护和灾害管理，这是该专业领域的特点。德国城市和城镇协会专业消防培训信息和咨询中心（IBS-Feu）工作人员：德国城市和城镇协会专业消防培训信息和咨询中心是德国城市协会的一个机构。科技部职业消防员协会的培训工作组负责技术和内容方面的监督和任务的执行。此外，德国城市和城镇协会的防灾、消防和救援咨询委员会，德国城市和城镇协会的人事官员工作组和各州的代表也参与其中

第三节　法国应急管理人才培养与招录政策

一、发展历程

法国开设应急与灾害专业的大学较少，只有巴黎政治大学的国际事务学院设立了"人权与人道主义行动"的研究生项目。但是，欧盟培训与教育倡议在法国设立了多个灾害医学项目，如里昂第一大学的灾害医学项目。此外，欧盟培训与教育倡议还在巴黎第一大学设立了"全球风险与灾害管理"的专业硕士项目。法国消防史至今已有200多年。19世纪初，拿破仑在巴黎建立了第一支消防队。1884年法国颁布了第一部消防法，对火灾的预防和扑救工作从法律上加以明确规定，并要求每个市镇必须建立3个消防队。[①]

同欧洲其他国家类似，法国的国家安全与应急管理事业发源于民防领域。1951年，法国成立国家民防局。1954年，颁布《民防法》，并建立了民防组织。法国民防工作的主要任务是预防空袭或核生化袭击及有可能遇到的任何危险，抵御各种意外事件、自然灾害和重大事故造成的损失，最大限度地保护人员、财产安全和环境。平时，重视坚持对居民进行民防重要性的宣传教育，向居民介绍防

① 王敏：《法国消防与消防教育》，《安徽消防》，1996年第3期，第35-36页。

核生化与防空袭，以及防灾和救护等方面的基本知识，使公众了解民防的重要性，增强民防意识，防止居民在长期和平环境中滋长和平麻痹思想。

1955年，法国颁布的消防法将社会各类灾害的预防救援任务赋予了消防部门，并由此成立了面向消防救援的新的组织机构，即现在的民事安全局，隶属于内政部。各省设有消防救援局，各市设有消防救援中心。根据法国1994年9月14日颁布的政令，民防学院成为一个公立的行政机构，从属于法国内政部，但具有民事法人的资格，是法国独立的消防教育培训机构。

2004年，法国通过《国民安全现代化法》，标志着该国从单纯强调"救援组织"进入"全面应急管理"新阶段。该法确立了通过风险预防、应对各类灾害为民众提供人身、财产和环境保护的应急管理宗旨，明确了政府责任和公民义务相结合的原则以及社会各类生产经营单位责任和义务，围绕风险评估、监测预警、预案制定等加大工作力度，调整了应急管理体制机制和救援体系。这对应急管理教育提出了新的要求。

二、培养主体与层次

法国的消防教育培训机构主要由两大部分组成：一是法国民防学院，二是法国各省的消防培训中心和法国民防学院在各省的分校。根据学历教育、岗前培训、继续教育这三个培养对象层次的不同，各培养主体形成了不同的分工。

学历教育由分布在巴黎、里昂、瓦那福、麦茨等城市的地方消防培训中心来完成，其中瓦那福消防学校专门负责森林消防方面的培训，学历教育主要招收没有学历的消防队员，经考核合格即授予大专文凭。岗前培训主要由分布在全国95个县的消防办公室完成，消防人员经过培训才能上岗，素质能力得到一定程度的保证。继续教育由民防学院组织实施。该学院由23名理事组成，理事长由Tressens省的省长担任。学院的任务有3个：一是对职业消防官员进行初任培训和对在职消防官员进行继续教育培训，对义务消防官员进行初级培训；二是促进对民事安全各个方面的学习研究和评价展望；三是就各种危险与灾害组织教学、传播知识，尤其要保证对民事安全工作人员（省长、民选代表、工业家等）的培训。

民防学院由内政部消防救援处负责制定教育培训大纲和进行培训管理。各省的消防培训中心和学院设在各省的分校，主要承担官员以下的职业和志愿消防员和私营公司的消防人员及社会公民的消防教育培训。另外，法国的民防学院还对部分现役的巴黎消防大队和马赛消防大队的消防官员进行培训。各省级的消防培训中心还承担一定量的社会消防教育的工作。因此，民防学院是法国消防官员和民事安全人员培训的重要场所，也是民事安全学习与研究和国际交往的中心，为法国最重要的消防教育培训中心。

具体而言，民防学院的消防培训内容分层次设置，主要面向消防官员的培训。此外，还包括面向青少年的消防教育。

消防官员的培训分为初级培训、专业培训和职业适应性培训三类。

普通消防员主要由职业消防员（含现役）、志愿消防员和义务消防员三部分组成。对普通消防员的培训，主要由各省基地完成。法国的每个省都有消防救援培训基地，由省消防救援总队负责管理，主要完成1~3级消防员的培训及考核；4级消防员培训及考核在国家级培训学校完成（表6-5）。省级培训基地主要开展消防志愿者基础教育、消防救护技能教育、专业救援、实战演习、考试、公众安全意识教育及对企业救援队培训。

表6-5 消防员级别与培训要求

级别	任务	培训实施	先决条件	培训学时
1	要会使用并自主地操作救援设备设施	省级培训基地	符合健康条件	7天
2	可独立作出某些救援决定，可指挥由2名人员组成的救援小组	省级培训基地	达到1级消防员	17天
3	可指挥3个救援小组	省级培训基地	达到2级消防员	17天
4	可指挥多个由3级消防员组成的分队	国家级培训学校	达到3级消防员	15天

培训主要课程包括：火灾救援、油罐车泄漏救援、化工装置泄漏救援、交通事故救援、居民楼内救援、高速公路救援、高压线路触电救援、地下设施救援、自然灾害救援、森林火灾救援、烟雾场所救援、放射性场所救援等。

法国对青少年的消防教育非常重视，而且也取得了很好的效果。在法国，青少年的消防教育培训也是由各省的消防培训中心或消防救援中心负责的。教官由培训中心和消防救援中心的官员担任。

三、主要课程模块

院前急救是法国消防的重要职责。法国消防员除了承担灭火和应急救援任务，还承担大量的现场救护工作。救护对象不仅包括各种灾害事故现场的伤员，还包括各种居所内的急症患者。因此，灭火与应急救援、现场救护是法国消防员必须具备的两项基本技能。

灭火与应急救援设置了消防专业和抢险救灾两个模块的课程，包括理论和实战两个分支。以民防学院中尉班的课程为例，其中理论课程占到总课时的21%，而实操课程占到总课时的69%，剩下的部分为7周的部队实习，保证学生从学院毕业后能够更好地适应基层消防队灭火战斗的实际需要。

对现场救护而言，罗纳河口省的消防学校团队救护培训课程共分为10个单元，主要课程包括：团队构成与救援者职能、伤情评估、止血包扎、气道开放、心肺复苏、骨折固定、伤员搬运、常见伤情救治（溺水、烧伤、中暑、冻伤、咬伤、刺伤、电击伤、冲击波伤、四肢受伤、一氧化碳中毒等）、儿童疾病救治、常见病救治、意外分娩等。

此外，法国的应急救援力量还包括国家应急救援部队，属军事力量。它由内政部管辖，规模约3000人，配备有应急航空队、危险化学品及矿山救援队等专业力量，以及确保后勤保障和交通运输的辅助力量。它有4个大型救援装备物资储备基地，全国设7个作战基地，负责不同区域的综合应急救援行动，均配有一定数量的直升机，用以开展各类急难险重的救援任务。

法国警察由国家警察和宪兵两个系统组成，分别隶属内政部和国防部。国家警察主要负责1万人以上的城市警务工作，宪兵负责1万人以下乡村和小城镇警务工作。国防部宪兵总局拥有宪兵航空队，作为重要国家航空力量参与安全事件处置、安全巡逻、治安维稳及应急救援等任务。它共有55架直升机，分布在法国本土的27个基地。此外，还有6架固定翼飞机，协助宪兵开展安全事件处置与救援。

军警力量从事应急救援，也要接受专业的培训，形成了完成急难险重任务的能力。此外，法国重视社会力量参与应急管理。位于法国第戎市的"国民安全防护联盟总部"已经成为法国第一大民间救助机构，迄今已有超过3万名志愿者在此接受过突发事件与自然灾害处置技能培训。

值得一提的是，我国云南消防总队与法国宪兵队合作，联合开展了山岳救援训练。

四、招录制度

（一）招录主体与职位设置

法国应急管理系统中的管理人员主要分布在法国内政部，属于公务员招录的范畴。内政部是应急管理主管部门，部长负责应急处置工作决策和协调，其下属的民事保护和危机管理总局负责各类自然灾害、工业及技术灾难等突发事件应对。主要职责有三个方面：一是组织救援。下设专门的国家行动中心且拥有直属救援队伍，必要时可根据请求派出救援力量。二是风险管理。负责分析掌握各类风险隐患和应急资源情况，向民众普及知识并建立预警制度。三是指导协调。负责指导各类救援力量建设，拟定并执行民事安全预算。成立部际委员会后，承担其办事职能，与国防部、警察总局、宪兵总部、气象、卫生、铁路、公路运输等所有政府部门及大型企业、核电站、红十字会等非政府组织保持紧密联系。法国内政部设有行政事务岗、驾驶执照岗、技术服务岗、信息与通信技术岗、国家宪兵队、警察、公民服务岗、应急准备岗和特设的学徒岗、残障人士岗、公民志愿服务岗。其中，应急准备岗包括一系列应急救援岗位，如专业消防员、志愿消防员、青年消防员、救生员、排雷员、民用直升机飞行员、消防装备管理员等，其招录工作由内政部民事安全和危机管理总局直接管理。总体而言，法国应急管理从业人员招录由内政部统一负责，内政部的官方网站详细介绍了各种职能岗位的职位信息与招录要求。

（二）消防员的招录

从队伍结构上看，法国的消防队伍主要实行职业化体制，共由 4 支战斗队伍（军队现役消防队、政府职业消防队、地方志愿消防队和企业专职消防队）和 1 支后备队伍（青年消防员）构成。法国只有巴黎和马赛 2 个城市消防队实行现役制，共 1.2 万人，分别由陆军总部和海军总部直接领导。其他城市全部实行政府职业制，全国共有 4.2 万名政府职业消防员，政府职业消防员的培养和管理模式与现役消防员一样，构成了法国消防队伍的主力。法国乡村地区有 19.8 万人的志愿者消防队伍，由政府职业消防员领导，其出警数量达全国总数的 66%。法国依托企业建立了专职消防队。此外，法国还有 2.7 万名青年消防员，由 16 周岁以下的在校学生构成，他们利用课余时间在消防队参与训练，但不参与出警，很多青年消防员到 18 周岁以后就会报名参加志愿消防队，是法国消防队伍的后备力量。

在法国，基层消防指挥员有一半为消防员通过培训和考试晋升而来。每年各地消防局根据需要推荐优秀消防员到法国消防官高等学校（ENSOSP）进行培训，通过长期培训和考核进入消防部队，实习 1 年后授衔任职，通常要求消防员具有 5 年以上的工作经验，才可以获得推荐培训的资格。另外一半则是招聘大学生通过培训考试进行任职，指挥员任职以后，仍然会有计划地进行后续培训，定期组织各指挥员到法国消防官高等学校进行不同专业和科目的专门培训，以更好地适应不同阶段工作的需要。

法国职业消防员的招录晋升最为严格。根据 1990 年 9 月 25 日颁布的政令，法国职业消防员被列入地方公务员的序列中。按照法国有关公务员的条例规定，公务员的招聘实行公开会考的制度。受聘的职业消防员（二级消防员以上）的晋升也是要通过考试才能晋升的。级别是沿用军队的士兵军衔，从最低级的士兵到最高级的士官共分为二级消防员、一级消防员、上等兵、下士、上士、军士和军士长 7 个级别，一般情况下都要在一个级别工作满 2 年方可参加晋升考试，考试也是由省消防救援部门组织进行的。也可以越级参加晋升考试，即可以从任何一级向上一级或更高级晋升（消防官员不能越级晋升）。志愿消防员的晋升与职业消防员类似。

　　总之，法国统筹国家安全与应急管理，将军队、警察与宪兵、多种形式消防力量作为应急救援的主力军，辅之以训练有素的社会力量，突出强调实战性、专业性，重视对救援人员开展持续性、分层次的救援能力培训。正因如此，法国普通高等教育并没有呈现出应急管理专业勃兴的局面。但是，法国大学生要经过民防培训，拿到红十字会颁发的应急技能证书后，才可以被授予大学毕业证。从这个意义上讲，应急管理教育与普通高等教育更为密切地融合成为一体。

第七章　日本与新加坡应急管理人才培养与招录政策

在亚洲国家中，日本一向被认为是防灾减灾的标杆。但是，日本的应急教育主要以技术为主，分散于相关的学科之中，综合性应急管理比较欠缺。新加坡虽为小国，但其消防即民防，应急管理人才培养与招录制度也有可以学习借鉴之处。

第一节　日本应急管理人才培养与招录政策

一、发展历程

日本是一个自然灾害多发、频发的国家，天灾与地灾影响巨大。据 2010 年度的防灾白皮书统计，日本的国土面积占全世界的 0.25%，但震级 6 级以上地震的发生次数却占全世界的 20.5%，活火山数占全世界的 7%。此外，因 6 月梅雨季节的大雨和秋天的台风而引发的灾害也不在少数。因此，为了减少自然灾害造成的损失，日本政府、社会主体对灾害相关教育尤其重视。① 日本强调自救、互救与公救的"三结合"，倡导全民参与，注重应急培训与演练。相对而言，高等教育的防灾学科建设反而并不发达。

1948 年，日本消防部门脱离警察部门成为独立的行政机关后，承担起了以警防、防灾、预防和急救为主要内容的职能任务。同年，日本消防讲习所成立，教师培训科与火灾原因调查科（现预防科）正式开课，拉开日本应急管理人才培养序幕。2001 年，因机构改组，消防讲习所成为总务省消防厅消防大学。

日本学校的防灾教育始于 1958 年，2008 年列入经过大幅度修订的《学校保健安全法》。在相关条例中明确规定，为保护儿童、学生在事故和灾害中的安全，学校必须制定包括学校设施的安全检查，以及包括对儿童、学生进行安全方面的指导在内的安全规划。1995 年阪神大地震后，日本开始推广自救、互救与

---

① 汪文忠：《日本防灾教育的经验启示》，《生命与灾害》，2016 年第 12 期，第 10～13 页。

公救相结合的防灾教育体系，即公民自我防救优先，其次是邻里与社区相互救助，最后是政府部门与公益组织救援，防灾与应急教育体系也日臻完善。

与灾害的全民教育不同，高等教育中的应急管理学科建设主要的侧重点是：为应急管理事业培养优秀的专业化人才。作为一个灾害频发的国家，日本自 20 世纪 50 年代起就将 5%~8% 的预算投入到灾害减缓与预防之中。其中，大部分的投向为灾害的结构性减缓，其主要目的是：在提升防灾减灾能力的同时，刺激经济的增长。日本的应急管理系统及其相关的培训更加依赖于技术应用，而不是组织和人力的发展。综合性应急管理学科发展滞后，相关的防灾技术课程分散于建筑、环境、计算机等学科之中。但是，近年来，日本高校应急学科建设也有所发展。

二、培养主体体系

日本应急管理职业化发展的路径较为特殊，其主要特点是：人才和培训项目偏重技术；重视对应急管理人员的在职培训；强调对高级管理岗位的培训；大学项目与本地应急管理人员通过网络共同体联系并提供外围服务。[①] 例如，爱媛大学（Ehime University）为亚洲学生开设了灾害预防研究特别项目，其目标是：理解亚洲灾害特点，培养一流的研究者和技术专家。课程主要涉及滑坡、洪水、地震等致灾因子、海岸侵蚀、结构性损坏、信息发布等，表现出明显的技术偏好。所以，这一部分主要选择了日本的消防教育与培养。

（一）政府主体

日本依照行政体系结构来确立应急培训框架。"日本采用中央、都道府县、市町村三个层级的行政管理体系。据此，日本在全国各个行政等级都面向消防等重要应急力量的发展设立了相应的专业培训机构，并根据各级职能责任作出了相应的应急培训目标和要求，制定了相应的培训计划，构建了健全完善的培训组织体系，实现了培训的正规、有序、健康发展。在培训机构设置上，日本总务省所属的消防厅是负责应急管理培训的中央管理机构，下设有日本消防大学，所有都道府县也都成立了消防学校，作为消防人员培训的重要渠道。"[②] 日本消防培训形成了国家统筹、地方补充、专业机构支撑的特点。

设立在东京立川的国家级灾害医疗中心是日本紧急医学救援体系的核心机构

---

① Britton N R：*Higher Education in Emergency Management*：*What is Happening Elsewhere*? Paper Presented at the 7th Annual By-invitation Emergency Management Higher Education Conference，8-10 June，2004.

② 赵玉霞，王冰：《日本应急管理培训对我国党校（行政学院）培训工作的启示》，《山东行政学院学报》，2019 年第 5 期，第 21 页。

和管理本部，也是日本最大的医学救援专业机构，每年为救援队伍定期组织培训与演练。

日本建立了较为完善的消防教育培训体系。①消防教育培训学校及教学内容。国家层面设立日本消防大学，47个都道府县设有55个地方消防学校，国家统一制定了《消防学校教育大纲》，由国立消防大学、都道府县所指定的消防学校及市町村办的消防训练班具体实施。②消防学校专职教员及教学条件。主要由各消防本部派遣的具备丰富实战经验的职员担任，国家制定了专门的《消防学校的设施、人员及管理标准》，各学校配有较为完备的模拟训练场所，如东京消防学校专门为水域救援训练建有2个透明水槽（1个深22米、直径6米，1个与游泳池近似），用于潜水、游泳训练，便于教官评判训练成效。③5类消防职业教育培训。即初任培训、基础培训、专科培训、干部培训和特别培训。初任培训以新招录消防员为对象，由地方消防学校负责，时间不少于6个月、800学时，考核通过方可成为正式消防员。基础培训是对"消防团"成员入团后进行的基础知识技能教育，时间不少于24小时。专科培训是以现任消防员和有一定经验的"消防团"成员为对象进行的特定专业的教育训练。干部培训是以干部及干部提拔候选人为对象进行必要的教育训练。特别培训是指除上面的一些培训外，为了达到特别目的而进行的培训。

此外，日本消防员的日常训练十分规范，设置了门类齐全、标准规范的业务训练体系。每年年初都由消防本部警防科制定全年的训练计划，各消防署按照计划制定每个月的详细训练安排。消防员日常训练难度大、强度高。每天必须按照训练计划执行训练任务，除参加救援救灾活动外，70%的时间用于进行火灾扑救和救助技术训练。还有，为提高消防救助技术水平，加强相互交流学习，日本全国及各都道府县、市町村每年都会举办相应级别的技术比武竞赛。

（二）社会主体

消防大学与政府机构设在各地的消防署是日本防灾救灾与人才培养的主力，除此以外，各地群众自发组织的防灾救灾团体也在全民防灾教育中发挥着重要作用，"消防团"就是其中的重要组成部分。与消防员一样，日本"消防团"成员都有相对完备的征召、管理、晋升、训练、执勤和薪金保障体制，人员相对稳定，执勤战斗水平较高，是应对大规模灾害事故的重要力量。

日本各市町村的"消防团"成员有自己的本职工作，自愿参加防灾救灾，不从地方政府领取报酬。"消防团"有严格的组织纪律和指挥系统，平时从事灾情预防、安全警戒、普及防灾知识、保管与维修防灾器材等工作，一旦发生灾情，则会立即出动救援。除"消防团"外，近年来"妇女防火俱乐部""青少年消防俱乐部"等自发性的群众组织。平时组织防灾训练、普及防灾知识、检查安全隐患，从事初期灭火、疏散居民、抢救伤员等工作。

三、培养对象与课程

（一）学位教育

日本高校应急管理专业的课程细分为 3 个层次，包括学科基础课程与专业基础课程、方向课程。下面以日本大学为例进行介绍。

日本大学是日本国内规模最大的知名综合性私立大学，创办于 1882 年，共 18 个学部（系）。日本大学危机管理专业隶属于危机管理学部，成立于 2016 年 4 月。专业下设 4 个方向，分别为：灾害管理方向，针对地震、海啸等自然灾害、原发事故以及铁路事故的灾害应对策略，包括灾害的避难、急救、救援及重建等方面的研究学习；公共安全方向，针对各类社会犯罪以及反恐问题进行的犯罪搜查、刑事政策、司法制度及行政组织等方面的研究学习；国际安全方向，针对世界范围内战争、纠纷、国际恐怖主义问题等政治危机，以及环境问题、难民问题、人权问题等方面的研究学习；信息安全方向，针对网络、个人计算机、智能手机等设备以及网络办公导致的信息泄露等方面的信息管理及网络安全方面的研究学习。日本大学危机管理专业课程设置见表 7-1。

表 7-1　日本大学危机管理专业课程设置

基础课程	专业课程	
安全生活与法（民事法入门）、宪法与人权、企业组织与法、社会安全与法（刑事法入门）、立宪主义与统治、企业管理与法、危机管理学概论、行政法与行政过程、企业交易与法、地方自治与法、风险管理理论、民事手续与法、风险传播论、犯罪与法、情报概论、民事法、法学特殊讲义、物流论、人为失误论等	灾害管理方向	灾害对策论、灾害信息论、自然灾害论、灾害与法、大规模事故论、区域防灾论、灾害史、消防急救、事故责任法制、救援活动论、环境灾害论、核能与安全、恢复重建论、防灾韧性、损害保险法
	公共安全方向	社会安全政策论、刑事司法手续、犯罪与法、国民保护、安保论、人权论、犯罪心理学、警察制度、刑事政策、情报论、恐怖主义对策论、犯罪与搜查、警察政策、生命线保护、海上安全学、运输安全
	国际安全方向	安全保障论、国际政治学、国际法、防卫法治、比较宗教·文化论、存储论、国际人道法、外交史、防卫政策、国际恐怖主义论、海外安全对策、国际协作论
	信息安全方向	信息法、信息管理论、媒体传播论、网络安全论、信息系统论、隐私与法、知识产权法、数字法证、知识产权战略、企业宣传论

日本大学危机管理专业基础课程中，法律相关课程占比较大。在 19 门基础课程中，法律相关课程共计 13 门，占比 68.4%。在 4 个方向的专业课程中，专业课程的设置具有鲜明的特色。公共安全方向和国际安全方向的课程以政策相关课程为主；灾害管理方向的课程除传统灾害相关课程外，还加入了核能与环境灾害课程；信息安全方向的课程中，隐私和知识产权相关课程占比较大。

日本大学危机管理专业学生主要就业预计方向为以下 3 个方面。首先是学生毕业后成为国家公务员，包括国土交通厅、气象部门以及各个省厅、警察部门、法务部门；其次是成为地方公务员，包括警察、消防员、地方自治部的防灾及危机管理部门（决策部署人员）；最后是进入包括金融机构、公司、制造业、传媒业等企业从事信息保护、安全管理、企业守法监督、企业参与社会活动等工作。

日本大学危机管理专业从课程设置到毕业生的走向来看，主要是针对日本应急管理体系设计，大量的法律与政策相关课程为学生毕业后进入国家或地方公务部门奠定了制度上的基础。同时，核能课程的设置也能看出东日本大地震对于日本应急管理教育的影响。信息安全方面的课程以隐私与知识产权保护为主，这与日本严格的知识产权法相关，这些课程的设置保证了学生在毕业后能够进入各类企业从事知识产权或信息保护相关工作。

日本高校与用人单位在人才招录方面开展了深度的合作。从就业方向来看，日本的神户学院大学社会防灾专业学生近年来培养方向以进入公务员系统为主，课程中涉及社区防灾相关专业课程较多，学生在校期间还会到消防局进行实习，这有利于防灾与市民-行政方向的学生毕业后直接进入警察局与消防局，服务于社区。另一个防灾与社会贡献、国际协作方向，每年都有一定数量的毕业生能够进入福利或非营利组织工作。

此外，日本的研究机构也有教育与培训项目。位于宇治市的东京大学防灾研究所成立于 1951 年，2011 年开设了博士课程。位于东京的国家政策学研究院（National Graduate Institute for Policy Studies）成立于 1997 年，开设了灾害管理政策项目。其受日本国际协力机构的支持，主要招收对象是发展中国家技术官员、工程师和研究人员，目的是使其掌握地震、海啸、水灾、灾害风险管理政策的知识，学习日本的相关政策和管理体系，获得解决本土问题的技能。

此外，日本重视灾害研究，许多大学都设立了相关研究机构，见表 7-2。

（二）职业培训

日本消防员的衔级制和职业资格情况如下：①日本消防员实行专门衔级制。从高到低分 10 个衔级，即总监、司监、正监、监、司令长、司令、司令补、士长、副士长、消防士。②衔级晋升与培训。消防员原则上逐级晋升，不得越级，

表7-2　日本大学灾害研究机构①

中心/学院	大学	设立年份
高级灾害预防工程	名古屋工业大学	
灾害预防未来发展研究中心	秋田大学	2006
灾害预防研究院	京都大学	1951
区域防灾中心	岩手大学	
自然致灾因子与灾害恢复研究院	新潟大学	2006
岛屿地区灾害预防研究中心	琉球大学	
四国危机管理教育、研究与区域合作研究院	香川大学	
灾害科学国际研究院	东北大学	2012
海啸工程实验室灾害控制中心	东北大学	
灾害应对中心	北九州市立大学	
整合式灾害信息研究中心	东京大学	
城市地震工程中心	东京工业大学	
灾害管理培训中心	东京大学	
灾害减缓研究中心	名古屋大学	2010
灾害过程工程实验室	东京大学	
地震研究院	东京大学	
自然灾害减缓前沿研究中心	立命馆大学	2009
未来倡议学院	东京大学	2019
城市文化遗产灾害减缓学院	立命馆大学	2006
自然与环境技术研究院	金泽大学	2002
社会安全科学研究中心	关西大学	2012
自然致灾因子教育研究中心	鹿儿岛大学	
灾害管理信息学研究中心	爱媛大学	
城市安全研究中心	神户大学	1956
应用力学研究院	九州大学	1951

---

① https：//hazards. colorado. edu/resources/research-centers/asia.

每晋升一个级别，必须达到规定任职年限并经过学校严格培训与考核。③职业资格资质。消防员也可根据工作需要和个人兴趣考取各类专业资格认证，如救急救命士、消防设备士、小型船舶操作士、举高作业车操作技能讲习证等。据了解，日本消防员大多是一专多能，每人都具有多种专业技能资质。"日本根据突发事件应对和处理过程中人员的具体职责，科学划分培训对象，设立了基于实战、分类精细、设置科学的课程体系。"① 日本的消防员衔级分为 10 级，每次晋级必须通过消防培训系统的相应培训和考核，以此形成了贯穿消防人员职业生涯全过程的课程体系。

各都道府县和指定城市的消防学校教育体系和日常生活规划具有很强的属地特征，不过大致有以下倾向：课程分为讲座和实习两部分，讲座主要讲解作为公务员所必备的法律知识和火灾原理，实习则以心肺复苏、灭火训练/灭火器材使用训练等为主。

日本消防员日程安排见表7-3。除此之外，消防员需要按照值勤表在宿舍里轮流守夜执勤。

表7-3　日本消防员日程安排

6时40分	起床
6时50分	点名，晨练
7时15分	宿舍整理，吃饭
8时30分	早会，训练礼仪
9时	开始上课（讲座）
11时50分	课程结束
12时	午饭
13时	开始上课（实习）
16时50分	课程结束
17时15分	自由时间（晚饭、洗澡等）
21时50分	门禁时间（部分学校允许在某些特定日期晚课后外出）
22时	点名，就寝

京都消防队的消防培训划分为初学教育、高管教育、专业教育和特殊教育 4

---

① 赵玉霞，王冰：《日本应急管理培训对我国党校（行政学院）培训工作的启示》，《山东行政学院学报》，2019 年第 5 期，第 20 页。

个层次。初学教育面向新雇用的消防员，以便其在学习纪律和共同精神的同时了解消防责任，并获得履行其职责所必需的基本知识和技能；高管教育面向执行人员，根据其工作职责提高其判断能力、执行能力、管理能力和监督能力等；专业教育面向在职人员，使其获取预防和安全工作所需的专业知识和技能；另外，特殊教育还为在职员工提供额外的培训，以提高其身为社会成员的背景，并为紧急救援人员提供培训课程，以获取业务执行所需的资格。根据不同的培训等级，课程得以分层次进行。

日本根据《消防组织法》，制定了《消防学校教育训练标准》，对消防学校的培训目标、标准教学科目和课时进行了统一化规定。消防学校不仅可以开展消防员入职培训，还可以开展专科培训、干部培训和特殊培训。

入职培训是针对新录用的全体消防员开展的基础培训，共4类26科，总计800学时，总培训时长约半年。标准科目及课时数见表7-4。

表7-4 消防员任职教育标准科目及课时情况

种类	科目	课时数
基础培训	伦理	5
	法学基础、消防法	20
	消防组织制度	9
	服务与勤务	28
	理化学	10
	小计	72
实务训练	预防宣传	20
	危险物	8
	消防设备	12
	检查	27
	建筑	10
	安全管理	16
	特殊灾害与安保	10
	防火	30
	火灾调查	15
	防灾	23
	急救	50
	消防机械、泵	10
	小计	231

表7-4（续）

种类	科目	课时数
实操训练	训练礼仪	50
	消防活动训练	82
	救援训练	45
	机器使用训练	55
	消防活动应用训练	85
	体育	55
	小计	372
其他	实务研修	35
	选修	40
	其他	50
	小计	125
总计		800

专科培训是针对现任消防员或完成了基础教育的"消防团"成员开展的特殊领域的专门培训。专科培训主要包括：警防科、特殊灾害科、预防监察科、危险物科、急救科、准急救科、救助科。专科培训的教学目标：使培训人员具备急救业务及急救医学相关基础知识；具备应急处置必要的解剖生理学及各科疾病状况相关专业知识，以及应急处置时准确的观察及判断能力；应急处置时能够充分发挥专业技能；精通应急装具和材料的使用。急救科培训科目及课时数见表7-5。

表7-5 急救科培训科目及课时数

科　　目	课时数
急救业务及急救医学基础	50
应急处置总论	73
各病态应急处置	67
特殊病态应急处置	25
实习等活动	35
总计	250

干部培训是对晋升干部开展的一般性必要培训。

除了上述培训，还有因特殊目的而设置的教育培训，被称为特殊培训。

四、实践教学

在学位教育中，日本富士德桥大学环境和灾害预防系开设了一门针对地方当局工作人员开放的应急管理课程。本科项目有一个基于网络的学习环境和一个拓展项目，旨在与当地社区高度互动，当地社区位于东海地震带。通过外联方案与社区联系，鼓励学生了解谁是危害和灾害相关材料的最终用户，从而更好地为创造社会复原作出贡献。在职业培训中，日本更是重视理论与实践的结合，在培训方式上灵活多样。

五、保障措施

（一）硬件配备

日本应急管理教育最为突出的保障措施是其齐全完备的硬件条件。日本对应急管理培训的场馆建设、训练设备配备等方面给予了大力支持，根据地方实际需求科学建设、及时更新、有效使用，以提升应急管理培训的专业化水平。

日本制定了消防学校设施、人员和运行标准以及消防学校的教育和培训标准，作为消防学校教育和培训的规范。每所消防学校都以"标准科目和学时"为参考准则，同时尊重标准规定的"成就目标"，开设了专门的课程。2015 年 3月，日本对两个标准进行了部分修订。在作为标准配备的设施部分，增加了贴近复杂灾害情景的训练设施，如模拟灭火训练设备、地震灾害训练设施等。同时，日本正在完善消防学校教师规模、教学科目和时间分配的设计。

（二）职业资格认定

日本部分高校的应急管理学位教育内嵌了独特的职业资格认证模式。关西大学安全管理专业的学生在校期间除完成课业外，还有机会获得多项专业资格，其中社会安全员是关西大学社会安全学部自设的认定资格，且只有该专业的学生有机会获得这一资格。社会安全员的设置与安全管理专业的课程高度契合，学生通过考取社会安全员资格，能够在毕业就业时具有更强的竞争力。此外，日本的千叶科技大学也设置了消防员、警察和军队的专业方向，并且在课程与实习方面有很多针对性的配置，学生也能够在本科学习期间获得多种职业资格认证。

六、招录制度

（一）招录主体与对象

在国家层面上，日本应急管理系统的公务员为日本内阁府办公室"防灾担当"组织下属的国家公务员，人员的招录计划与整体人力资源开发计划由内阁府的中央防灾委员会与内阁府办公室的政策统括官（防灾担当大臣）制定，具体的招录工作由内阁府大臣、官房、人事科、企划科进行统一管理与执行。防灾担当下属的各职位均面向全社会进行招聘，这些职位包括：总务岗、紧急事态应对岗、地方训练岗、调查岗、防灾计划岗、教育普及岗、物资支援岗、生活避难岗、恢复重建岗、复工复产岗等。根据不同的招录对象，内阁府设置了不同的招录渠道，包括面向所有日本公民的综合职位招录，面向大学毕业生的职位招录，面向高中毕业生的职位招录，面向社会人员（科长级、职员级）招录，面向中老年就业者的招录，面向残障人士的专项招录。

在国家公务员公开考核的申请环节中，内阁府采取命题作文的形式进行人才专业能力的筛选：根据内阁府工作所涉及的不同公共政策领域，申请人需要在"经济与财政""经济分析""经济统计""两性平等""应对人口老龄化与出生率降低""儿童发展""防灾"等领域中选择两个主题撰写文章，描述申请人如何利用自身的专业、能力与工作经验提升相关领域政策的效能。①

此外，日本内阁府办公室的招录呈现出一定的专业偏好。表7-6所示为近年来内阁府招聘的人员构成，其中"法律""行政""经济"专业居多。

表7-6　日本内阁府办公室近3年招聘人员结构（括号内为女性）　　　人

招聘类别	2021 年	2020 年	2019 年
研究生（行政）	4（2）	1（0）	3（1）
大学毕业生（法律）	6（2）	3（1）	4（2）
大学毕业生（经济）	2（1）	6（1）	2（0）
其他	7（2），其中：大学毕业生（政治与国际）4，大学毕业生（文科）2，大学毕业生（人文科学）1	4（2），其中：大学毕业生（政治与国际）2，大学毕业生（教育）2	4（1），其中：大学毕业生（人文科学）2，大学毕业生（森林和自然环境）1，大学毕业生（教育）1
总计	19（7）	14（4）	13（4）

注：资料来源于日本内阁府人事信息，https：//www8. cao. go. jp/jinji/saiyou. html。

---

① 日本内阁府，https：//www. cao. go. jp/。

（二）消防员的招聘与职责

在日本，消防员是在各消防本部（各市、镇都单独设立了消防本部，有的还设立了广域联合本部）工作的地方公务员。因此，想成为消防员需要先通过各消防本部的考试、完成消防学校的进修之后才能进行消防活动。

消防员考试是各消防本部独立实行的，因此每个消防本部的考试类型和报考资格也不太一样，不过对于学历和年龄的要求大多一致。例如，东京消防厅的考试分为1类、2类、3类、专门四种。专门考试主要面向具有法律/建筑/电力/化学等相关专业知识并想要在消防行政中枢工作的人才，1类/2类/3类考试主要选拔处理消防事务的职员。其中，专门考试和1类考试的报考资格要求报考人员在考试日的第二年4月1日前为29周岁以下，且具有大学毕业或同等资格。2类考试和3类考试的报考资格只对年龄有限制，对学历没有要求。2类考试要求在报考人员考试日第二年4月1日前为29周岁以下，3类考试要求为21周岁以下。只要满足报考资格，以上类别可以同时报考。

东京消防本部之外的其他地区消防本部也都对考试类型加以区分，如考试A需要大学毕业的水平，考试B需要短期大学/高中毕业的水平等。有些消防本部会对报考年龄和学历作进一步要求，如年龄上限定为26岁等。

在考试内容方面，以东京消防厅为例，1类/2类/3类/专门考试都有2次考试。第1次考试是笔试，分为教养/论文/适应性/专业科目。关于教养科目，1类考试和专门考试都是大学毕业难度，2类考试是短期大学毕业难度，3类考试是高中毕业难度。专业考试需要报考人员选择自己的专业科目进行作答。

第2次考试是身体检查/体能测试和面试。虽然测试对于男性和女性的体格/体力的标准都有相关规定，但是最终结果会结合第1次考试成绩综合判断得出。虽然东京消防厅的竞争是最激烈的（表7-7），但消防员无论在哪个消防本部都是很有人气的职业。

表7-7　2016年东京消防厅考试的录取情况　　　　　　　　　　　人

考试门类	报名人数	录取人数
1类	4837	365
2类	3860	99
3类	6829	370
专门	82	11

东京消防厅的1类/2类/3类考试的笔试和学校的专业并无太大关系。不过，

教养科目考试和公务员考试的内容相近。由于专门考试会在法律/化学/土木等相关领域出题，此类考试和大学专业有很大关系。

消防员考试合格之后，需要在消防学校接受初任教育来学习关于消防的基础知识。初任教育时间根据学历的不同有所变化，基本上是6个月左右。并且，在接受初任教育期间也是带薪的。

消防员的工作分为灾害应对工作、预防工作和防灾安全工作三种。消防官员主要以灾害应对工作为主，部分人员也会被分配从事预防工作和安全工作。

（1）灾害应对工作。是指运用日本独有的情报技术和灭火技术，迅速应对各种灾害、灭火、救人的工作。当火灾发生且行动命令下达后，首先是水泵队到现场排除危险并灭火。如果预测即将发生大规模火灾需要与各灭火部队合作的话，就要在掌握灾害状况的同时联系指挥队。在指挥队的指导下水泵队与云梯队、特殊灭火中队等合作进行灭火作业。云梯队主要负责地上40米高及以上的灭火和人员救助行动。特殊灭火中队由灭火能力强的消防员组成，他们在东日本大地震等大灾难中发挥了重要作用。在需要救助时，需要出动急救队、特别救助队、山麓救助队等部队。在东日本大地震等灾难中发挥重要作用的消防救援机动部队是一支可以兼顾灭火和救援的部队。同时，这支部队也被派往世界各地实行救灾活动。

（2）灾害预防工作。大厦和住宅聚集的城区很容易发生火灾等大规模灾害，因此预防灾害发生是很重要的工作。建筑设计需要遵守消防承诺制度，遵循各项防火要求。施工完成后，需要具有建筑/机械/电力等相关知识的消防员进行防火设备的检查。对于已经在运转的设施也需要进行火灾预防检查，若有违法的情况需督促其改善。此外，在新建或改装加油站等危险设施时，书面资料的审查和事后检查也是预防工作的重要一环。并且，调查火灾发生原因也是预防工作的内容。具备电力/化学等专业知识的消防员需要探究火灾原因，预防此类事故的发生。

（3）防灾安全工作。消防员指导市民提高防灾意识，普及防灾器材和防灾福利对策（确保老人和残障人士的安全等）为防灾安全的主要工作内容。"消防团"的训练指导和宣传工作对于提高地区的防灾意识也有重要作用。

此外，他们要承担以《国民保护法》为基础的工作。当遭受国外武力攻击时，根据《国民保护法》第97条的规定进行灭火和居民疏散等活动也是消防员的工作之一。但是，根据《国民保护法》第120条的规定，当消防员有直接遭受攻击的可能时，根据情况也可以不出动。

日本消防员有着比较优厚的保障待遇。同时，消防员还有特别的纪律要求，出国需要特别申请，包括旅行计划和住宿酒店等需要详细报告。

第二节　新加坡应急管理人才培养与招录政策

新加坡应对灾害的牵头部门隶属于内政部的民防部队，全国工作人员约有5100 人，指挥全国 14 个消防站。民防部队下面有两个培训机构：一是民防学院，二是基本救援培训中心。它们培训民防官员和社会公众。

一、发展历程①

在新加坡，第一个消防委员会成立于 1855 年。"新加坡消防部队成立于 1888年，最初是承担灭火工作，在二战时基本处于瘫痪状态。战后，消防部队才得以重建，并承担交通事故等救援任务，原民防部队也开始承担救援工作。1951 年 5月，新加坡民法令颁布，英国退伍军官佛班克上校委任为民防总监。从 1977 年起，民防部队开始承担医疗急救任务"②。

1978 年，新加坡消防局接受联合国民航组织委托，组建新加坡民航消防训练中心，成为世界 63 个国家 300 多名民航消防官员培训演练的重要基地。

1984 年 4 月 15 日，新加坡政府决定将消防部队与民防部队合并，1993 年合并完毕，称为新加坡民防部队。新加坡于 1984 年引进全民防卫概念，由于国家国土面积仅 604 平方千米，人口约 400 万人，加之国内有高密度的发展经济体系，所以，国家采取了军事防卫、社会防卫、经济防卫、心理防卫、民事防卫五大措施，民防部队承担了民事防卫的主要任务，已成为新加坡全民防卫的职能部门。如今，这支队伍主要负责全国紧急突发事件应急准备工作，在 24 小时应对随时可能发生的危及生命安全的各类紧急突发事件中，已经赢得新加坡人的认可。其开展的紧急突发事件预备项目和灾害管理活动主要遵循三部法律，分别为1986 年的《民防法》、1993 年的《消防安全法》、1997 年的《民防避难所法》。

1998 年，民防部队建立了民防学院，成为政府部门开展民防与应急管理教育的核心机构，通过挑选和招募及强化培训，新加坡面向民防和应急管理已建立了一个可靠、专业、受过良好训练的官员队伍，现有 2100 名正式官员（Regular Officers and Men）、3100 名专职国家公务员（Full‐time National Servicemen）、1 万名民防公务员（Civil Defence National Servicemen, CD NSmen）。

---

① 新加坡消防部门，https：//www.scdf.gov.sg/。

② 宗合：《新加坡消防力量一瞥》，《中国消防》，2016 年第 16 期，第 52 页。

2009 年 1 月 18 日，经过考核与认证，新加坡民防部队救援队成为亚洲第一支通过国际认证的重型城市搜救队，其"精英队员"海选机制素以"考核严、标准高、难度大"著称，每年在全部队选拔优秀人才补入救援队，入选资格考核内容包括专业理论，专业体能，灭火、营救、医疗急救、危险品处理等专业技能，要求标准苛刻，淘汰率高达 90% 以上。

现在，在新加坡内务部的领导下，民防部队提供一系列应急服务，包括消防、技术救援、紧急医疗服务，协调国家民防项目。它与新加坡警察部队一道成为该国内务部应对突发事件的两把"利剑"。前者主要负责灭火救援、转运伤员，后者负责安全、调查和协调以及交通管理。

二、培养主体

新加坡的普通高等教育中应急管理项目很少。不过，南洋理工大学设立了巨灾风险管理学院（Institute of Catastrophe Risk Management），其背景是：由于全球化与城市化进程的加快以及全球气候变化，自然或人为巨灾导致了人的生命与财产巨大损失，非传统风险管理问题日益突出。该项目的设立旨在：制定减缓巨灾风险的战略，在政府、学界和产业界之间建立一个强大的公司合作伙伴关系。巨灾风险管理学院关注巨灾引发的保险或再保险风险、主权风险、社会风险以及其他非传统安全风险，为建设一个可持续的地球作出贡献。

新加坡民防学院以"人员是组织顽强生命力的根源"为宗旨，以"因材施教、世界级的训练、调动有方"为办学方针，以使所有新加坡公民与民防专业人员都具备民防相关知识、技能与价值观，从而保护和拯救生命与财产。它主要开展职业培训，如消防课程和领导学、指挥与人事等课程。

民防学院实行院长负责制，并由副院长和总教官组成领导核心，下设行政管理、后勤保障和培训支持系统，具体职能部门的设置如图 7-1 所示。

除了为各级正式员工和消防兵提供课程进修，学院还为外来组织提供专业培训。这里外来组织主要指国内外的工厂消防队，以及官方和私人企业，它们为其负责处理紧急情况的人员提供专业培训。学院的教育工作最近几年还将继续发展，将与新加坡民航局合作，把目标放在"工业设施防护"上。

学院拥有消防技术实验室，能使国民消防队对各种材料燃烧时的性能进行测试和分析，以及对各种材料燃烧时可能出现的反应进行预测。它还可以作为进行火灾追踪的实验室。

学院有很多教室、实验室、研究室，有一个全国民防界最大的图书馆，所有参加培训的人员都可以在这个具有现代化设施的学院内住宿。

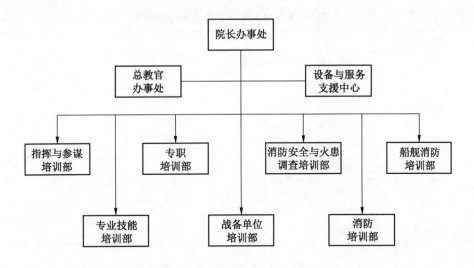

图 7-1　新加坡民防学院组织架构①

在具体规划上，学院每年根据培训需求预先编制年度培训计划大纲，根据不同培训专业班制定出相应的培养计划和培训课程，教官还可以进一步根据实际教学需求设计课程，由总部进行评定，并由总部制定细化的教案，指定教官授课。

针对不同部门工作的人员，学院开设了不同专业方向的训练班，如领导人员培训班、专家培训班（包括消防、致灾物品、营救、海上营救）、职业培训班（汽车和摩托车驾驶员、施工机械驾驶员、保健员等）、专职消防员基础培训班、国内外国民防火灭火技能培训班（工厂消防队等）、新加坡国民消防队全体民防人员的培训班等。

另外，学院每年都组织复训与考核，从而使培训者长期保持和不断更新专业技能。这种机制有利于促进人才培养良性循环，有效提升人才队伍整体素质。

三、主要课程模块

新加坡民防教育的主要课程模块见表 7-8。

---

① 贾过，宁宝坤，李伟华：《发展中的新加坡民防学院》，《中国应急救援》，2007 年第 2 期，第 34 页。

表7-8　新加坡民防教育的主要课程模块

课程模块	内　容
理论	国际城市搜索与救援行动原则
	程序与组织方法
	国际城市搜救记号系统
	危机状况关怀管理系统
	灾区伤亡管理
技能	搜索
	顶升
	支撑
	切割
	凿破
	医疗救护实装操作
	高空、狭小空间救援技能
救援演练	15个灾难场景28小时不间断救援演练

　　自1999年创办以来，新加坡民防学院为137个国家培训了8470名灾害管理、消防、城市搜救、紧急医学响应等方面的人才。救援是无国界的。新加坡民防学院开设的国际消防课程见表7-9。

表7-9　新加坡民防学院国际消防课程

课程类别	课　程　内　容
城市搜救课程	城市搜救原理 城市搜救技巧 呼吸器训练 建筑物倒塌救援 狭窄空间救援 高空救援 实战演习
消防课程	呼吸器训练 闪燃训练 实战演习

表7-9（续）

课程类别	课程内容
危险化学品处置课程	危险物质种类 危险化学品处置程序 净化过程 防护装备

四、实践教学

新加坡民防教育尤其重视实战教学，强调训练逼真，实装操作占课程总量的比例高。

在新加坡民防学院，训练设施设计科学，模拟场地逼真，装备配备齐全，注重绿色环保。

安全训练是新加坡民防学院训练的一大重点。民防学院高度重视学员的安危，注重安全训练的长远影响，强调外勤实战不忘安全：一是强化安全警示，二是注重违规惩戒，三是突出安全检查，四是医护伴随保障。

"新加坡法律规定，年满18周岁的男子必须完成国民服役义务，入伍新兵大多须进民防学院接受训练，同时国民服役人员每年也要定期到学院进行复训。因此，学院的经费支出全额纳入政府的预算管理渠道，为学院全面完成培训计划奠定了坚实的基础。"[1] 可能，也正因如此，新加坡大学中开设应急管理专业的动力不足。

五、职业资格认定

在系统内，新加坡民防学院对职业消防人员设置了训练后的职业资格认证考试，包括四项：心脏复苏法认证测试、特别搜救专员认证测试、教官认证测试、危险化学品灾害处置认证测试。

对系统外，新加坡民防部队负责提供全国的消防许可服务与职业资格认证服务。一方面，在申请人成为新加坡民防部队公职人员之外，会相应拥有一系列与岗位相关的资格认证，比如救援官员将获得包括应急和事故管理高级文凭，团队领导高级证书，消防安全经理证书，基本急救和心肺复苏-AED认证，游泳认

---

① 贾过，宁宝坤，李伟华：《发展中的新加坡民防学院》，《中国应急救援》，2007年第2期，第35页。

证，哈兹马特专家培训等在内的职业资格；救护官员将获得医疗文凭，医疗级别3级认证（有机会晋升到4级），应急和事故管理高级文凭，游泳认证，并可以得到辅助医疗研究生学习/高级文凭进修的资助机会。另一方面，新加坡民防部队还面向社会提供消防安全经理（FSM）与注册督察员两种个人职业资格认证服务。其中，消防安全经理计划的目的是确保和提高建筑物内的消防安全水平。聘请消防安全经理将有助于建筑物的业主防止因火灾造成的大量金钱和生命损失。自1989年以来，该计划得到了广泛的宣传，随着1993年《消防安全法》和1994年《消防安全（消防安全经理）条例》的通过，新加坡指定建筑的业主必须任命1名消防安全经理，其职责见表7-10。此外，成为消防安全经理必须先通过新加坡民防部队设置的课程学习与考核。这些课程由不同教育机构合作提供，具体见表7-11。

表7-10　新加坡认证消防安全经理职责①

一般职责	确保在任何时候都遵守应急计划中的消防安全要求； 监督场所内所有消防安全工程的维护； 始终确保任何建筑的任何部分不超过《消防法》规定的人员容量； 每天在场所内进行检查，清除或促使清除场所内发现的任何火灾隐患； 准备和执行该处所的应急计划，并将应急计划分发给该处所的住户； 每年至少为该处所的住户进行两次消防演习，或在专员可能指示的场合进行演习； 确保所有住户熟悉房舍内的逃生手段； 编制消防安全指南并协助现场的救援工作； 在发生火灾或其他相关紧急情况时，对场所内的居住者进行急救、消防和疏散方面的培训； 在发生火灾或其他相关紧急情况时，协调并监督场所内人员的消防和疏散工作； 在发生火灾或其他相关紧急情况时，监督消防指挥中心的运作； 每年在场所内至少进行两次桌面演习，并与消防安全委员会一起评估这些场所的防止纵火计划和紧急反应计划的有效性； 准备和实施该场所的防止纵火计划； 在场所内发生任何火灾事故时，立即通知消防专员； 组织运动、培训课程、比赛、竞赛和其他活动，以培养和保持场所内的居住者对建立消防安全环境的兴趣

① 新加坡民防部队，https：//www.scdf.gov.sg/home/fire-safety/permits-and-certifications/fire-safety-manager-（fsm）。

表 7-10（续）

指定楼宇消防安全的附加职责	对该场所进行火灾风险评估，每 3 年至少一次； 例行检查，以确保任何使用替代解决方案的消防安全工程符合操作和维护手册中规定的要求（如有）

表 7-11 新加坡注册消防安全经理认证课程[①]

教育单位	认证课程
民防学院	消防安全管理
义安理工大学	消防安全管理 酒店及休闲设施管理 房地产业务 设施管理 工程（建筑服务与消防安全） 可持续设施管理
新加坡理工学院（SP）	消防安全管理 设施管理
淡马锡理工学院	消防安全管理 综合设施管理 建筑技术与建筑服务 保安及消防安全研究
东西学院企业与创新学院（ITE）	消防安全管理 高级设施管理
新加坡建设局学院	消防安全管理 设施管理（非全日制）
新加坡理工大学（SIT）	可持续基础设施工程管理
新加坡社会科学大学	设施管理学士学位课程

六、招聘制度

新加坡应急管理人员的招录由新加坡民防部队统一管理，职位设置有部队和

---

① 新加坡民防部队，https：//www.scdf.gov.sg/home/fire-safety/permits-and-certifications/fire-safety-manager-（fsm）。

行政文职两种。部队职位包括消防救援与应急护理两个子类，两个子类中均设置有官员和专员两个职位层次；行政文职职位包括民政事务高级行政人员、拓展管理执行官、家庭专家、技术支持干事四个子类。每一职位的取得都要经过严格的培训和考核。

例如，新加坡应急指挥官的职业生涯开始于民防学院的"轮值指挥官课程"，为期7个月。培训计划项目包括：事故管理、消防、火灾调查、消防安全、城市搜索和救援、危险材料、院前急救。培训将使申请人具备救援和消防技能、工作知识和应急计划能力。课程结束时，申请人将承担消防站值班指挥官的角色（中尉军衔），表现良好的中尉可在部队头几年内直接晋升为上尉。下一步，申请人将会被分流为三个方向的工种，分别是执法类、调查类和现场救援类（海上）。

救援类专业在完成申请后需要通过住宅科指挥官课程（SCC），在消防、救援技术和灾害缓解方面发展专业技能。完成SCC后，申请人将被派往消防站担任科长（中士军衔），带领一个团队应对紧急情况和事件。

第八章　澳大利亚与新西兰应急管理人才培养与招录政策

澳大利亚与新西兰是大洋洲两个主要国家，频繁遭遇各类突发事件的影响。特别是，在全球气候变化背景下，两国经常遭受自然灾害的袭击，不断通过变革完善应急管理体系。不仅如此，两国在应急管理教育与人才职业化方面还有着诸多可圈可点之处。

第一节　澳大利亚应急管理人才培养与招录政策

一、发展历程

1980 年，澳大利亚政府的应急管理相关部门和高等教育机构开始实施应急管理教育行动。

20 世纪 80 年代末，悉尼大学坎伯兰健康科学学院建立了灾害管理中心，开设了灾害管理研究生课程，颁发应用科学（应急管理）硕士研究生文凭，成为澳大利亚应急管理教育的开端。[1] 1991 年，悉尼大学灾害管理中心在新英格兰大学艺术学院的商业部门"大学伙伴关系"的倡议下得到重新调整。当时的重点是发展灾害管理的证书和文凭（准学士和研究生）的远程教育模块，使灾害管理领域的工作人员能够更便捷地获得专业资格。1998 年，由于工作人员的退休、辞职和调动，灾害管理方案终止，灾害管理中心关闭。广泛的研究领域转移到教育、保健和专业研究学院，该学院的新方案侧重于公民保护和安全，提供民事保护和安全或警察专业研究的高级文凭和学士学位。与以前的灾害管理项目一样，所有的课程都是通过远程教育提供的。

1988 年，塔斯马尼亚州应急管理局（SES）认识到有必要对应急管理人员进行规划培训。因此，塔斯马尼亚社会经济服务局优先考虑为地方政府应急管理

---

[1]　ACT GOVERNMENT：*ACT Fire & Rescue—Applicant Information.*

人员制定预防和准备培训方案。1989 年，塔斯马尼亚国立理工学院（1991 年并入塔斯马尼亚大学）和澳大利亚应急管理学院合作，开始了正式的培训。在该项目取得了一定成效之后，双方又进一步发展了包括突发事件应对和恢复管理在内的学习方案，拓展了教育培训的内容，该方案总共包括 16 个单元的学习，为期 3 年，最终获得塔斯马尼亚大学应急管理准学士文凭。

1993 年，塔斯马尼亚州应急服务处与塔斯马尼亚大学合作，将线下课程转化为远程教育形式；1996 年，通过联邦工业、技术、区域发展和旅游部的一项拨款，塔斯马尼亚社会经济研究院审查和更新了课程的远程教育形式，以满足海外学生的需要。1995 年，由于塔斯马尼亚大学的政策调整，塔斯马尼亚副学士文凭项目转移到查尔斯特大学（CSU）。CSU 与塔斯马尼亚社会经济学院合作，进一步将该方案发展为一个 24 个单元的本科学位，毕业生获得社会科学（应急管理）学士学位。学生可以选择在成功完成 16 门课程并获得毕业证书后退出课程。该课程通过为期 4 年的远程教育提供。与最初的副文凭课程一样，本科课程的目标受众是应急管理从业人员。1998 年，CSU 开始发展应急管理硕士研究生学位课程。该课程旨在对本科学位课程进行补充，1999 年开始开设研究生课程。

1997 年，南十字星大学（SCU）侧重于在社区和人类服务领域发展应急管理相关教育，最终形成了包括 12 个单元课程的社区发展硕士（应急管理）计划。

根据美国科罗拉多大学自然灾害中心的统计，澳大利亚高校灾害研究机构至少有 12 个，见表 8-1。

表 8-1　澳大利亚高校灾害研究机构①

中心/学院	大学	设立年份
基础设施状况与可靠性中心	纽卡斯尔大学	
人道主义与发展研究倡议	西悉尼大学	2016
达尔文林火研究中心	查尔斯达尔文大学	
灾害学中心	詹姆斯库克大学	1979
可持续性研究中心	阳光海岸大学	2007
Torrens 韧性学院	弗林德斯大学	
灾害管理与公共安全中心	墨尔本大学	2014

---

① https：//hazards. colorado. edu/resources/research-centers/oceania.

表 8-1（续）

中心/学院	大学	设立年份
灾害韧性与恢复中心	迪肯大学	
灾害韧性倡议	蒙纳士大学	2011
气候变化适应实验室	乐卓博大学	2023
灾害韧性研究小组	塔斯马尼亚大学	
气候、能源与灾害解决学院	澳大利亚国立大学	

除上述院校外，其他一些高等院校或已开设或正在发展与应急管理有关的高等水平课程或学科。这些大学包括 Edith Cowan 大学、Swinburne 科技大学、Kangan 技术和继续教育学院和 RMIT 大学。RMIT 大学目前正在开发一个新的硕士学位项目，涉及管理学、社会科学和地球空间科学等多学科。RMIT 大学认为，应急管理教育未来需要更多的跨学科风险管理和社区恢复教育项目。

二、培养主体

澳大利亚应急管理教育的培养主体以政府部门为规划核心，由澳大利亚应急管理研究所（Australian Emergency Management Institute，AEMI）以及一些澳大利亚大学和高等教育机构在全国范围内提供。

澳大利亚政府分为联邦政府、州政府和地方政府（包括城、镇、市和郡）。在防灾救灾方面，州和地方政府负责管理各自所辖区域内的防灾救灾事务，在州和地方无法适当地处理突发事件而提出请求时，联邦政府有责任给予物质等方面的协助，帮助各州和地方政府处理突发事件；联邦政府则具有保护本国领土范围内生命、财产和环境安全的职责，负责处理国家灾害事件；在职责分工的基础上，各级政府建立了相应的应急管理组织机构。

（一）国家应急决策机构——联邦抗灾委员会

政府总理是联邦政府灾害管理的最高行政首长。澳大利亚联邦抗灾委员会作为应急决策机构，由联邦各部和有关公共机构的代表组成，政府总理担任主席，主要职责包括对国家安全、灾害管理相关教育在内的防灾救灾的重大问题进行决策，在应急救援和重建中统筹协调联邦各部门、各州和地方的行动。

（二）国家灾害日常管理和协调机构——应急管理署

澳大利亚应急管理署是联邦政府负责防灾救灾日常管理工作的专门机构，归司法部部长领导。应急管理署的职责范围涉及自然灾害、人为灾害和技术灾害等方面的应急管理，同时也协调在发生重大灾难时，州和地方提出的物质援助请求，与灾害管理权威机构、州政府、地方机构、社会团体都有着紧密的联系，也与世界范围内的相同组织保持着紧密的联系。

应急管理署下设教育和培训处，主要负责教育和培训的开发和执行、应急管理资格标准和课程的开发和维持，应急管理研究和社区教育，负责执行国家应急决策机构关于应急管理人才培养的政策，对高等院校、培训机构的应急管理教育作出安排。

澳大利亚应急管理研究所为澳大利亚应急管理署授权的注册培训机构。在2009年联邦司法部重组后，其职责转由国家安全能力发展部（National Security Capacity Development Division，NSCDD）接管。2015年，澳大利亚联邦政府设立澳大利亚灾害恢复力研究所（Australian Institute for Disaster Resilience，AIDR），接替了澳大利亚应急管理研究所所需承担的大部分职责。澳大利亚应急管理署制定了一系列应急技术参考手册，给各州以理论和方法的指导的同时，为开展国内统一的应急管理相关教育和培训提供了标杆。

（三）国家应急管理工作机构——联邦各部门

与其他国家一样，澳大利亚联邦政府部门负责各自职责范围内的灾害管理工作。

（四）州和地方防灾救灾应急管理机构

澳大利亚宪法规定，州政府和地方政府在保护生命和财产安全方面负有主要责任，在灾难的预防、准备、反应和恢复各个阶段都发挥着有效作用。每一个州政府和地方政府都设立了防灾救灾机构，都有应急服务的机构，负有地区层面上组织应对各种灾害事件的责任，对辖区内的应急管理教育与培训作出规划、组织实施。

三、主要课程模块

澳大利亚政府提供的应急管理教学资源旨在使承担应急管理责任的人能够在预防、准备、响应和恢复的所有危险阶段提高其能力，并做到精通。这一教育资源涵盖的应急管理教育与培训课程模块见表8-2。

表8-2 澳大利亚应急管理教育与培训课程模块（塔斯马尼亚州）

课程模块	子模块
应急管理制度安排	国家应急管理框架
	角色和责任
	预防和缓解

表 8-2（续）

课程模块	子模块
应急管理制度安排	准备
	响应
	恢复
社区韧性与参与	社区参与
	参与模式
	共同责任
	韧性社区
公共信息与预警	公共信息和预警的优先级
	预警概述
	有效预警构成
	预警主体
	信息发布与预警制度安排
区域和城市应急管理	制度安排
	角色演练
	恢复制度安排
	主要资源
突发事件管理	概述
	响应管理
	职能管理
	国际与区域管理
救济和恢复	原则和领域
	周期
	利益相关者
家庭与性暴力事件管理	概述
	紧急事件处理
	帮助获取
	处置措施

注：资料来源于塔斯马尼亚州应急管理服务网站，https：//www.ses.tas.gov.au/emergency-management-2/tasemt/m10-introduction-to-tasmanian-disaster-resilience-strategy/。

四、实践教学

澳大利亚应急管理教育与培训将实习演练视为检验应急预案、人才培养效果的核心。应急管理相关政府部门与社会组织的工作人员必须通过多种多样的实习演练手段进行教育。更重要的是，所有的培训都必须有多机构主体参与，确保潜在的反应人员参与解决问题的练习并熟悉他们的角色。在设计实习与演练的过程中，还强调保持趣味性，在内容上涵盖所有可能的紧急情况。

演练的类型主要包括桌面推演、中心模拟演习、现场演习三种。

（一）桌面推演

桌面推演是最常用的演习方法之一，因为其成本较低，形式灵活，效果较好。桌面推演提供了一个没有威胁、轻松的环境，可以鼓励参与者公开讨论问题。一旦确定了总体目标、具体目标和实施方案，即选定应急人员和工作人员。具体开展过程中，需要一名协调人员预先安排演习的结构，确保在演习进行时，指导参与者解决与应急计划有关的问题以及他们在紧急情况下如何发挥作用。

桌面推演的组织者应熟悉演习计划，并具有独立的分析能力。演习过程中，主持人应该监视参与者的讨论，在预定的时间输入添加的演习信息或事件，并在必要时指导演习。

一个桌面推演可以持续 2~8 小时，这与演习的复杂程度和参与者的人数有关。在此期间，参与者有机会在舒适的环境中作出决定，发挥创造力，使用技巧解决问题。参与者都要说明在紧急情况下将采取什么行动（在协作的基础上），进而发现更好的管理方法，探讨每个机构或个人如何适应计划，并为问题制定新的解决方案。

举办桌面推演的优点是：这是一个相对轻松的演习，可提供一个富有想象力的环境，能对程序和计划进行真实的评估。参与者可以评估自己对计划的了解程度，并有时间提出问题和作出决定。演习形式灵活，允许团队关注自己感兴趣的话题，找到积极的解决方案。

举办桌面推演的缺点是：实际讨论过程中一个人经常代表许多人的意见，所以演习可能不现实，要使每个人都平等地参与讨论是很困难的。

（二）中心模拟演习

中心模拟演习是一项功能性演习，需要仔细计划和大量准备。与桌面推演不同的是，它旨在模拟紧急决策的现实情况。这种类型的演习围绕应急中心（在大多数情况下是应急协调中心）的运作展开，有利于建立一个有效的管理团队。

例如，"战地指挥官"的要求通过电话或传真发送到应急协调中心，演习参与者通常需要在其所在机构"指挥中心"的帮助下，就资源分配作出实时决定。演习一般持续 3~4 小时。

中心模拟演习本质上建立了一个团队环境，测试参与者对计划的了解程度，并较为准确地模拟了紧急决策的压力状况。

举办中心模拟演习的优点是：可以让参与者和机构在"真实"的情况下建立团队，让参与者在时间紧迫的环境下，评估自己对计划的了解程度和标准运作程序的水平，并为计划提出积极的实际改进建议。

对应急协调中心的实用性进行评估时，侧重于环境、通信和其他设施的作业，管理与业务工作人员应保持一定的距离，以便进行公正的监测和评价。

举办中心模拟演习的缺点是：与桌面推演相比，前期准备的工作量、预见性计划和横向计划都被赋予了更高的要求。

（三）现场演习

现场演习是全面评估应急计划的最佳方式。现场演习可以让团队在"真实"的条件下运作起来，在这种条件下，参与者可以在时间受约束的环境中评估自己对计划的了解程度。广泛的预先规划和有关方面的良好合作将确保现场演习取得圆满成功。

首先需要为演习制定一个场景，可能涉及交通事故、火灾疏散或其他现场事故。演习应包括若干外部机构，并可使数百人参与各应急地点和中心的应急和恢复工作。根据目标的不同，一次演习可能会持续 6~8 小时。演习管理小组主要负责对演习进行规划，演习开始后要密切监测参与者的行动。当参与者作出错误的决定使演习目标无法实现时，演习管理小组才会中断演习活动。演习管理小组还将密切监视"NODUFF"事件（演习之中发生的真实的突发事件）。志愿者通常扮演受害者、家人及其朋友。同时，由于应对媒体是一个复杂的问题，聘请专业主持人担任相关角色是一个不错的选择。

举办现场演习的优点是：参与者可以在"真实"的条件下评估自己的知识技能以及标准操作流程，对原有计划和组织实施过程进行优化。

举办现场演习的缺点是：与桌面推演相比，现场演习计划小组所需做的准备工作、预见性计划和应变计划要更多，而且对所有机构施加同等压力的做法是很难实现的，各机构需要大量的资源输出，"正常"的业务可能会受到干扰。

五、保障措施

澳大利亚应急管理志愿者参与程度高，形成了一个活跃的政社互动网络。当灾害和突发事件发生后，每个州既有警察、消防部队、应急救援队等政府力量参与应急管理，也有许多社会组织和民众积极参与应急救援。这些社会性组织由来自各行各业的志愿者组成，志愿者均经过专业培训、掌握有关救援技能知识、拥有专业救援设备，在预警预防、应急响应、专业化救援、应急医疗和心理服务、培训演练等方面发挥了重大作用，形成了澳大利亚政府主导、社会支持、志愿者参与的应急管理格局。

六、招录制度

（一）招录主体与对象

澳大利亚应急管理人员的招录由政府国内事务部（内政部）统一管理，国内事务部的工作领域涵盖民防事务、边防事务、国家安全、运输安全、刑事司法、应急管理、网络安全与多元文化事务。大部分应急管理人员的招录由内政部下属的联邦应急管理署具体负责。

与内政部其他部门类似，澳大利亚应急管理署提供多种职能岗位，包括调查、数据统计、审计与合规、组织计划与协调、支持、文书与沟通，并设置有公共服务与行政两个序列的职业发展能力框架（晋升层级），其中公共服务分为6个等级、行政分为2个等级。每一个等级都规定了该等级必须具备的核心能力，必须具备的技能，必须遵守的行为规范。澳大利亚国内事务部还根据不同招录对象设置了不同的招录渠道，包括研究生课程培训招录、边防部队招录（退伍军人招录）、土著居民招录、残障人士招录四类，并强调维护员工的多样性。[①]

对应急管理事业而言，新加坡的土著居民招录将扮演很重要的角色。新加坡的土著居民招录计划来源其构建土著发展政府的战略，旨在弥合土著居民和非土著居民之间的差距，并建立相互尊重和支持的关系。这种战略有利于结合专业知识与土著知识，特别是对于属性灾害管理而言，具有更强的"以人为本"特点。除了吸纳土著知识，新加坡国内事务部与应急管理署还为土著居民（包括大学毕业生、其他社会成员）设计了一系列衔接课程，帮助他们更好地了解实际工作内容与所需的能力。

为了将这种课程学习与招录衔接起来，新加坡国内事务部开发了"毕业生发展计划"与"土著学习计划"。毕业生发展计划在12个月的计划期间内为土著大学毕业生提供各种实践经验及正式的职业发展机会，这些毕业生申请人将在政府部门内经历各种工作场所的轮换（包括岗位轮换，类似企业管理培训生，

① 澳大利亚内政部，https：//jobs. homeaffairs. gov. au/home。

作为后备管理干部，期待其成为组织的未来中坚力量），以积累多样化的技能和知识；"土著学徒计划"是其他非大学生毕业生的土著居民成为澳大利亚国家公务员的通道：申请人在成功完成为期 12 个月的课程与实践环节之后，将获得国家认可的职业资格，并直接成为澳大利亚公共服务 4 级人员（ASP4）。

内政部的招录工作市场化程度高，其官方网站上发布了大量的职位空缺信息。在应急管理相关的职位筛选中，申请人可以根据不同的灾害类型（包括森林火灾、疫情、热带气旋、干旱、洪涝、全灾种）、不同的职位岗位（疏散和恢复中心、政府支持、财政支持、住房安置、心理与情感支持、医疗健康支持、商业支持、教育与培训支持、必要生活物资支持）来实现更高水平的人岗匹配。[1]

（二）应急救援人员的招录

澳大利亚消防工作申请人必须参加澳大利亚首都直辖区应急服务局培训中心招聘培训。该培训包括作为四级消防员的 20 周强化训练，包括（但不限于）以下内容：①消防救援设备、无线电网络、计算机响应系统；②危险材料的管理；③急救；④山火行为和灭火管理；⑤火灾科学和行为意识；⑥建筑施工基础知识；⑦水电供应方式；⑧工作场所健康和安全。

完成上述强化训练将获得国家认可的公共安全培训资格。成功通过课程测试的学员将以三等消防员见习毕业。三等消防员需要通过持续的培训来保持和发展技能，所有消防队员必须经历 24 个月的时间才能达到一级消防队员的最低要求。

1. 职位要求

（1）一般要求。申请人必须是澳大利亚公民或拥有永久居民身份，并具备以下强制性要求：拥有急救证书（"提供急救"证书）；拥有澳大利亚 C 类牌照（无限制），并确认已完成"重型车辆知识评估"，或拥有澳大利亚 MR 类驾驶执照。

（2）治安/犯罪史审查。消防队员在公务或紧急事件期间有特权接触私人财产和易受伤害的人。因此，申请人需接受澳大利亚联邦警察（AFP）严格的审查与评估，重点考察其专业、人品、道德等方面。申请人如已被定罪，可能会被要求在出席小组面谈前提供警方便览及/或法庭笔录。申请人如在提交申请之日起 10 年内有上述任何犯罪记录，可被要求参加面试，具体讨论该问题，然后才被考虑进一步进入招聘程序。

（3）和弱势群体一起工作。申请人必须在 ACT 中同意"与弱势群体一起工

---

① 澳大利亚应急管理署，https：//nema. gov. au/#/map。

作"的各项要求。

（4）体能倾向测试。澳大利亚消防员申请人需要接受体能测试，其大致可以分为以下几个模块：平衡试验；爬云梯；爬楼；眩晕测试；幽闭恐怖症测试；软管拖动（50 米软管卷筒）；容器托举；水枪持握和前进；液压设备携带；团队成员救援。

2. 招聘流程

在进行消防员招聘时，澳大利亚消防当局通常会挑选 16～20 名申请人接受四级消防人员的培训，视职位空缺进行调整。招聘程序的各个阶段概述如下。

（1）第一阶段。消防员的求职申请来自于个人。招聘广告将通过社交媒体、官方网站①和当地媒体发布，申请时间为 2 周。截止日期后，所有申请将根据一般招聘要求和甄选标准进行评估，成功申请的申请人将进入第二阶段。

（2）第二阶段。进入这一阶段的申请人将被邀请进行能力倾向测试，评估一系列的技能，包括语言、数字、抽象和空间推理。申请人还将被要求就有关工作健康和安全的选择标准以及尊重、公平和多样性原则的问题进行书面答复。

（3）第三阶段。合格的申请人将参加一项名为"BEEP 测试"②的心血管挑战测试。这个测试包括一项"折返跑训练"，且必须达到 9.6 分。对于那些没有达到 9.6 分但达到 7.6～9.5 分的申请人，将择日重新参加"BEEP 测试"。

（4）第四阶段。在"BEEP 测试"中获得 9.6 分的申请人将继续进行下一个团队活动与初始面试和身体能力测试（PAT）。申请人需经过团队合作活动确定是否适合初始面试，且通过初始面试之后才能进行身体能力测试。没有通过任何一项身体能力测试的申请人，将有机会择日重新参加整个身体能力测试。

（5）第五阶段。得到机会参加身体能力测试的申请人，亦须接受监督测试以核实其身体能力测试结果。

（6）第六阶段。经验证测试合格的申请人将进入最终面试。在这一阶段，申请人需要提供其职位要求证明，如未能提供上述证明，申请人将无法参加最终面试。

（7）第七阶段。通过最终面试的申请人将接受信息核实，并进行心理测试和医学评估。

---

① https：//www.jobs.act.gov.au.

② http：//www.esa.act.gov.au/readywillingable.

第二节　新西兰应急管理人才培养与招录政策

一、发展历程

新西兰第一支志愿消防队于 1854 年在奥克兰成立，基督城、达尼丁和惠灵顿也分别在 1860 年、1861 年、1865 年相继成立了志愿消防队。1867 年新西兰《市政公司法》允许市议会设立消防队和任命消防检查员，开始组建第一支有偿消防队。1906 年《消防法》设立了地方消防委员会，并征收中央政府、地方当局和保险公司的费用。1945—1946 年夏天，一场大火和森林大火重创新西兰陶波镇，并封锁了罗托鲁瓦—陶波公路。作为回应，1947 年新西兰颁布了《森林和农村火灾法》，从而建立起一支现代农村消防部队。

1949 年《消防法》设立消防委员会，以协调城市消防队、指导消防员培训和分发设备。1958 年，新西兰建立了第一所全国消防员培训学校，正式开启国家政府主导的应急管理教育。1975 年《消防法》将消防委员会改为新的消防委员会，并将地方消防局和城市志愿消防队合并为一个实体，即新西兰消防局。1977 年《森林和农村火灾法》在新西兰消防委员会下设立了国家农村消防局，以协调各农村消防事务。2002 年，新西兰《民防与应急管理法》发布，进一步明确了地方政府在应急公共教育方面的责任①。这部法律重塑了新西兰风险管理的模式，体现出了新的应急管理战略方向，如将私人部门引入应急决策之中。同时，它也将风险的可持续管理纳入公众福祉之中。更为重要的是，这部法律推动新西兰应急管理向职业化方向发展。

2011 年 2 月 22 日，新西兰遭遇了有史以来最严重的灾难之一——坎特伯雷大地震。2013 年，财政部估计灾害造成的经济损失超过 400 亿美元，相当于国内生产总值的 20%。除了破坏和重建的有形成本，还有社会和经济混乱和动荡、对商业和就业的流动影响、心理创伤、社区的混乱、社会问题的产生或加剧、正常生活和生计的中断以及未来的不确定性等隐性成本。

新西兰以举国一致的方式，统筹应急管理职业化发展，大学及其开设的应急管理课程覆盖广泛，但是避免了相互重复。2003 年，新西兰民防与应急管理部发布了一个职业发展战略，鼓励公共大学开设致灾因子或灾害相关的本科或研究

---

① 新西兰法律数据库，https：//legislation. govt. nz/act/public/2002/0033/latest/DLM150705. html？search＝ts_ act%40bill%40regulation%40deemedreg_ civil＋defence_ resel_ 25_ a&p＝1。

生课程。这推动了新西兰应急管理学科建设与人才培养进程。

二、培养主体

（一）政府主体

1. 国家层面

20 世纪 30 年代，新西兰民防诞生，主要应对可能发生的世界大战的风险。20 世纪 50—60 年代，为了防范核打击，新西兰成立了民防部。1999 年，由于受到自然灾害的威胁，新西兰认识到地震、严重气象灾害比战争威胁更大，遂成立民防与应急管理部（Ministry of Civil Defence & Emergency Management）。到 2002 年，16 个区域性民防与应急管理组织成立，每个组织都有自己的应急预案。2016 年 11 月 14 日，新西兰南岛发生地震并引发海啸。2017 年 2 月 14 日，基督城港口山发生严重山火。技术咨询小组（Technical Advisory Group）发布报告，提出新西兰应急管理体系虽然基本完好，但仍有严重的问题需要解决，并提出了 42 项建议，包括机构变革。基于这两起严重突发事件的教训反思，新西兰成立了国家应急管理署，在风险削减、应急准备、响应和恢复中扮演领导作用。它赋予社区灾前、灾中、灾后更大的权力，目的是建立一个安全与富有韧性的新西兰。国家应急管理署与中央、地方政府、社区、企业合作，确保响应与恢复行动的协同、高效。与被取代的民防与应急管理部相比较，国家应急管理署拥有更大的自主权，可以协调中央与地方政府的应急体系，以应对各类突发事件。

新西兰消防与应急管理团体（FENZ）成立于 2017 年 7 月 1 日，由 40 个负责消防救援和农村火灾的组织构成，人数超过 1.4 万人，由皇家任命的董事会管理。内政部长同时是消防与应急管理团体的领导。该团体主要职能是负责应对，并在多机构处理紧急情况的过程中承担主要责任，包括消防、消防安全和预防、危险材料（包括密封危险物质和净化环境或受危险物质影响的人）、机动车事故后被围困人员的解救、城市搜索和救援（USAR）。

FENZ 设有 5 个负责不同工作模块的副行政长官，其中就包括负责应急教育和培训的组织策略及能力发展长官，对国家消防和应急管理教育与培训事务进行统一领导。

另外，FENZ 还是新西兰城市搜索和救援行动的牵头机构，管理着 3 个特遣部队级别的搜救团队，为其提供通信和资源。作为牵头机构，FENZ 还协调了 17 个应对小组，这些小组也提供轻量级的城市搜索和救援支持。

FENZ 也有一些额外的协助职能，如医疗急救、医疗共同反应狭小空间与危险地形（悬崖/岩石面等）救援、自然灾害应对等。目前，FENZ 与国家应急管理署建立了良好的伙伴关系。

2. 地方层面

此外，新西兰在北兰、泰莱希提、霍克湾、马尔伯勒、查塔姆群岛、西海岸和奥塔哥设置了 7 个地方消防与应急管理咨询委员会（LAC），委任了 49 名成员。LAC 的目的是就当地需求、问题和风险提供以社区为重点的独立战略建议。LAC 将通过提供强大的本地视角来帮助消防与应急管理团体支持其社区，并参与组织实施本地社区的应急管理公共教育。

（二）社会主体

新西兰有若干经消防与应急管理团体批准成立的消防救援与第一反应培训供应商，如陶马鲁努伊培训中心，该商业机构位于奥克兰，面向整个亚太地区提供急救、消防、健康和安全、工业、市政应急培训和安全咨询，关注通用消防、农村消防、机场消防、工业消防四大模块，提供超过 10 个模块的培训课程。新西兰的政府机构和商业机构均可以通过该供应商完成涉及消防和风险管理服务的人员培训。另外，部分新西兰高校也提供了灾害、安全与应急管理相关的学位教育。

三、培养对象与课程

（一）学位教育

新西兰高校的应急管理学位教育侧重硕士及以上研究生的培养。其在应用科学专业下设有"应急与灾害管理"学科，相关高校包括奥克兰大学、奥克兰技术大学、坎特伯雷大学、林肯大学坎特伯雷分校、梅西大学等。具体的硕士专业设置包括两类，分别是工程类（消防工程与研究、地震工程、应用科学）与管理类（灾害管理、灾害风险管理与发展、灾害风险与复原力、城市复原力与恢复、应急管理）。设立灾害研究机构的大学见表 8-3。

表 8-3　新西兰高校灾害研究机构①

中心/学院	大学	设立年份
地震工程研究中心	奥克兰大学	2007
土地环境与人的关系研究中心	林肯大学	

---

① https：//hazards. colorado. edu/resources/research-centers/oceania.

表 8-3（续）

中心/学院	大学	设立年份
可持续性中心	奥塔哥大学	2000
地震致灾因子中心	惠灵顿维多利亚大学	
灾害研究联合中心	梅西大学	
奥克兰火山风险中心	奥克兰大学	2008
新西兰地震韧性研究中心	坎特伯雷大学	
亚太难民学中心	奥克兰大学	2020

梅西大学（Massey University）作为新西兰第二大高等院校自 1991 年就设立了"应急服务管理"的研究生项目。该项目采取远程教育的形式，为人文与社会科学学院所管理。地理、管理、规划、心理、社会学等学科参与该项目，提供致灾因子、风险和应急管理方面的核心课程，以及涉及沟通、人力资源开发、信息系统、管理发展、职业安全与卫生、组织心理、规划研究、社会心理、环境社会学等 22 门选修课程。但是，其中缺少地球科学和工程方面的内容。为了弥补这一缺憾，梅西大学与新西兰地震委员会合作办学。此外，梅西大学依托商学院，提供公共部门管理方面的文凭教育。

奥克兰技术大学主要为高风险行业培养第一响应者。课程包括院前急救、急救患者管理理论、危机风险管理等必修课程，以及搜救、民防和治疗实践等课程。

奥克兰大学的灾害管理硕士教育提供 120 分和 180 分两种培养方案，120 分的培养方案是专门为已经完成相当于一年全日制研究生学习的学生而设计的。两种培养方案均包括三个模块的核心课程，涉及灾害管理领域的关键主题，包括灾害风险管理、灾害管理和复原力、项目管理和一个 45 分的研究项目，差别仅在于选修课程。

坎特伯雷大学设立了一年制的致灾因子与灾害管理项目，其招生对象是理工科大学生毕业生。学生在一年的学业中要完成 8 篇论文，第二年进行为期一年的论文写作。可见，梅西大学侧重管理，而坎特伯雷大学则侧重致灾因子和工程，二者相互补充。

奥克兰大学与坎特伯雷大学课程与学分结构见表 8-4。

表8-4　奥克兰大学与坎特伯雷大学课程与学分结构①②

学校	课　程	
	必修	选修
奥克兰大学 （灾害管理硕士）	项目管理 灾害风险管理 灾害管理和复原力 研究项目	建筑供应链管理
		性别与发展
		国际发展理论
		人道主义干预
		风险、LCA 和可持续性
		全球公共卫生
		引领社会创新
		发展实践
		发展政策和制度
		国际发展中的道德与治理
		全球健康与发展
		地质灾害
		专家咨询技巧和方法
		全球健康案例研究
		处理悲伤和失落
坎特伯雷大学 （消防工程硕士）	风险管理	
	结构消防工程	
	火灾动力学	
	消防安全系统	
	消防案例学习	
	高级火灾动力学	
	消防工程专题	
	火灾人类行为	

① 奥克兰大学灾害管理硕士学位简介，https：//www. auckland. ac. nz/en/study/study-options/find-a-study-option/master-of-disaster-management-mdismgt. html。

② 坎特伯雷大学消防工程硕士学位简介，https：//www. canterbury. ac. nz/regulations/academic-regula-tions/mefe-69/。

（二）职业培训

新西兰消防职业培训所涉及的课程大多按照实际活动开展中的具体环节设置，每一模块均包含理论和实践教学（以实际操作为主），且按照能力等级进行课程的划分。陶马鲁努伊培训中心设置了机场消防救援、通用消防救援、农村消防救援和工业消防救援四大模块的培训课程①，见表8-5。

表8-5 陶马鲁努伊培训中心消防职业培训课程设置（以机场消防救援模块为例）

课程模块	等级	课程内容
机场消防救援	2	轻型飞机的消防与救援
		紧急救援沟通
		人身安全与风险评估
	3	机场救援值班
		机场安保
		海上飞机事故
	4	机场消防车驾驶
		大型飞机消防与救援
		飞机应急系统
		飞机内部灭火
		飞机外部灭火
		航空救援法律法规
		紧急事故响应协调
		紧急事故现场控制

（三）公共教育

在新西兰，超过60%的故意纵火是由17岁以下的儿童引起的。因此，在面向社区公民的公共教育中，新西兰政府特别设计了针对未成年儿童的消防教育课程，即"火灾意识与干预项目"（FAIP），通常在家庭环境中进行。该计划是严格保密和自愿的，由消防队员负责授课。面向4~10岁儿童设置有火灾的危险、火的特点、火灾的后果和影响等课程，面向1~4岁儿童设置有工具与玩具（火柴和打火机）、好火与坏火的区别、防火、作出正确的选择等课程。2020年，新

---

① 新西兰国家消防协会，https：//www.firerescueandfirstresponse.co.nz/airport－fire－and－rescue－services－training－courses/。

西兰各地有 268 名儿童完成了 FAIP 课程。

四、实践教学

新西兰消防教育的实践教学环节在很大程度上内嵌于职业培训的课程安排之中，通用消防、农业消防、工业消防与机场消防的各层次课程大多为设备实训、现场救援活动模拟。

此外，FENZ 还会与应急服务合作伙伴进行多项事故管理训练。这些合作组织包括民防、新西兰国防军、地方委员会和森林开发公司。2019 年 10 月，新西兰举行了城市搜救演习，来自 6 个不同国家的 15 名代表参加了演习。这次演习模拟了向遭受大地震的国家进行国际部署，为 2020 年 5 月进行的国际搜救咨询小组的建立奠定了基础。15 名国际代表还与 FENZ 的工作人员共同参加了一次桌面推演。新西兰政府由此确立了惠灵顿应急响应计划，并规定了应急救援的国际参与者在进入新西兰境内后需要做些什么。各国的工作队之间对消防工作见解和经验教训进行了深入交流，新西兰进而对其应急响应计划进行了补充与完善。

五、保障措施

（一）标准化建设

2009 年 6 月，新西兰颁布了《民防应急管理能力框架》。这是一个技术标准，由风险管理、规划、执行、沟通、能力开发、领导力、关系管理、信息管理 8 个部分组成，旨在推动职业化进程。

FENZ 委托包括地震委员会、全球导航卫星系统、梅西大学、气象服务、卫生部、农业和林业部、国家水和大气研究所（NIWA）、新西兰消防局、新西兰警察、新西兰保险委员会、奥克兰大学在内的诸多高等院校、科研机构、紧急服务政府机构和保险业代表开发了关于危险和紧急情况的国家标准。

根据 2010 年 1.0 版本的新西兰应急服务标准化参考文本，其主要内容包括三大部分，分别是灾害基本概述、灾种分类描述与传染病防治。灾害基本概述部分包括家庭应急计划、紧急生存物品和逃生工具包、宠物疏散、就地避难和灾后安全（包括紧急卫生）、急救包和急救箱等具体规范；特定灾种描述包括沿海风暴、地震、洪水、高温、滑坡、大风、暴雪、雷暴、龙卷风、海啸、火山喷发。

每个部分均包含两个层次的规范要求，即意识规范与行动规范。意识规范是指风险的描述，主要是预警消息的编制；行动规范指导个人和家庭采取行动以减轻灾难影响。

（二）减灾社区建设

新西兰消防当局持续推进"社区第一反应方案"建设，以建立覆盖面更广的韧性社区。该项目旨在培训新西兰偏远社区人员，培养其能独立进行直接搜救的技能。

六、招录制度

（一）招录主体与职位设置

在招录网站上，FENZ 明确了应急管理部门所追求的组织价值，并对消防救援和管理人才的素质条件作了总括性的介绍，包括：①具备较好的生活经验；②具备精神力量；③具备高尚的道德和伦理；④具备驱动力、能量和敢作敢当的态度；⑤具备有效的沟通技巧；⑥具备健康的身体。

FENZ 主要设置了 3 种应急管理职业类型，分别为一线消防救援人员、消防运营管理人员与消防调度员。除了职业消防员，FENZ 官网还以并列的形式给出了志愿消防员招录的详细介绍，包括 4 种类型：消防救援、行动支持、医疗急救、部队支持。此外，FENZ 的应急管理人员还包括一系列消防救援的支持岗位，如火灾风险管理岗、培训岗、火灾工程岗、人力资源岗、志愿者服务岗、城市搜救岗、沟通协调岗。

职业消防员职位包括 6 个职业等级：初录人员、一般消防员、消防骨干、高级消防员、消防长官、高级消防长官；消防运营管理人员包括 4 个职业等级：助理地区执行官、地区执行官、国家消防副管理官、国家消防总长（城市消防总长）。目前，FENZ 已经雇用了 1830 名职业消防员以及 955 名消防运营管理人员。

职业消防员对 FENZ 参加的所有事件中的 80% 作出了回应，并保护了 80% 的人口，其人数相对稳定。FENZ 通常每年招聘 2 次，每次招聘最多只能接收 700 份申请，因为只有 48 个职位，与其他行业相比，竞争激烈，就业前景不佳。职业消防员的初步培训是在罗托鲁瓦国家培训中心为期 12 周的强化课程中完成的，该课程不仅涵盖传统的消防科目，还包括现代专业消防和救援服务所需的其他课程。

职业消防员只占 FENZ 消防人力的 20%，其余 80% 的消防员是志愿者，这些志愿消防员没有任何固定报酬，但是能够享受额外的社会福利。11847 名城乡志愿消防员主要为职业消防站未覆盖的小城镇、社区和郊区服务，并应对了 FENZ 负责的 20% 事故。

（二）招录流程

FENZ 的招聘流程包含多个紧密衔接的环节。

1. 信息咨询

申请人在特定的信息咨询开放日与现任职业消防员交流并提出相关问题，他们可以通过讲师演示查看完整的入学前体能测试。如果时间允许，每名申请人都将有机会在课程中进行自我测试，据此制定个人训练计划。

2. 网上申请及入围

申请人需要在线上完成意向书（EOI）大纲。职业消防员的申请每年在全国开放 2 次，每次持续 4 周。

3. 认知测试和心理测评

申请人在线申请成功后，将要进行一般能力筛选，即一个 10 分钟的定时评估，包括涵盖数字能力、语言能力、演绎推理（从可用信息中得出逻辑结论）和抽象推理（识别非语言刺激中的模式）的项目。在筛选过程中申请人将完成职业性格问卷，用于衡量申请人偏好的典型工作方式。

4. 身体测试

完成认知测试后，申请人需要通过入学前身体测试，该测试由 8 个工作相关场景和 4 个一般力量和耐力测试组成。从第一个与工作相关的场景开始到最后一个场景结束，测试总时长不得超过 8 分 15 秒。在进行力量和耐力测试之前，有 7 分钟的休息时间。

最后，申请人需要完成两项特殊科目：高度测试与密闭空间测试。即申请人需要在 10.5 米高的梯子上与黑暗的环境中执行简单的任务。

5. 实践评估

在实践评估中心（PAC），申请人将被要求参加一系列活动，并接受以下几个方面的评估：团队环境中个人工作和交流的能力，解决问题的能力，理解遵守命令的能力，适应不断变化环境的能力，应对各种压力和挫折的能力。

实践评估在奥克兰、惠灵顿、基督城和但尼丁的培训中心或运营消防站举行，大约持续 3 小时，申请人可以选择离自己最近的地点完成测试。

6. 正式面试

成功的候选人将被邀请参加基于行为和情境的面试。该面试小组由 1 名招聘评估员、1 名人力资源经理和 1 名 FENZ 人员组成。这次面试大约需要 1 小时，主要询问有关消防员核心能力的问题。

7. 背景调查

在实践评估中心，申请人应按要求填写一份警方审查表。审查通过之后，需要对申请人进行体检，以评估其是否适合担任职业消防员。该体检费用由 FENZ 承担。此外，申请人还需有 2 名推荐人。

8. 最终录取与课程培训

成功的候选人将被邀请参加国家培训中心为期 12 周的现场课程，包括理论学习和实战演练，培养担任消防员工作所需的心理和身体韧性。

第九章　中国特色应急管理
人才培养与招录制度

习近平总书记在主持中央政治局第十九次集体学习时强调，要发挥我国应急管理体系的特色和优势，借鉴国外应急管理有益做法，积极推进我国应急管理体系和能力现代化。推动应急管理现代化，人才是关键。建立健全应急管理专业人才培养与招录工作机制，打通人才就业渠道，才能为应急管理事业提供有力的支撑，并确保应急管理学科建设健康持续发展。

第一节　借鉴国外应急管理人才培养与招录的经验

国外应急管理主要起源于防范战争的民防，与我国的应急管理有着不同的血脉。但是，这并不妨碍我国从中汲取有益的经验和做法。

一、加强对应急管理人才培养与招录的顶层设计

一是对应急管理人才素质能力进行顶层设计。在不同时代，风险形态不同，应急管理人才需要具备的能力素质也有着较大的差异。美国、澳大利亚等国对应急管理人才的素质能力提出了较为明确的要求，并将其体现在不同层次的学历教育之中。这体现出面向未来以能力建设牵引应急管理人才培养与招录的特点。

二是对应急管理高等教育的人才培养进行总体安排。例如，新西兰高等学校形成管理、技术和第一响应人各有侧重、相互补充的学科布局。

三是对应急管理培训与教育、线上与线下进行总体统筹，培训侧重技能，教育侧重知识，知识支撑技能，技能体现知识，由此形成良性循环。

二、建立应急管理人才培养的"头羊"组织

国外许多国家将民防学院或消防学院作为应急管理人才培养的"头羊"组织，发挥其示范、带动作用。位于马里兰州艾米斯堡的应急管理学院（EMI）就是一个典型的例子，它隶属于FEMA。其三大功能分别是培训、演练和教育，着

力将美国打造成为一个"有备无患的国家"。应急管理学院的主要使命是提升美国各级政府官员应对突发事件的能力，包括减缓、准备、响应、恢复等各方面。它通过推动《国家应急响应框架》、国家突发事件管理系统（NIMS）以及全致灾因子模式的实施，贯彻整合性应急管理原则于实践之中。

作为全国性的应急培训、演练和教育机构，EMI 的前身之一是民防参谋学院（CDSC）。该学院于 1951 年 4 月 1 日在马里兰州的奥尔尼成立。从学院的名称和成立的年代，人们不难推测其主要任务是服从、服务于与苏联进行冷战对抗的需要。当时，民防参谋学院涉及的专业主要包括三类：一是行政与财政，二是辐射检测与控制，三是重型救援。

随着美苏冷战的升级，美国判定华盛顿特区遭遇苏联核攻击的威胁上升。为了使美国保存调用民事力量应对核打击的能力，联邦民防局迁至一个更为安全的地方——密歇根州的巴特尔克里克（Battle Creek）。下属单位民防参谋学院随迁。然而，美国所忧心的苏联核打击并没有变成现实。反而，自然灾害与工业事故成为影响美国公共安全的心腹之患。于是，1979 年，根据卡特总统发布的12127 号行政命令，分散在各个部门的灾害职责被整合进新成立的 FEMA。新机构所涉及的部门或职责包括：①联邦保险局；②国家火灾预防与控制局；③国家天气服务共同体准备项目；④总务局的联邦准备署；⑤住宅与都市发展部的联邦灾害援助活动。同年，联邦民防局归属于国防部并更名为民防准备局（DCPA）。民防准备局也被整合进了 FEMA。由于上级单位被纳入 FEMA，民防参谋学院也随之调整，开设了自然灾害管理的相关课程。改革与更名在所难免。

1809 年，伊丽莎白·安·塞顿来到马里兰州的艾米斯堡，建立了美国第一所女子教会学校。后来，这所学校发展成为一个四年制的女子学院——圣约瑟夫学院，主要以文科为主。由于招生人数下降和运营成本上升，1973 年，它与圣玛丽山大学合并。1979 年，在美国政府的主导下，FEMA 买下圣约瑟夫学院的校园，成立了国家应急培训中心（NETC）。1980 年秋，更名后的应急管理学院从密歇根州搬回马里兰州。1981 年 1 月，应急管理学院开始教学培训活动。此外，艾米斯堡是美国国家消防学院（NFA）的所在地，与 EMI 同在原圣约瑟夫学院。应急管理学院与国家消防学院各自单独管理，学员与教学大纲也有所不同。但是，两个机构在许多项目上形成了密切的合作关系，并且运行经费都由NETC 统筹和承担。

应急管理学院提供了全方位、各层级的 600 多门应急管理课程，服务对象包括 FEMA 工作人员、各级政府的应急管理人员、志愿者组织、第一响应人等。应急管理学院还为美国公众提供课程培训，每年超过 3 万人次。同时，它还设立了远程教育项目，涉及 200 多门课程，为公众提供线上学习应急知识的机会。不仅如此，应急管理学院也开展国际应急管理教育，吸引了 50 个国家参加。此外，应急管理学院也与著名的应急管理组织合作，联合开展应急培训、研讨和演练，如国际应急管理师协会（IAEM）、国家应急管理协会（NEMA）等。

三、推动理论界与实务界的双向奔赴

应急管理实践部门加强与理论界的对接，这点以美国最为典型。1984 年，FEMA 与 NASPAA（最初为国家公共事务与行政院校全国联合会，现在为全球公共政策、事务与管理院校联盟）合作，在公共管理院校打造灾害管理研究的学术共同体。印第安纳大学公共与环境事务学院院长查理斯·波恩瑟（Charles Bonser）在南加州大学地震风险减缓专家威廉·佩泰克（William Petak）的帮助下组织并实施了这一项目。大约 30 名学者被邀请到艾米斯堡的 NETC 去学习应急管理和 FEMA 的运作模式，以便从社会科学的角度去理解灾害研究。这些学者研究领域主要包括公共行政、城市与地区规划、政治学、公共政策及相关学科。其中，一些学者在应急管理相关问题上已经有所建树。

这个项目包括工作坊、讨论、演讲和实地到三里岛核电站的考察等，内容十分丰富。教师主要来自 FEMA 的工作人员以及俄亥俄州立大学灾害研究中心的杰出社会科学学者。参加者要求在工作坊结束后向 FEMA 提交研究报告。1984 年，美国《公共行政评论》（PAR）出版了一个专刊《应急管理：公共行政的新挑战》。这也是 FEMA 与 NASPAA 协议的重要内容。后来，这些学者成为美国应急管理研究的中坚力量。其中，1/4 的学者来自公共管理与公共行政领域。

此前，美国应急管理研究主要停留在自然科学、工业技术领域。FEMA 与 NASPAA 的合作引入了社会科学特别是公共管理学者，这使得美国综合性应急管理的模式成为可能，因为只有社会科学才能打破自然科学、技术领域的壁垒，探讨其背后的共同规律。

十年后，FEMA 以 EMI 为纽带，再次将应急管理理论与实践实现了嫁接。1992 年，美国发生飓风"安德鲁"，FEMA 没有能够成功应对，陷入舆论的漩涡。1993 年，EMI 更换"新掌门人"并决定，将稀缺的培训资源更多地集中于操作层面和能力建设，同时聚焦大型灾害的准备和应急响应。由于财政与人力资源有限，应急管理学院不能够同时承担过多的教育任务。它与高等院校结成伙伴关系，依托发达高等教育体系来培养应急管理精英。1994 年，FEMA 在 EMI 创设了应急管理高等教育项目，目的是：推动大学的应急管理教育，培养未来的应急管理者。通过这种方式，FEMA 与大学、应急管理专业人员与利益相关者组织

合作，通过正规教育与实践经验的传播，推动美国建立高校的综合性应急管理体系。每年6月，应急管理高等教育研讨会都在艾米斯堡召开，全美400多个高等院校参加。

应急管理高等教育项目成为美国推动应急管理高等教育的"抓手"。它通过应急管理教育的普及，培育应急管理领域的专业化，培育更多的专业应急管理人才，使得美国更加富有应对各种风险的韧性，实现了理论与实践的"二次嫁接"。

四、加强应急管理职业化建设

国外许多国家认为，应急管理是一个职业，最起码是一个正在发展中的职业。以美国为例，20世纪80年代，应急管理的侧重点是民防或战时攻击准备。20世纪90年代，应急管理更关注自然或技术致灾因子的管理。"9·11"事件后，应急管理将恐怖威胁也包括进来。同时，应急管理从以被动反应为主转到以预防为主，对应急管理职业化进程提出更高的要求。

历史上，美国的应急管理者区别于应急服务提供者，主要是民防指导员。他们没有经过大学教育，在地方政府中默默无闻。但是，现在美国的应急管理者已经被职业导向、接受过大学教育的专业人士所取代。他们需要掌握有关自然科学和社会科学的知识和沟通技能，具备组织能力，构建人际关系网。

多年来，美国将应急管理定义为一种职业和一个鲜明的职业身份。由于继续教育和职业发展项目对于职业发展十分重要，大专院校开展了一系列继续教育课程。联邦应急管理署的应急管理学院提供职业发展机会，设立"职业发展系列"和"高级职业系列"。每一系列都提供专业培训，还可在完成全部课程后颁发证书，以此推动应急管理职业化发展。

在综合性应急管理方面，注册应急管理师（Certified Emergency Manager，CEM）是唯一的能力认证。它由国际应急管理师协会提供，目标是：增加和保持应急知识、技巧和能力的水准。注册应急管理师计划由一个认证委员会监督，其成员由各个领域（政府、相关领域、军队、私人企业）、联邦应急管理署和几个职业协会的应急管理者组成。成为一个注册应急管理师要经过四个阶段：一是完成申请，二是满足认证要求，三是通过考试，四是在五年后获得再认证。认证要求涉及教育、培训和经验。许多雇主要求职位申请人持有CEM。如果没有CEM，很多雇主会要求申请人在被雇用后五年内获得。另有一些协会把CEM看作是成员资格的标准或经验的证明，如美国应急规划师学院、美国职业应急规划师协会和美国国防部等。

需要说明的是，应急管理专业化人士的范畴要大于应急管理者，他们与我们所说的应急管理系统从业者不同。

五、对我国的启示

应急管理既是一门科学，也是一门艺术；既需要理论的引导，又需要实践的检验。国外经验给我们的启示是：

第一，我国应该加强应急管理顶层设计。一是结合中国国情，对应急管理人才的素质与能力需求进行深入分析和研究，以对高等教育和应急培训提出明确的需求；二是改变应急管理学科建设一哄而上的无序发展局面，根据各大学和培训机构特点，各展所长；三是对培训和教育分别进行规划，既重视对现有应急管理人才的培训，也重视对潜在高素质从业者的供给。

第二，我国应加强应急管理理论与实践的交流与融合。目前，应急管理基础理论研究明显滞后于应急管理实践，不能发挥对实践的引领与牵引作用，这个问题必须加以解决。通常，学者的注意力资源分配取决于应急实践部门的课题且多停留在对实际经验的总结与提升，超脱性不足、指导作用有限。随着应急管理受重视程度的变化，学术界对应急管理的研究忽冷忽热，一哄而起，又一哄而散。因此，建议搭建、孵化中国特色的应急管理理论与实践交流平台。

第三，我国应急管理应注重发挥社会科学的作用。长期以来，我国应急管理存在重技术和法律、轻管理与政策的局面。受工具主义思维的影响，应急技术给人一种立竿见影的确定感。而且，围绕技术形成的研究圈子如同科研利益的"井田"，阻滞开放性、创新性思维。还有，一提到解决"瓶颈"问题，人们就本能地想到"立法"。殊不知，法律缺少应对突发事件所必需的灵活性。一项应急政策只有成熟后，才有可能上升为法律。相对于"全灾种、大应急"的要求，应急管理需要更为宽广的社会科学视野，探寻各类突发事件应对的共同规律，而不是单纯诉诸技术或法律的"快餐式"解决手段，因为应急基本理论或规律不清晰，技术与立法只能产生"虚假的安全感"，只能起到"夜过坟场吹口哨"的自我壮胆作用。

第四，我国应大力发展应急管理高等教育，结合中国实际，设置不同于安全工程等既有学科的应急管理学科，并对其发展进行规划、设计，防止应急管理学科发展的"拼盘化"。而且，我国应依托高层次的综合性大学孵化应急管理学科，避免应急管理教育仅仅停留于"高职化"层次。条件适合时，建立应急管理综合性大学不失为一个明智的选择。当然，这可能不是单纯合并几个部委下属院校就能实现的，建立高水平的应急管理大学必须立足国内领先、世界一流。

第五，我国应推动应急管理职业化进程。在统筹发展和安全的视角下，应急管理人才不局限于应急管理系统。随着大安全大应急框架的建设，应急管理职业化建设势在必行，而且会为应急管理学科的长久健康发展注入生机与活力。

第二节　借鉴国内主要行业招生招录一体化模式的启示

与公安工作相比，应急管理事业同样肩负着维护公共安全与社会稳定的神圣职责。而且，公安与应急部门都设立了党组型党委，都实施衔级制，都强调政治导向、实战需求。海关与公益类师范生的培养与招录对我国应急管理人才培养与招录的建设也具有一定的启示意义。特别是，我国公安教育历史悠久，在人才专项培养与招录方面积累了宝贵的实践经验，值得应急管理教育发展借鉴。

一、海关人才培养与招录

在政府行政体系中，海关具有独特性。"在政府机构中，海关是一个独特的部门，其既非国内机构又非国际机构。它设立于国际边境，不仅是国家主权的象征，也保卫国家的安全和环境不受外部的威胁；保护国内工业和征收税收支持政府。它必须关注国家优先考虑的国内犯罪行为、移民、劳工、经济和农业的边境事务。同时，它必须对国际问题及其对国家的潜在影响有着充分的了解，而且必须了解在贸易和运输条例及公约中列明的国家义务。在很多方面，海关与其他国家海关的联系比与本国政府内其他部门的联系更为紧密。各国海关经常向国际海关和邻国海关寻求关于怎样改进业务和执法的帮助及意见，并就出现的危机交换信息。"[①] 海关的业务具有很强的国际性，涉及国家安全。世界上许多国家越发关注海关在维护国家安全、公共安全中的重要作用。例如，美国将海关纳入国土安全部，加拿大把海关纳入公共安全和紧急状态部。海关人才的培养与招录具有特别的素质要求。

在中国，海关院校的人才培养具有自己的特色：一是实施准军事化的垂直管理，学生可以提前对海关业务进行了解与接入；二是侧重对如检验检疫制度等业务的学习，学生还可以开展对口实习，毕业后在工作中快速上手；三是海关行业学校少，普通高校仅有对外经济贸易大学等设立海关管理专业，虽然没有特别招

---

① Wulf Luc De, Sokol Jose B：《海关现代化手册》，上海海关翻译小组译，中国海关出版社 2008 年版。

录制度，但对报考人员的专业限制可以起到靶向性作用。从总体上说，海关院校强调专业化，注重效率水平的提升；注重正规化，强调纪律性；强调职业化，与现役制有着区别。研究海关人才队伍建设，对于应急管理构建人才培养与招录制度具有非常重要的意义。

目前，我国海关相关学位设立的学校主要包括两个：一是上海海关学院，二是对外经济贸易大学。它们都设置了海关管理学位（学士）和公共管理学位（海关管理方向，硕士），上海海关学院还有海关检验检疫学位（学士）。

回顾历史，1908 年，清政府在北京创办了税务学堂，后更名为税务专门学校，使得海关学科作为一门实用性、技艺性学科得以独立设置，并为旧中国海关培养中高级专门人才。[①] 1951 年，税务专门学校停办。1951 年 5 月，海关总署在上海举办干训班，酝酿筹建海关学校。1953 年 3 月，海关总署正式创办上海海关学校。

海关人才培养起源于海关管理学科理论的研究，而后者发端于海关史料的收集和整理。1957—1965 年，海关总署研究室会同中国历史学会和中国经济学会陆续编辑出版了《帝国主义与中国海关》丛书，开创了中国海关研究先河。1980 年，国务院发布了《关于改革海关管理体制的决定》，恢复海关集中统一的垂直领导体制。1974 年，北京对外贸易学院创建海关管理专业，并于 1978 年正式设立海关管理系。1979 年 2 月，上海海关学校恢复建制，1980 年教育部批准上海海关学校升格为上海海关专科学校。此后，海关总署于 1984 年创办了中国海关管理干部学院（广州）、1985 年创办了秦皇岛海关学校。[②] 海关教育的恢复、海关垂直领导体制的确立，使得我国海关学科与实务人才培养的布局不断完善。

20 世纪 80 年代中期，上海海关专科学校设立了海关管理专业。为了满足专业教学需要，学校开始编写专业教学所需的各类海关教材。1986 年，刘毅编著的《海关管理基础》讲义问世，标志着海关管理学的基本理论进入课堂。2002 年，高融昆出版了《中国海关的制度创新和管理变革》、张晓春发表了《从管理学角度分析海关管理中存在的问题及对策》。[③] 1985 年，对外经济贸易大学在国

---

① 于申，邵铁民：《海关管理学科综合论证》，《上海海关高等专科学校学报》，2000 年第 3 期，第 2 页。

② 于申，邵铁民：《海关管理学科综合论证》，《上海海关高等专科学校学报》，2000 年第 3 期，第 3 页。

③ 黄丙志，唐龙桂：《海关管理与海关管理学的几个基本问题》，《上海海关学院学报》，2011 年第 32 卷第 3 期，第 115–120 页。

际贸易学硕士专业目录下设置了国际海关组织研究方向，开始招收研究生，1988年又增设了海关关税、海关史等研究方向，海关理论研究向纵深发展。1998年，本科专业目录调整，海关管理专业并入行政管理专业。2010年教育部批准设置海关管理本科专业，明确为试点目录外专业，归属于公共管理类专业，海关教育的学科归属不断得到重塑。

2012年12月，上海海关学院获批为"服务国家特殊需求人才培养项目"——学士学位授予单位开展培养专业硕士学位研究生的试点工作单位。2018年4月，获批成为硕士学位授予单位。学校现设有海关与公共管理学院、海关与公共经济学院、工商管理与关务学院、海关法律系、海关外语系、公共教学部、马克思主义学院和检验检疫技术交流部等8个院（系），设置了海关管理、行政管理、物流管理、审计学、国际商务、税收学、应用统计学、法学、英语等9个本科专业和公共管理硕士、税务硕士2个专业学位点，分属管理学、经济学、法学、文学等4个学科门类。海关管理专业为国家级一流本科专业建设点，税收学专业为省级一流本科专业建设点，同时，海关管理专业为世界海关组织PICARD标准认证专业。

在职业培训方面，为适应海关教育培训工作的发展需要，2003年起海关总署开始在全国范围内试行多项教育培训制度，如针对初任培训出台的《海关新关员集中初任培训管理规定》，针对日常培训的《海关学分管理规定》等，各直属海关单位也根据总署的统一规定相继出台了各具地方特色的实施细则。2013年海关总署正式出台了《海关教育培训管理规定》，自2014年1月1日起正式实施。[①]

总结来看，自税务学堂兴办到上海海关学院成立，海关专业教育历经了税则学、关政学、海关管理（中专）、海关管理（专科）、行政管理（海关管理方向）（本科）、海关管理（本科）的演进，陆续在国际海关组织研究（对外经济贸易大学）、海关税收、公共管理（上海海关学院）等方向发展研究生教育。同时，海关职业培训也不断向科学化、制度化、规范化方向发展，进一步在海关管理现代化背景下形成了智能型、法治型、能力型的海关专业学历教育与职业培训相结合的人才培养格局。[②]

在学历教育中，实践教学以课程内嵌的形式存在于培养模式之中。从组织形

---

① 吴宇洋：《海关公务员教育培训实践、问题及对策研究》，厦门大学，2014年。
② 余大乐：《海关现代化背景下的人才素质及教育和培训模式初探》，《上海海关高等专科学校学报》，2005年第3期，第62-68页。

式上看，"近年来，上海海关学院大力实施'关校融合'战略，随着办学层次与实力的不断提升，2018 年，学校正式获得硕士授予单位授权，同时获批税务硕士（MT）和公共管理硕士（MPA）两个授权点。迄今为止，上海海关学院研究生教育已向上海、深圳、北京、南京、厦门等 21 个直属海关输送高层次人才，导师队伍也从最初的 4 名发展至 88 名，在今年就业形势严峻考验下，研究生依然保持 100% 的高就业率。"① 实践教学的方式主要包括：一是实务工作者进课堂，二是研究生"双导师"制度，三是建立储备人才库。

海关人才招录参照中央机关及其直属机构公务员招考办法实行，按照专业技术、行政执法和综合管理三个类别可以将海关公务员队伍分为海关专业技术类、现场执法类和行政管理类三类。

二、公安人才培养与招录

天下安危，公安系于一半。"公安"一词于清朝末年由日文引入。当时，人们认为"凡意思外表安危关于一国之世道人心者曰公安""公共秩序，谓国家之公安也"。可见，公安与国泰民安、公共秩序密切相关。"公安的外延，初则为国家所有的公共事务，后渐集中于警察事务。"② 清末，北洋巡警学堂建立，开创了警察教育先河。

新中国成立后，经过多年不懈努力，我国公安教育取得了巨大的成就。"2011 年 3 月 8 日，国务院学位委员会、教育部印发了《学位授予和人才培养学科目录（2011 年）》，将公安学、公安技术分别列为法学门类、工学门类下的一级学科。此外，在附件《专业学位授予和人才培养目录》中，'警务'硕士被列入专业学位目录。"③ 公安院校有了公安学、公安技术两个一级学科，并可以培养实战型的警务硕士。回顾历史，公安高等教育发展走过了一段不同寻常的历史。

1949 年 10 月 1 日，根据《中国人民政治协商会议共同纲领》和《中华人民共和国中央人民政府组织法》，在原军委公安部的基础上组建了中央人民政府公安部，并相继撤销了中共中央社会部。同年 10 月，第一次全国公安会议召开，其中一个重要议题是公安机关的自身建设问题，提出用一年半到两年时间，把从中央到地方的各级人民公安机关建设成能适应今后斗争规模、完成国家赋予职责

---

① 《集关校合力，育海关人才，立行业精英——上海海关学院以"关校融合"推进研究生培育》，中华人民共和国海关总署，2020，http://www.customs.gov.cn/customs/xwfb34/mtjj35/3476665/index.html。
② 冯燕：《公安警察制度研究》，中国出版集团研究出版社 2020 年版，第 55 页。
③ 贺电，张兆瑞，钟新文：《公安教育创新论》，中国人民公安大学出版社 2014 年版，第 29 页。

的队伍。当时，各级公安机关纷纷建立，急需对刚从部队转到公安机关工作的人民解放军，新吸收的大批青年学生和工人进行政治思想教育和公安保卫业务培训，以巩固新生的人民政权。第一次全国公安会议提出，各大（行政）区建立公安学校。

1950 年 1 月 11 日，经政务院批准，中央公安干部学校成立，其前身为华北公安学校。此后，各级公安机关又纷纷建立了 34 所公安干部学校。1952 年，为了给即将开始的大规模经济建设提供安全保障，大城市的民警培训逐步向正规民警学校过渡。1953 年，公安部开始扩建、新建公安院校，制定全面轮训在职民警规划。1955 年，公安部将原来华东、中南、西北、西南地区的公安学校分别改为中国人民公安学院上海分院、武汉分院、西安分院、重庆分院。东北公安学校改建为中央人民警察干部学院。1956 年，全国公安（武警）干部学校的数量从 1952 年的 35 所发展到 52 所。

"文化大革命"时期，公安院校的教育整体受到影响，在职民警教育几乎中断。1978 年之后，公安机关各项工作逐步迈入正轨，但人才短缺是比较突出的问题之一。1980 年 6 月，公安部等五部委联合发出《关于设立各省、市、自治区人民警察学校的联合通知》，各地的公安中专班改为中等专业学校性质的人民警察学校。

党的十一届三中全会以后，中央提出了干部队伍革命化、年轻化、知识化、专业化的要求，提高公安民警的文化水平和素质成为公安机关的迫切任务。1978—1985 年，全国各省（市、自治区）相继成立 83 所人民警察学校。1982 年，中国人民公安大学、中国刑事警察学院、中国人民警官大学等公安本科院校先后成立。1984 年，公安部召开了第一次全国公安教育工作会议，提出了建立中央、省、地（市）三级管理的公安教育体制。全国各地的省属中等公安学校纷纷升格为公安专科学校。20 世纪 80 年代中期，全国各地建立了 100 所正规的大、中专公安院校，恢复、改建了 160 多所公安成人院校，新建了近 40 所武警院校，形成了一个分级管理、分级培训、多层次、多类型、多形式的公安教育网络。

1995 年，公安部召开第二次全国公安教育工作会议，提出"调整优化公安院校布局结构，努力办出公安特色"。此后，公安教育致力侧重发展高等学历教育，逐步取消中专学历教育，积极发展培训。1998 年，中国人民公安大学和中国人民警官大学合并组成新的中国人民公安大学，以优化、整合公安办学资源。

21 世纪初，公安部政治部按照《中共中央 国务院关于深化教育改革全面推进素质教育的决定》和全国教育工作会议精神，制定了《公安教育发展"十五"规划》，提出了切实把公安教育摆在优先发展的战略地位的重大举措。2001年的公安教育工作会议提出，进一步推动公安院校的结构布局调整工作，重点做好中专转制的指导工作。市属公安中专学校陆续停招，并向职业培训转变，承担本地公安民警的初任培训、晋升培训、专业培训以及公安成人教育等任务。

2003年11月，《中共中央关于进一步加强和改进公安工作的决定》要求，"加强教育训练工作。逐步推行公安院校参照军事院校进行管理"，还要求，"支持公安机关履行法定职能，全面落实民警上岗前必训、职务和警衔晋升必训、一线民警必训制度"①。

2004年，公安部党委决定在全国公安民警中广泛开展大练兵活动。2005年10月，公安部党委提出"抓基层、打基础、苦练基本功"。作为基层基础建设的重要内容，公安部组织编写了初、中、高级警官的培训教材，初步建立适应新时期人民警察培训需要的教材体系。为解决工训矛盾，优化警力资源配置，公安部在地方公安机关探索推行了"轮值轮训、战训合一"的训练模式。

党的十七大后，公安部提出构建"大教育、大培训"工作体系，推行"轮值轮训、战训合一"训练模式。在教育部和公安部双重领导下，以中国人民公安大学为代表的部属本科院校开展了研究生教育和高级警官培训；以湖北、江苏为代表的一批公安专科学校相继升格为本科院校，办学规模、层次不断提升；上海、北京、深圳等院校则彻底进行由学历教育向职业培训的转型。同时，西南政法大学、中南财经政法大学等院校也跻身公安学历教育行列。截至2005年底，全国公安本科院校达到10所，公安学科、专业门类齐全，公安本科学历教育体系基本建立。

自1997年开始，我国开始全面实行普通高校并轨招生，公安院校学生告别了毕业"统一分配"的时代，部分公安院校毕业生无法顺理成章地进入警察队伍。2008年，为了对接《公务员法》的相关规定，人力资源社会保障部和公安部又联合发文，再次明确公安院校毕业生不享有公务员考试的豁免权，进入民警队伍必须依法参加统一的公务员招录考试，公安民警招录培养体制的改革拉开序幕。

2008年6月，中央政法委、中央组织部、人力资源社会保障部等11个部门联合制定印发了《2008年政法院校招录培养体制改革试点工作实施方案》，决定：从2008年起，根据各地区警务人才需求情况，面向大专院校毕业生和退役

---

① 《中共中央关于进一步加强和改进公安工作的决定》，2003，http：//www.reformdata.org/2003/1118/4921.shtml。

士兵招收人民警察学员，统一由公安院校进行公安专业第二学位教育，实现"招生即招警"。这具有两方面标志性意义：第一，明确政法院校的人才培养目标为培养政治业务素质过硬、具备实战实务能力的应用型、复合型政法人才；第二，正式启动部分政法院校招录体制和人才培养模式改革的试点工作。与之相适应，同年8月公安部、政治部印发和实施了《关于制定公安院校招录体制改革试点专业培养方案的意见》，为试点公安院校的人才培养改革创新明确了要求①，第一，公安专业人才培养方案的制定务必力求突出公安职业的特色和专业针对性，以警察职业核心能力培养为重点，进一步提升实践教学的作用和比例突出实践教学；第二，公安专业的教学过程要强化训练和实训环节，本着"学为用""练为战"的指导思想，融入现代警务改革成果和公安机关典型实战经验。

党的十八大后，中央全面深化司法体制改革持续推进。2016年中央编办、人力资源社会保障部、公安部、教育部、财政部、国家公务员局联合下发《关于公安院校公安专业人才招录培养制度改革的意见》，从指导思想、工作目标、基本原则等方面对公安招录培养改革作出全面部署，从而使公安专业人才培养的目标更为明确，充分保障公安机关对公安专业人才的需求，确保为公安机关持续输送作风优良、业精技强的后备人才。至此，以"切实提高公安机关招警工作科学化、规范化水平""为确保新时期的公安工作和公安队伍建设提供人才支持"为主要目标的人民警察招录制度得以确立，相应地，公安教育的警察职业教育方向性更为明确。公安人才教育与培训在国家顶层设计的宏观指导下相辅相成，与招录体制的建立与调整紧密联系，形成了"教、招、培、录"相贯通的一体化格局。

在中央深化司法体制改革和全面深化公安改革有关决策部署的背景下，我国公安人才招录立足当前、着眼长远，建立健全一整套新的招录制度：一是符合公安机关性质任务，体现人民警察职业特点；二是有别于其他公务员招录机制。其目的是：切实增强人民警察职业吸引力，提高公安机关招警工作科学化、规范化水平，畅通公安机关的进人渠道，确保把适应公安实战需要、符合人民警察职业要求的人员招录进来，把社会各类优秀人才汇集到公安机关，为加强新形势下公安工作和公安队伍建设提供组织保障和人才支持。

2015年11月19日，人力资源社会保障部、公安部、国家公务员局联合印发《关于加强公安机关人民警察招录工作的意见》，提出"坚持依法招录，竞争

---

① 杨辉解，蔡炎斌：《论公安招录培养体制改革下公安专业实践教学体系的构建》，《公安教育》，2011年第3期，第48-52页。

择优；坚持五湖四海，选贤用能；坚持分类招警，科学考录；坚持规范便捷，突出特色"，强调"实行双轨招警工作机制，既有效提高公安院校公安专业毕业生入警比例，确保其成为公安队伍补充警力的主要渠道，又畅通有志于公安事业的其他青年入警渠道，把符合公安工作需要的各类优秀人才集聚到公安机关，从源头上提升公安队伍的整体素质和战斗力"。

2015 年 12 月 8 日，根据《人力资源社会保障部等六部门关于公安院校公安专业人才招录培养制度改革的意见》（人社部发〔2015〕106 号）提出，"认真落实中央深化司法体制改革和全面深化公安改革有关决策部署，推进公安院校教育教学改革，建立公安院校招生与公安机关招警协调机制，提高公安院校公安专业毕业生入警比例，确保公安院校毕业生成为公安队伍补充警力的主要渠道，努力打造一支忠诚可靠、纪律严明、素质过硬的公安队伍"。

公安院校公安专业毕业生（含研究生）进入公安队伍，坚持逢进必考，分省（区、市）录用的办法，体现公开公正的原则。招考工作根据公安院校办学规律和人才培养性质，实行全国统一联考，进一步优化招考流程，体现规范边界的原则；公安院校公安专业毕业生充实到基层一线岗位，着重满足艰苦边远地区的招警需求，体现面向基层的原则。每年定期统一组织笔试，分省（区、市）确定录用计划、划定分数线、组织面试、体检、考察和录用。《人力资源社会保障部等六部门关于公安院校公安专业人才招录培养制度改革的意见》对招录工作作了如下要求：①制定录用计划；②报名与资格审查；③统一组织笔试；④划定笔试合格分数线；⑤开展面试等工作；⑥选择招录职位；⑦办理录用手续。

公安院校特别强调做好特殊专业人才定向招录培养工作。国内安全保卫、技术侦察、反恐怖等涉密性较强的特殊公安专业人才，试行定向招录培养的办法。具体为：面向全国高中毕业生定向招录，考生参加普通高等学校入学考试、公务员录用考试、体检、体能测评和考察后，择优录取到公安院校进行培养，毕业后学习成绩合格，获得相应学历学位且符合人民警察职位资格条件要求的，录用为公安机关人民警察。考生毕业后录用到公安机关工作的，最低服务年限为 7 年（含试用期）。公安部根据全国公安机关的需求，商人力资源社会保障部、国家公务员局、教育部、财政部研究确定每年特殊公安专业人才招录计划和工作方案。

公安招录培养机制改革出现了新的变化：在考试内容上，执法勤务职位招警考试在一般公务员公共科目测试的基础上，体现了人民警察职业特点，笔试和面试内容符合不同职位要求；在考试程序上，除了一般性招警职位，针对公安机关紧缺专业或者通过社会公开招考难以有效补充的职位，采取放宽条件、简化程序等方式，特事特办；在招考地域上，实施特殊的政策，向艰苦地区倾斜，降低报考条件，放宽资格限制。

从总体上看，现有公安人才培养与招录的特点：一是以需求为导向，公安院校教育是公安工作的重要组成部分，是加强公安队伍建设的源头和基础，以公安工作需求为导向，以培养公安专业人才为主要目标。二是强调人才培养的特殊性，坚持政治建校，突出忠诚警魂培育；强化纪律作风养成，实行严格的警务化管理；突出专业、贴近实战，加强警务能力培养，完善"教、学、练、战"一体化人才培养模式，为公安机关培养政治坚定、作风过硬、业务精通、素质优良的专业人才。三是统筹资源、分层培养，全国公安教育资源"一盘棋"，建立省部两级公安院校体系，在研究生层次培养具有一定研究能力的高层级警务人才，在本科生层面培养高素质应用型警务人才，公安高职（专科）院校培养实战型警务人才。四是招生与招警相衔接。公安院校公安专业招生规模与招警需求相协调，与公安院校的培养能力相适应。省级公安机关会同编办、人力资源社会保障部门、教育部门、财政部门、公务员局等，根据公务员录用有关规定，以四年为一周期，测算本地公安机关年度警力需求及录用人民警察计划，综合考虑自然减员、职位空缺以及公务员录用考试的淘汰人数情况，按照公安专业学生毕业时公安机关年度录用人民警察计划的一定比例，编制公安院校生源计划，每年招生规模相对稳定。

三、公费师范生培养与招录

2007年5月，国务院决定在教育部直属师范大学实行师范生免费教育。采取这一重大举措，其目的是：进一步形成尊师重教的浓厚氛围，让教育成为全社会最受尊重的事业；培养大批优秀的教师；提倡教育家办学，鼓励更多的优秀青年终身做教育工作者。从2007年秋季入学的新生起，在北京师范大学、华东师范大学、东北师范大学、华中师范大学、陕西师范大学和西南大学6所教育部直属师范大学实行师范生免费教育。

为了建立健全师范生公费教育制度，吸引优秀人才从教，培养大批"四有"（有理想信念、有道德情操、有扎实知识、有仁爱之心）教师，进一步形成尊师重教的浓厚氛围，2018年教育部、财政部、人力资源社会保障部、中央编办联合发布《教育部直属师范大学师范生公费教育实施办法》（简称《办法》）。《办法》规定，师范生公费教育是指国家在北京师范大学、华东师范大学、东北师范大学、华中师范大学、陕西师范大学和西南大学六所教育部直属师范大学（简称部属师范大学）面向师范专业本科生实行的，由中央财政承担其在校期间学费、住宿费并给予生活费补助的培养管理制度。接受师范生公费教育的学生（简称公费师范生）由部属师范大学按照《师范生公费教育协议》进行教育培养，在校学习期间和毕业后须按照有关协议约定，履行相应的责任和义务。

（一）选拔录取

教育部根据各地中小学教师队伍建设实际需要和部属师范大学培养能力，统筹制定每年公费师范生招生计划，确定分专业招生数量，确保招生培养与教师岗位需求有效衔接。

（二）履约任教

公费师范生毕业后一般回生源所在省份中小学任教，并承诺从事中小学教育工作6年以上。到城镇学校工作的公费师范生，应到农村义务教育学校任教服务至少1年。国家鼓励公费师范生长期从教、终身从教。

（三）激励措施

国家根据经济发展水平和财力状况，对公费师范生的生活费补助标准进行动态调整。优秀公费师范生可享受其他非义务性奖学金。鼓励设立公费师范生专项奖学金。支持部属师范大学遴选优秀公费师范生参加国内外交流学习、教学技能比赛等活动。

（四）条件保障

各地按照建立"动态调整、周转使用"的事业编制省内统筹调剂使用制度有关要求，通过优先利用空编接收等办法，在现有事业编制总量内，妥善解决公费师范生到中小学任教所需编制。

第三节　中国特色应急管理人才
培养与招录的重要措施

中国特色应急管理人才培养与招录制度建设，要坚持以习近平新时代中国特色社会主义思想为引领，贯彻"大力培养应急管理人才，加强应急管理学科建设"的重要指示精神，落实人才强国战略，进一步提升办学水平和人才培养质量，建立健全体现应急管理职业特点、有别于其他公务员的招录制度，切实提高我国应急管理人才招录工作科学化和规范化水平，为推进我国应急管理体系和能力现代化提供人才支撑。

一、加强应急管理学科建设

关于应急管理学科归属，目前有两个方案：一是应急管理部联合教育部，积极推动应急管理一级学科建设。目前，我国新设交叉学科门类"14"，并将"国家安全""集成电路""区域国别学"列为下属一级学科。未来，应急管理可成为交叉学科门类下面的新增一级学科。这是因为应急管理是理工文管相交融的学科。消防院校积极推动将消防指挥（TK，特设国家控制布点专业）由公安学调整至应急管理一级学科下，把消防工程（K，国家控制布点专业）、抢险救援指挥与技术（TK）、火灾勘查（TK）、核生化消防（TK）等专业由公安技术调整为应急管理一级学科。二是将应急管理诸多的二级学科列入国家安全学一级学科下。这是因为目前应急管理学科发展还不成熟，缺少体现自身特点的知识体系和研究方法。而且，这可以提高应急管理的站位并让总体国家安全观落地生根。党的二十大报告重点强调了统筹发展和安全，对国家安全、公共安全与社会治理分层论述，这也给应急管理二级学科的归属指明了方向。

同时，推动教育部成立应急管理教育教学指导委员会，开展应急管理教育教学研究、咨询、指导、评估和服务，加强顶层设计，对应急管理学科发展制定科学规划，特别是统一设计应急管理专业教学大纲，使应急管理学科的未来发展更加科学、健康、有序、持久。

二、进行人才分类培养

应急管理人才要根据国家经济社会发展需求，统筹安排，明确规模、数量、结构等情况。在国家统筹发展和安全的战略布局中，应急管理人才的培养应着眼于经济社会发展的全过程、各领域、各环节。国家应出台相关文件，要求设立应急管理专门岗位。同时，根据不同层次的人才需求，提出不同的要求。例如，应急救援工作具有"急、难、险、重"的客观特点，工作本身高负荷、高压力、高风险，直接与自然灾害、安全生产、公共卫生重大风险、违法违规行为作斗争，时常面对极端情况乃至生命威胁。这就要求应急管理人才队伍需要培养成时刻保持枕戈待旦、快速反应的备战状态，练就科学高效、专业精准的过硬本领，用过硬的专业技术、顽强的工作作风，担负保护人民群众生命财产安全和维护社会稳定的重要使命。但是，这个要求不适应对应急决策人才的要求。

国家有关部门应准确调查、掌握应急管理人才需求情况，给应急管理教育和人才培养确立"风向标"，避免学科发展的"潮汐现象"。同时，根据人才分类，应确立各高等院校、职业学校"错峰发展"，使学校教育与培训相互补充。

根据岗位行使职能、管理对象、使用工具、所需技能的不同，可将应急管理人才分为应急管理决策型人才、应急管理技术型人才、应急管理救援型人才三类。在学历教育方面，分别在专科教育、本科教育与研究生教育三个人才层次上各有侧重。其中，应急管理救援型人才以专科、本科培养为主，应急管理技术型人才涵盖专科、本科与研究生培养，应急管理决策型人才以本科与研究生培养为主；在职业培训方面，分基层从业人员、中层管理人员与高层领导人员三个层次（含应急管理部门与国家综合性消防救援队伍）进行培训，主要面向基层从业人员、中层管理人员进行应急救援培训，主要面向基层从业人员、中层管理人员、高层领导人员进行技术技能培训，主要面向中层管理人员、高层领导人员进行决策指挥培训。

三、实行准军事化培养

国务院印发的《"十四五"国家应急体系规划》提出，完善应急管理部门管理体制，全面实行准军事化管理。应急管理部门的内部院校提出，准军事化管理是人才培养主动适应应急管理系统准军事化管理要求的培养手段，深入贯彻《新时代爱国主义教育实施纲要》和《普通高等学校军事课教学大纲》，深入贯彻习近平总书记关于应急管理的重要论述和重要讲话精神，以"对党忠诚、纪律严明、赴汤蹈火、竭诚为民"为核心，着重训练培养学生坚定的政治思想、严格的组织纪律、内化的自律意识、良好的团队精神、强健的身体素质、坚韧的意志品格、得当的行为举止、规律的生活习惯、优异的应急素质。

我们认为，普通高等院校应急管理专业学生的培养也可以参照准军事化的标准。但是，"准军事化"不是完全的"军事化"，应掌握一定的尺度。一方面，要让学生具备应急职业素养；另一方面，也要注意防止普通高等院校职业化的倾向。

四、强化理论与实践结合

应急管理是一个实践性很强的学科，不是书斋里的纯粹学问。应急管理学科建设要突出问题导向。在学生培养方面，要加强实习课程的比重、实行"双导师"制度。学业导师为学生在生活适应、思想引领、选课、学业发展、就业等方面提供全过程、全方位的指导和帮助。行业导师与学生互动交流，举行培训或专题讲座，出席学院创新创业活动、论坛与会议；提供优质的社会实习、实践机会等，二者密切结合。一些学校为此突出训练导向，规定训练内容、训练模式，以求未来学生"上手快、能出活"。这或许对应急管理系统内部的学校比较适合，但普通高等院校的学生培养还要站位更高，不断提升理论素养，培养以"理论之刀"破解实践问题的能力。

开设应急管理专业的高效应与应急实践部门合作，开展学历提升工程。面向学历教育，专科培养由高职高专院校牵头，本科与研究生教育由普通高等院校等学位授予单位、部分企事业单位与高等研究机构牵头。其中，普通高等院校等学位授予单位、部分企事业单位与高等研究机构应对高职高专院校形成各类教学资源的支持，高职高专院校应对普通高等院校等学位授予单位、部分企事业单位与高等研究机构形成教学资源的补充，普通高等院校等学位授予单位、部分企事业单位与高等研究机构之间应该形成有序的资源交流合作。这个措施可以增强理论与实践的融合度。

五、加强职业培训

除了学历教育，职业培训也是应急管理人才供给的重要渠道。"教育和培训有着重要的区别。教育包括许多可应用于不同情境的宽泛原则。培训的目的则较为狭窄。它有助于开发特定情形下执行特定任务的能力。我国应探索建立国家级应急管理培训基地（中心）及其区域分基地（中心），进一步依托各级党校（行政学院）与社会培训机构形成对基地（中心）培训课程模块开发、教学手段更新、师资队伍与配套设施补充等的有力支持。"[①] 因此，应急管理培训要与教育分开。

培训内容方面，不应采取"一刀切"的形式，而应遵循以"点对点、层对层"的原则，根据应急管理决策型人才、应急管理技术型人才、应急管理救援型人才的分类，提供有针对性的专业化培训，满足身处不同岗位性质的应急管理人员的学习需求。同时，根据培训对象的领导层次和职业特性，确立各具特色的培训模块，如向基层从业人员提供应急管理专业知识相关的基础培训课程，向高层领导人员提供战略决策及沟通协同等深度培训课程。此外，不同地区还应结合本区域易发多发突发事件特征，有针对性地配置专业课程。

六、推动职业化水平

职业的特征包括：第一，职业有成员资格标准，可以把不合格者排除在外。成员资格标准常常是教育和培训的要求。第二，职业有着"一致、不断演进的知识体系"和世界观。第三，职业要有伦理标准。职业使成员社会化，使其按照职业标准去行动。总之，职业拥有三个主要特征：成员资格认证、有组织的知识体系和伦理标准。

---

① 迈克尔·K.林德尔，卡拉·普拉特，罗纳德·W.佩里：《公共危机与应急管理概论》，中国人民大学出版社 2016 年版，第 333 页。

我国应急管理的职业化程度较低，目前只有《注册安全工程师职业资格制度规定》《应急救援员国家职业技能标准》等少数规定和标准，缺少对高层次的综合性应急管理方面的职业化设计。未来，伴随着职业化进程的发展，应急管理将成为一个职业尊崇度较高的职业，学科建设有序、良性发展的目标也得以实现。职业化还能够培养具有应急管理职业精神、职业道德、职业能力、职业素养和职业资格的应急管理人才。

七、优化人才招录制度

对于应急管理急需的特殊专门人才，我国借鉴公安等专业人才招录培养方面的经验，联合中组部（国家公务员局）、中央编办、教育部、财政部、人力资源社会保障部等研究进行单独联考招录，确保特别专业院校毕业生进入应急管理系统的比例。

从国外来看，应急管理专业毕业的学生就业无非政府机构、企业、社会组织。政府机构公务员招录逢进必考，但应急管理专业社会识别度还不高，往往不在目录上。企业的应急管理侧重安全生产，安全科学与工程、应急技术与管理、安全生产执法等专业竞争力很强。在应急装备产业成为重要战略支柱型产业的今天，综合性应急管理的毕业生也无优势可言。至于从事应急管理的社会组织，对于高校毕业生的吸引力不大。

特殊人才招录应限定在一定的范围内。否则，从长久来看，并不一定适合应急管理事业发展的需求。目前，应急管理部门自身有国家自然灾害防治研究院、中国安全生产科学研究院、应急管理大学（筹）、中国消防救援学院等机构培养各层次应急管理人才。如果不进行范围限定，系统外普通高等院校培养的应急管理专业学生更无从就业。

目前，我国应鼓励有条件的普通高校和职业院校发展应急相关学科，为基层培养应急管理人才。同时，可以效仿大学生村官制度，鼓励应急管理专业学生到基层工作一定年限后，转为应急管理部门的公务员或事业编制。

第四节　应急管理人才专项培养与
招录制度的初步思考

从发展来看，海关、公安、师范教育的历史悠久，学科更为成熟。其招生与招录一体化具有较大的意义。海关院校数量较少，招录中较高的专业化知识要求对毕业生招录无疑是一个利好。公安招录的政策也能使警察院校的毕业生保持很高的行业录用比率，确保队伍后继有人。公益类师范教育的优惠政策自不待言。我们认为，应急管理领域也可以尝试出台人才专项培养与招录制度。应急管理工作具有高风险、高负荷、高压力的职业特点，应急管理人员随时可能面对极端情况与生死考验。这决定了应急管理人才素质要求和培养与招录模式的特殊性。所谓的专项培养与招录，是指适应应急管理职业特点和发展需要，对应急管理未来从业者进行"靶向性""订单式"培养，同时通过特殊的招录制度设计，将热爱应急事业、德才兼备的人士吸纳到应急管理队伍中来。这样，人才培养更加符合应急管理事业发展的需要，有助于合格的人才有机会投身应急管理事业。

一、专项培养与招录的必要性

在现实中，目前应急管理事业要获得持续性的人才保障，必须采取专项措施，这是因为：如果不专项培养，社会供给的人力资源可能会在德才两个方面与应急管理特殊职业的要求相去甚远。而且，在市场经济与自由择业背景下，优质人才可能因为对应急管理工作陌生或趋乐避苦的本能，不去选择应急管理岗位。同时，如果不专项招录，就不能把好"入口关"，对政治素质、体能等进行特别测试，专项培养则会因人才难以入行而前功尽弃。

专项培养与招录强调人才需求与供给的精准对接：一是数量上的对接，即绝大部分专项培养的应急管理人才可以入行或在岗位上发挥作用；二是质量、结构上的对接，专项培养的人才素质高、能力强，可以应应急管理的人才之急迫需求。

为保证日后能够构建更为专业化、系统化的应急管理人才队伍，吸收更多人进入到应急管理专业领域，应先打造一个合理有效的应急管理人才培养体系。除了能够专业化培养应急管理人才的基本能力、专业知识基础、专业实践能力，该体系还应在招录制度和培训内容上实现精确对口，保障应急管理应用型人才在步入社会中有岗位可接纳、能力可提升。

应急管理事业长远发展，一方面要从专项培养与招录制度中确保队伍的稳定，另一方面要从普通高校中注重延揽优秀人才。这是一个"走钢丝"的艺术。

二、专项培养与招录模式

依据新时代应急管理需求，基于应急管理人才的胜任力模型，结合对培养与招录制度现状的分析，可以初步构建应急管理人才培养体系（图9-1）。该体系依据培养对象和内容的不同，分为学位教育和职业培训两部分。

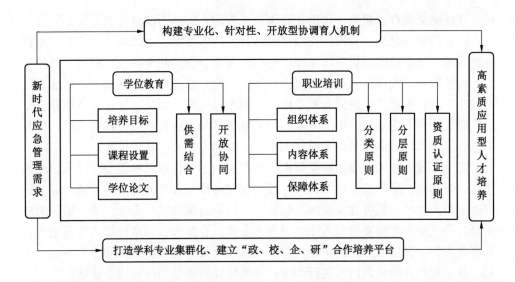

图 9-1　应急管理人才培养体系

　　应急管理人才的学位教育通过学士、硕士、博士等学位教育形式来培养专业型应急管理人才。目前，我国应急管理专业的在校生规模较小，无统一的知识系统，且应急管理领域的相关专业分布极不平衡，完全无法满足我国对应急管理专业人才的需求。通过明确的培养目标、针对性的课程设置及学位论文三个环节，秉持供需结合、开放协同的培养原则来构建应急管理专业学位教育，能够有效地培养更多应急管理领域的储备人才，吸引更多高素质人才进入到应急管理领域。

　　其中，学位教育培养中的开放协同是指在应急管理专业人才的培养中，注重学校与政府、企业、第三方组织机构的交流协同。应急管理专业现有教育培训方式往往是不断地补充专业管理知识和专业技术知识，而忽视了突发事件处理过程中最重要的实践环节。反观欧美的应急教育培训体系，尤其注重提供与现实场景最为贴合的应急管理实践训练。因此，为使新时代应急管理专业人才能够将理论投入到实践中去，需搭建一个与其他主体进行高效交流、互动的平台。

　　学位教育培养中的供需结合是指对于应急管理部门的岗位实际需求，按专业性质培养不同类型的应急管理专业人才，并为其提供一个供需相对应的人才传输渠道。目前，我国在应急管理岗位上对于岗位所需的专业能力标准划分的指标尚不十分明晰，导致部分有意愿通过应急管理专业培训后进入到应急管理相关岗位上的高素质人才流失。而学校作为培养专业化、复合型应急管理人才的重要基地，如何坚持岗位适配性原则，搭建好相关的招录制度，对应急人员进行在职培训、开展继续教育，是进一步优化我国应急管理人才队伍的良好机会。

除学位教育之外，我国还应以组织体系、内容体系、保障体系为框架，坚持分类原则、分层原则和资质认证原则对已处在应急管理相关岗位，有过实践经验的人提供职业培训课程。通过研讨会、讲座、情景模拟等多种活动，灵活性地针对现有应急管理相关问题进行职业培训，不断补充和更新应急管理领域在职人员的战略思维和专业知识，以问题导向对突发事件的全过程进行分析和总结，提升应急管理工作领域内人员的专业知识水平，构建专业资格认证体系。

应急管理人才的专业培训应根据工作性质的不同，以三种类型的应急管理人才为分类基础，除补充基础知识外，还要针对性地开展专业性质的培训，应急管理决策型人才开展偏管理层面的经验分享，应急管理技术型人才开展新型探测技术研讨会，应急管理救援型人才开展多元主体联合演练，以多种形式有偏重地补充专业知识；分层原则是指依据应急管理人才所处管理层次的不同，对高层、中层、基层管理者的培训内容进行调整；资质认证原则是指针对应急管理人才专业能力的评价和认可，包括课程学习认证或应急管理专业考试等形式。这是目前我国比较欠缺的部分，在应急管理专业领域暂无一个明确的国家资质认证标准，对于应急管理专业型人才的鉴定界限很模糊，这也是新时代应急管理人才招录工作的一大难点。

在培养高素质应用型的应急管理人才过程中，要注重打造学科的专业集群化，建立一个"政、校、企、研"多方合作的培养平台，构建专业化、针对性、开放型的协调育人机制，以此来应对新时代背景下的应急管理人才需求。

在高素质人才培养的基础上，通过专项招录制度的设计，确保将符合应急管理事业发展需求的人才吸纳进来。通常，招生—培养—录用必须一体化设计、整体性安排，以实现各个环节的有效连接。

三、专项培养与招录的重要环节

应急管理人才专项培养与招录，要以需求为导向，以培养为基础，以招录为目的。目前，可以实现招生招录一体化的院校，只有中国消防救援学院一家。即便是应急管理大学去掉一个"筹"字，如果没有招生招录一体化，所培养的人才也难以在行内就业。所以，招生招录一体化需要在以下重点环节发力：

第一，全方位、精确地评估应急管理事业发展对人才的需求。新时代新征程，要根据突发事件及其风险的演变趋势，前瞻性地确定应急管理人员的素质要求，制定应急管理人才建设的指引，为应急管理人才的培养与招录提供"风向标"和"路线图"，做到以需求牵引培养与招录，实现按需培养、按需录用，特别是避免培养的无序性和盲目性。

第二，应急学科、专业建设需要谨慎论证，应该循序渐进、蹄疾步稳。"经济社会的发展变化衍生出新的职业，高等学校里首先是课程最先作出反应，高等学校先是开设一门或几门新课满足新职业的需求。只有当新的职业发展成熟到一定程度后，对人才有了相对稳定的要求，且高校同时具备了与之配套的课程及课程体系、师资储备、实训条件等，才正式设置专业。"[①] 一些新办的学科、新开的专业没有经过严格的专业论证和人才需求调研，表现出明显的随意性、盲从性，导致了专业建设的难以持续性。

第三，根据应急管理职业的特殊性，完善应急管理人才专项招录制度，并一体化谋划人才培养与招录，确保绝大多数合格的人才能够顺利进入应急管理行业，为应急管理现代化提供智力支撑。同时，通过职业资格认定标准的完善，提升应急管理职业准入的门槛。

第四，应急管理部、教育部应协同规范应急管理教育，对教学、课程、实践等环节进行统一的要求。同时，要协调中央编办、国家公务员局、人力资源社会保障部等部门出台相关专项招录政策，为招生招录衔接提供制度保障。

第五，在没有衔接好人才培养与招录环节的情况下，普通高等院校应重点培育在职 MPA 教育，为应急管理部门培养更多的优质人才，并着手搭建理论与实践的桥梁，为学科建设的健康发展奠定基础。

党的二十届三中全会通过的《中共中央关于进一步全面深化改革　推进中国式现代化的决定》指出："构建支持全面创新体制机制。教育、科技、人才是中国式现代化的基础性、战略性支撑。必须深入实施科教兴国战略、人才强国战略、创新驱动发展战略，统筹推进教育科技人才体制机制一体改革，健全新型举国体制，提升国家创新体系整体效能。"创新发展离不开人才，人才培养离不开教育。应急管理体系和能力现代化需要改革创新，而改革创新又需要应急管理人才支撑和教育发展。新修订的《中华人民共和国突发事件应对法》第五十六条规定："国家加强应急管理基础科学、重点行业领域关键核心技术的研究，加强互联网、云计算、大数据、人工智能等现代技术手段在突发事件应对工作中的应用，鼓励、扶持有条件的教学科研机构、企业培养应急管理人才和科技人才，研发、推广新技术、新材料、新设备和新工具，提高突发事件应对能力。"为应急管理立学育人选才使命、意义空前重大，机遇前所未有！

---

① 湖南安全技术职业学院，重庆安全技术职业学院，江苏安全技术职业学院：《高职院校泛安全专业体系构建与实践创新》，海南出版社 2018 年版，第 13 页。

结　束　语

探索与中国应急管理体系和能力现代化相适应的人才培养与招录政策，这是一项艰巨的任务。随着中国改革开放事业的发展，统筹发展和安全、统筹开放和安全是应对风险挑战的必然要求。面对发展进程的高度复杂性和深度不确定性、面对各种"黑天鹅"与"灰犀牛"，中国需要大力培养优秀的应急管理人才，推动应急管理水平的不断提升。

人才培养离不开教育。学科发展是应急管理教育的基础。然而，坦率地说，应急管理学科非常不成熟，甚至难以厘清自身的学科边界，难以培养实践部门需要的人才。从招录角度看，应急管理的职业化还是个遥不可及的目标。高等院校千辛万苦培养出的应急管理专业学生难以被延揽到实际工作之中，学非所用的现象比较严重。我们到底要培养什么样的人才，这依旧是一个模糊的问题。从供给侧与需求侧来看，培养与招录制度都不健全，供需对接还有漫长的道路要走。

从国际上看，大多数国家的应急管理都源于民防。在某些国家，民防就是消防。不少国家应急管理人才主要侧重于实操性的应急救援领域，普通高等教育除了设立研究机构，并没有培养高层次管理、决策人才的任务。各国国情不一样，应急体制也大不相同。中国是一个日益走近世界舞台中央的大国。为了统筹发展和安全、贯彻落实总体国家安全观，我们必须培养各层次、各类型的应急管理人才，确保中国式现代化行稳致远。

目前，除了要建强中国消防救援学院、建立应急管理大学，我国还有着百所普通高校从事着学士、硕士、博士教育的供给。这是中国应急管理事业发展不容忽视的巨大力量。我国可以把海关、公安、公益类师范院校的招生招录一体化政策移植到应急管理领域。但是，应急管理是一个综合性的交叉学科。如果仅仅将选才的目光锁定在系统内部的几所学校，这是否有利于应急管理事业的改革创新发展？这是一个值得深思的问题。而且，这一政策的移植并不会轻而易举地一蹴而就，会受制于多个部门、多种因素。

我们认为，推动应急管理人才队伍现代化，一方面要在职业化方向上发力，让应急管理成为具有较高准入门槛、享有较高社会地位的职业；另一方面要在学科建设上下功夫，构建合理的学科知识体系，打造高素质的教师队伍，产出优秀的毕业生。只有双向奔赴，应急管理人才才会不断涌现并大有用武之地。此外，国家层面还要进行顶层设计，避免应急管理教育无序、野蛮生长，避免供给与需求之间出现"肠梗阻"。

应急管理是"国之大者"，为应急管理立学育人选才是事关以中国式现代化全面推进中华民族伟大复兴的大事。但应急管理人才培养与招录制度研究还处于刚起步的探索阶段，需要以时不我待的姿态提速、增速、加速！

附录

附录一　我国应急管理部分本科专业院校开设课程

附表1　我国应急管理部分本科专业院校开设课程

高校	学院	专业名称	课　程
太原理工大学	安全与应急管理工程学院	安全工程	工程力学、流体力学与流体机械、工程热力学、传热学、电工电子技术、人工智能、大数据、安全法学、安全系统工程、安全人机工程学、安全管理学、安全检测与监控、燃烧爆炸学、通风学、应急管理与救援、机械与电气安全、职业危害与防治等
		应急技术与管理	系统工程、TRIZ理论、应急管理学、事故应急救援与处置、防灾减灾学、灾害经济学、地质灾害学、紧急状态法律法规与典型案例分析、应急物流、应急救援装备、环境风险源识别与监控等
华北科技学院	应急技术与管理学院	应急技术与管理专业	应急管理学、应急救援理论与技术、风险源辨识与监控、事故应急救援与处置、应急救援装备、系统工程与运筹学、灾变通风技术、灾害风险评估、应急管理法律法规、事故调查与处理、应急救援心理学等
		防灾减灾科学与工程专业	灾害学、地球物理技术、监测预警技术、应急信息技术、应急救援技术、自然灾害防治与应急、矿山灾害防治与应急等
防灾科技学院	应急管理学院	公共事业管理（应急管理方向）	灾害学原理、应急管理概论、灾害经济学、灾害风险管理、灾害经济损失评估、应急指挥系统建设与应用、应急预案编制与演练、3S技术、应急管理法律法规、数据库原理与应用、C语言程序设计、管理信息系统
		应急技术与管理	应急管理理论与实践、应急救援技术与装备、灾害风险管理、应急预案编制与演练、应急项目管理、灾害监测与预警技术、消防应急技术与管理、应急数据分析与可视化等理论课程；应急管理系统认知与处置技能、灾害数据应急处理与分析评价、灾害损失评估与防灾规划等集中实践课程

附表 1（续）

高校	学院	专业名称	课　　程
昆明理工大学	公共安全与应急管理学院	安全工程专业	安全系统工程、安全科学原理、安全人机工程学、安全管理学（双语）、事故分析与应急技术、职业危害与工业卫生、通风工程学、地质灾害防治
西安科技大学	安全科学与工程学院	安全工程专业	通用通识教育与学科基础课程：高等数学、大学物理、大学英语、工程力学、安全学原理、安全系统工程、安全管理学、安全人机工程、防爆学；矿山安全方向：矿山测量、煤矿地质学、采矿工程概论、矿井通风工程、矿井火灾防治、矿井瓦斯防治；建筑安全方向：土木工程概论、土木工程施工技术、建筑工程施工组织、特种设备安全、建筑施工安全、消防工程学
		消防工程专业	通用通识教育与学科基础课程：高等数学 A、大学物理 A、物理实验、工科化学、概率论与数理统计 B、线性代数、画法几何与建筑制图、工程力学 A、机械设计基础 B、工程热力学、流体力学、燃烧学、火灾动力学、房屋建筑学、建筑防火设计原理、火灾监控技术、建筑防火性能化设计、消防给排水、灭火救援理论与技术、防排烟工程、智慧消防
		应急技术与管理专业	工程力学、工程流体力学、热力学与传热学、工科化学、公共管理学、应急物联网技术、数据科学与大数据技术、地理信息系统、运筹学、灾害学、应急预案编制与演练、应急仿真与模拟、应急技术与装备、应急救援指挥、灾害风险与评估、心理危机干预等
暨南大学	公共管理学院/应急管理学院	公共事业管理（应急管理方向）	安全学原理、安全人机工程、安全系统工程、机电安全工程、安全管理学、建筑施工安全、锅炉与压力容器安全学、职业卫生学、安全检测与监控、防火防爆技术 A、工业通风与除尘、建筑消防技术
武汉理工大学	安全科学与应急管理学院	应急管理	数据库原理与应用、软件工程、系统工程、大数据技术与应用、云计算与服务计算、虚拟仿真技术、机器学习与模式识别、公共安全科学导论、应急决策理论与方法、公共政策决策与评价、灾害防治理论与技术、交通安全分析与评价、应急物流与供应链管理

注：资料来源于各高校应急管理学科课程大纲。

附录二 应急类专业学校
（截至 2024 年 3 月）

附表 2 应急技术与管理专业

序号	学校名称	所在省份	序号	学校名称	所在省份
1	北京师范大学	北京	24	盐城工学院	江苏
2	中国矿业大学（北京）	北京	25	常熟理工学院	江苏
3	中国劳动关系学院	北京	26	南通理工学院	江苏
4	中国民航大学	天津	27	安徽理工大学	安徽
5	天津理工大学	天津	28	滁州学院	安徽
6	石家庄铁道大学	河北	29	鲁东大学	山东
7	华北科技学院	河北	30	山东工商学院	山东
8	防灾科技学院	河北	31	河南理工大学	河南
9	太原科技大学	山西	32	武汉工程大学	湖北
10	中北大学	山西	33	中国地质大学（武汉）	湖北
11	太原理工大学	山西	34	湖南科技大学	湖南
12	山西大同大学	山西	35	湖南工学院	湖南
13	太原工业学院	山西	36	重庆科技学院	重庆
14	内蒙古科技大学	内蒙古	37	西南科技大学	四川
15	辽宁工程技术大学	辽宁	38	西华大学	四川
16	辽宁警察学院	辽宁	39	成都大学	四川
17	大连科技学院	辽宁	40	贵州师范大学	贵州
18	吉林建筑大学	吉林	41	西安科技大学	陕西
19	长春工程学院	吉林	42	新疆工程学院	新疆
20	黑龙江科技大学	黑龙江	43	中国地质大学（北京）	北京
21	南京工业大学	江苏	44	中国矿业大学	江苏
22	常州大学	江苏	45	山西工学院	山西
23	江苏大学	江苏	46	昭通学院	云南

注：序号为批准序号。

附表3　应急管理专业

序号	学校名称	所在省份	序号	学校名称	所在省份
1	河北科技大学	河北	25	南昌工程学院	江西
2	华北科技学院	河北	26	济南大学	山东
3	防灾科技学院	河北	27	潍坊医学院	山东
4	山西师范大学	山西	28	齐鲁师范学院	山东
5	山西财经大学	山西	29	中国地质大学（武汉）	湖北
6	山西警察学院	山西	30	武汉理工大学	湖北
7	内蒙古科技大学	内蒙古	31	武昌理工学院	湖北
8	沈阳化工大学	辽宁	32	湘潭大学	湖南
9	沈阳建筑大学	辽宁	33	湖南工商大学	湖南
10	长春工程学院	吉林	34	暨南大学	广东
11	长春科技学院	吉林	35	广西警察学院	广西
12	中国矿业大学	江苏	36	西华大学	四川
13	南京工业大学	江苏	37	中国民用航空飞行学院	四川
14	河海大学	江苏	38	西南财经大学天府学院	四川
15	南京信息工程大学	江苏	39	贵州商学院	贵州
16	盐城工学院	江苏	40	云南经济管理学院	云南
17	南京师范大学	江苏	41	西北大学	陕西
18	徐州工程学院	江苏	42	青海师范大学	青海
19	无锡学院	江苏	43	石河子大学	新疆
20	宿迁学院	江苏	44	盐城师范学院	江苏
21	安徽建筑大学	安徽	45	南华大学	湖南
22	集美大学	福建	46	湖南警察学院	湖南
23	福建警察学院	福建	47	昌吉学院	新疆
24	江西理工大学	江西			

注：序号为批准序号。

附表4 应急装备技术与工程专业

序号	学校名称	所在省份
1	辽宁工业大学	辽宁
2	华北科技学院	河北
3	南京工业大学	江苏
4	山东科技大学	山东
5	中国消防救援学院	北京
6	山西工学院	山西

注：序号为批准序号。

参 考 文 献

［1］ 中共中央党史和文献研究院. 习近平关于总体国家安全观论述摘编 ［M］. 北京：中央文献出版社，2018.

［2］ 习近平. 高举中国特色社会主义伟大旗帜 为全面建设社会主义现代化国家而团结奋斗——在中国共产党第二十次全国代表大会上的报告 ［M］. 北京：人民出版社，2022.

［3］ 习近平. 论把握新发展阶段、贯彻新发展理念、构建新发展格局 ［M］. 北京：中央文献出版社，2021.

［4］ 应急管理部编写组. 深入学习习近平关于应急管理的重要论述 ［M］. 北京：人民出版社，2023.

［5］ 王宏伟. 中国应急管理改革：从历史走向未来 ［M］. 北京：应急管理出版社，2019.

［6］ 王宏伟. 新时代应急管理通论 ［M］. 北京：应急管理出版社，2019.

［7］ 王宏伟. 国家安全体系和能力现代化研究 ［M］. 北京：中国人民大学出版社，2022.

［8］ 王宏伟. 应急管理新论 ［M］. 北京：中国人民大学出版社，2021.

［9］ 王宏伟. 健全应急管理体系探析：从制度优势到治理效能 ［M］. 北京：应急管理出版社，2020.

［10］ 王宏伟. 中国式现代化视角下的应急管理：从新时代到新征程 ［M］. 北京：应急管理出版社，2023.

［11］ 刘潜. 安全科学和学科的创立与实践 ［M］. 北京：化学工业出版社，2010.

［12］ 吴超，王秉. 安全科学新分支 ［M］. 北京：科学出版社，2018.

［13］ Jennifer Wilson, Arthur Oyola-Yemaiel. The evolution of emergency management and the advancement towards a profession in the United States and Florida ［J］. Safety Science，2001（39）.

［14］ Kapucu N. Developing competency-based emergency management degree programs in public affairs and administration ［J］. Journal of Public Affairs Education，2011，17(4).

［15］ Woodbury G L. Critical curriculum for emergency management leaders：Three essential themes ［J］. Journal of Emergency Management，2005，3(2).

［16］ Drabek T E. Theories relevant to emergency management versus a theory of emergency management ［C］// Emergency Management Higher Education Conference. Maryland：NETC，2004.